JN283074

北方領土　特命交渉

鈴木宗男＋佐藤優

講談社＋α文庫

文庫版まえがき「何度も手が届きそうになった北方領土」――鈴木宗男

二〇〇六年八月一六日、北方領土の貝殻島《かいがらじま》付近で、日本の漁船「第31吉進丸《きっしんまる》」が銃撃拿捕《だほ》されて、日本人青年が殺害された。しかし、この最悪の事態に対して、外務官僚も政治家も毅然たる態度をとらなかった。その危機意識から、私と佐藤優《さとうまさる》さんは、その年の九月に、この文庫本の親本を緊急出版した。私たちはこの本を、本当は、二〇〇六年の暮れくらいに、「日ソ共同宣言」の五〇周年を記念して出そうと思っていたのだが、それを早めて出版した。

この本が世に出て一年が経ったが、外務官僚と政治家は、相変わらず煮え切らない態度をとり、事件の解決はままならず、北方領土返還交渉も暗礁《あんしょう》に乗り上げたままだ。いや、今回の事態では、外務官僚と政治家が、自分から暗礁に乗り上げるような間抜けな交渉をしたようにすら見える。

一方、この本は世間でも相当に受け入れられ、発行部数も既に二万部を超え、この種の本、すなわち外交交渉を扱ったものとしては、ずば抜けた売り上げを示している。この問題に関する読者の関心がいかに高いかということを示すものだ。ぜひ文庫化して、値段を下げ、より一層広い読者に読んでいただきたいというのが、今回の文庫化の主旨である。

さて、二〇〇七年秋にスタートした福田康夫《ふくだやすお》内閣以降、消費税増税の議論はさらに活発になっていくだろう。国民の負担が増えるということである。そのため、税金のむだ遣いに対する国民の目も非常に厳しくなるはずだ。国会議員や公務員のむだも、当然、なくさなければならないだろう。

では、役所の中で一番むだが多いのはどこか。まちがいなく、外務省である。私はこの点、反省することがある。外務官僚に頼まれたとおりに、むだな予算付けに力を貸したことがあるからだ。この点は、国民に深く反省しながらも、私は今度は逆に、国民の声を背景に、切り込むものは切り込むように動き出したい。

私は個人的な感情から外務省を批判しているのではない。過去に、一部の腐敗した外務官僚を私が増長させてしまい、国民の皆さんに対しては、本当に申し訳ないと思っているのである。

しかし、大多数の外務省職員は、一生懸命やっている。ただ、原田《はらだ》親仁《ちかひと》欧州局長や塩尻孝二郎《しおじりこうじろう》官房長のように横着で、嘘ばかりついている人物がいるのも事実である。

私が出す質問主意書に対して、官房長は、「確認されていない」などという言葉を連発して逃げるだけである。私は堂々と活字に残しておきたい。「嘘つきに優れた外交は絶対にできない」。もっともっと外務省自身が、中から自浄能力を発揮し、国民の理解を得る。同時に、何がいま大事かというタイムリーな判断を行えるようなセンスを取り戻す。こうした大きな変化を外から促し、大急ぎで実現させていきたい。

なぜか。

プーチン大統領の任期は、二〇〇八年五月初めに終わる。しかし、その後もプーチン大統領は力を持ち続ける。これからも、プーチン大統領の影響力というものは圧倒的にあるのだから、私はこの間に、とにかく北方領土交渉の道筋だけはつけるべきだと思う。

このとき日本が思い切ったカードを切る。それは、橋本、小渕、森総理時代の信頼関係に戻り、二〇〇一年三月二五日の「イルクーツク声明」をもう一回きちんと検証しながら、日本が新しいカードを切ることだ。そうすれば、ロシアは必ず乗ってくるはずである。

なぜ私がそこまでいい切れるのか。それは本書をお読みいただければわかるはずだ。北方領土はこの十数年のあいだに、何度も日本人の手の届くところまで近づいてきたのである。

本書は起訴休職外務事務官というよりも、大宅壮一賞作家、新潮ドキュメント賞作家である佐藤優さんという稀代の智嚢《ちのう》がいなければ成立しなかったことは間違いない。この類い希《まれ》なる語り手が紡《つむ》ぎ出す言葉は、ことによると、極上のスパイ小説よりも優れた臨場感を持って、交渉の掟《おきて》や取引の内幕を語っているかもしれない。

しかし一方、この本に述べられていることはすべて真実であるという一事を忘れずに本書を読み進めていただきたい。それは、読者諸氏がいま、どのような国家に住んでいるかを体感するためである。

二〇〇七年一二月

鈴木《すずき》宗男《むねお》

目次◉北方領土　特命交渉

第三章　最大の好機「クラスノヤルスク会談」

第四章　元島民の本心

第五章　官僚と政治家のための国益

第六章　隠されていた真実

北方領土　特命交渉

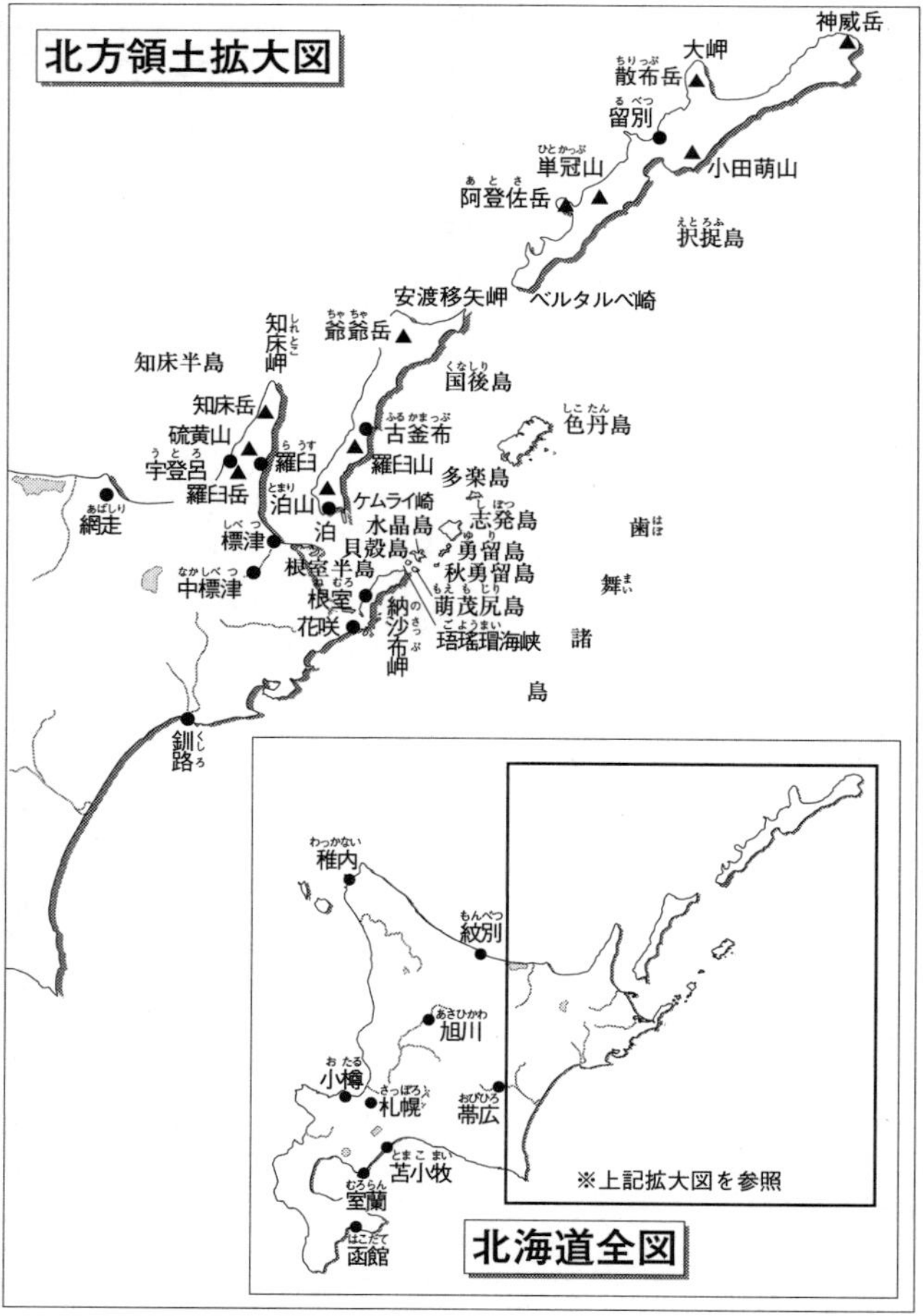
北方領土拡大図
神威岳
大岬
散布岳《ちりっぷ》
留別《るべつ》
単冠山《ひとかっぷ》
小田萌山
阿登佐岳《あとさ》
択捉島《えとろふ》
安渡移矢岬
ベルタルベ崎
知床岬《しれとこ》
爺爺岳《ちゃちゃ》
知床半島
国後島《くなしり》
知床岳
色丹島《しこたん》
硫黄山
古釜布《ふるかまっぷ》
宇登呂《うとろ》
羅臼《らうす》
羅臼山
羅臼岳
多楽島
泊山《とまり》
ケムライ崎
網走《あばしり》
志発島《しぼつ》
泊
水晶島
歯舞諸島《はぼまい》
標津《しべつ》
貝殻島
勇留島《ゆり》
根室半島
秋勇留島
中標津《なかしべつ》
根室《ねむろ》
萌茂尻島《もえもしり》
納沙布岬《のさっぷ》
花咲
珸瑶瑁海峡《ごようまい》
釧路《くしろ》
稚内《わっかない》
紋別《もんべつ》
旭川《あさひかわ》
小樽《おたる》
札幌《さっぽろ》
帯広《おびひろ》
苫小牧《とまこまい》
室蘭《むろらん》
函館《はこだて》
※上記拡大図を参照
北海道全図

プロローグ「複数の総理大臣から受けた『特命』」――鈴木宗男

二〇〇六（平成一八）年八月一六日未明、北海道根室市のカニかご漁船「第31吉進《きっしん》丸」が、北方領土と北海道の中間ライン付近でロシア連邦保安庁国境警備庁の警備艇に銃撃・拿捕《だほ》され、盛田光広《もりたみつひろ》さんが死亡、坂下登《さかしたのぼる》船長ら三人が連行された。

私はこの衝撃的なニュースの第一報を午前八時過ぎ、飯島勲《いいじまいさお》総理秘書官から電話で知った。その後、私は関係者数名と電話で打ち合わせた。そして、在日ロシア大使館のミハイル・ガルージン駐日臨時代理大使に電話し、盛田光広さんの遺体の早期返還、連行された坂下船長ら三名の早期釈放などを要請した。

ガルージン臨時代理大使は、

「いま鈴木先生がいわれたことについては、飯島総理秘書官からも電話でうかがっています。鈴木先生につくっていただいたパイプが生かされています」

と私に述べた。

飯島秘書官はガルージン臨時代理大使と面識を持っている。以前、私が間に入って会食を行い、日ロ間で非常事態が発生したときの信頼できるパイプを総理官邸とロシア政府の間につくっておいたのだ。ガルージンさんは四六歳でまだ若いが、有能で、ロシアのクレムリン（大統領府）や首相府からも信頼されている有能な外交官だ。マスコミを通じた「間接話法」で総理官邸とクレムリンの間で誤解が生じないようにするためには、このような直接の人脈がとても役に立つ。

ところが、外務省の動きは緩慢だった。外務省がガルージン臨時代理大使を呼んで抗議したのが一一時を過ぎていたというのだからあきれた話だが、面会したのが原田《はらだ》親仁《ちかひと》欧州局長というのにも開いた口が塞《ふさ》がらなかった。本来なら麻生太郎《あそうたろう》外相が対応すべきであるし、最低でも事務次官、外務審議官クラスが当たるべきところだ。こうした外務省の緊張感の欠如が今回の事件を引き起こした原因といえるのではないだろうか。

もちろん、最大の責任はロシア国境警備庁にある。理由の如何《いかん》を問わず、丸腰の船員を銃撃した国境警備庁のやり方は許せない。しかし、原因はそれだけではない。同じくらいの重みで、外務省ロシアンスクールの不作為に対する責任が問われなくてはならない。

かつての外務省は、ロシア側との人間関係構築に全力を傾けていた。欧亜局長だった東郷和彦《とうごうかずひこ》氏やカザフスタン大使だった森敏光《もりとしみつ》氏などが、青年交流の枠組みのなかでロシア国境警備庁の関係者を日本に呼び、北方領土問題の経緯や日本漁民の状況を知ってもらおうと努力した。

ところが、いまはどうであろう。一部の外務官僚が田中真紀子《たなかまきこ》、川口順子《かわぐちよりこ》の両外相時代に行った対ロ政策のジグザグによって、日本とロシアは昔日《せきじつ》の面影もないほど疎遠な関係になった。同時に、これが尊い命を奪う原因にもなったのだ。その背景にあるのが、ロシアに弱みを握られ、人格的に信用されていない原田欧州局長や松田邦紀《まつだくにのり》ロシア課長が対ロ外交の責任者であるという点だ。亡くなられた盛田さんも、さぞかし無念だったことであろう。

盛田さんのお宅にお見舞いにうかがったとき、奥さんが「信じられません」と涙した姿を、私は一生忘れることはないと思う。日本とロシアの信頼関係が醸成されていれば、いまさらながらに思う。そうであれば、今回のような不幸な出来事は避けることができたからだ。

外交は人である。国民の声を聞き、相手国の話に耳を傾けることが外交官の出発点だと信じている。しかし、いまの外務官僚たちにそれができているとはとうてい思えない。

わが国固有の領土である北方四島は、ロシアによって不法占拠された状態にある――これが現在の日本政府の立場である。しかし、日本はこれらの島を実効支配できていない。そのような現実の下で元島民の方々の思いをどうやって実現するか。外務官僚たちは、元島民の声を聞いてきたのか。聞いてこなかったから、今回の事件が起きたのではないのか――。

「生きているうちに先祖の墓参りをしたい」

「自分が生まれ育った故郷に孫を連れていきたい」

切実な叫びともいえる願いを、私は政治を志したばかりのころから聞いて生きてきた。だからなのだろう、一五年以上前から島に渡る方法を探り、ついには「ビザなし交流」という枠組みをつくり上げることで、元島民の方々の願いをわずかではあるが現実のものとすることができた。「ビザなし交流」はパスポートやビザを持たずに北方四島に渡ることができるスキームで、これなら「北方四島は日本領である」という日本政府の立場を崩すことにならない。

私は、北方四島返還の実現に向けて不断の努力をつづけてきた。つねに国益を考え、日本政府の基本方針に従い、信念を持って行動してきた。いま振り返っても、非難されるべきことはないと思う。

ところが、二〇〇二（平成一四）年初めのことである。一部の外務官僚が、「鈴木宗男の圧力によって、対ロ政策、北方領土に対する支援事業がねじ曲げられた」という情報操作を行い、メディアを通じて国民を鈴木宗男排除の方向に誘導した。

さらに彼らは、元最高裁判所判事の園部《そのべ》逸夫《いつお》氏を抱き込み、「園部レポート」と呼ばれる謀略文書をつくり上げた。このレポートによって私は、「対ロ支援事業は鈴木宗男の意向を忖度《そんたく》しながら行うという『不正常な状態』にあり、鈴木宗男と外務省の間には『不適切な関係』があった」と一方的に断じられた。

しかし、おかしなことに、このとき私と外務省の関係が問題にされたにもかかわらず、私自身は事情聴取されることがなかった。当事者不在のまま調査が進められたわけだが、本書の対談相手であり、園部氏から事情聴取を受けた元外務省主任分析官・佐藤優《さとうまさる》さんは、「鈴木宗男氏が今後国益に貢献するようなことをすると思いますか。鈴木氏に政治家としてのチャンスを与えたほうがよいとあなたは考えますか」と聞かれたという。

聴取が終わってすぐ、佐藤さんは電話を掛けてきた。

「これは事情聴取などではなく、政治的な『踏み絵』ですよ」

（そんなバカなことがあるわけがない）と思って聞いていたが、佐藤さんの見立ては正しかった。その後、「園部レポート」による外務省の謀略の筋書きに沿って私は逮捕された。

私の政治的な志は、大きな躓《つまず》きによって、いったん矛《ほこ》を収める形になる。しかし、それでも私はあきらめてはいない。自分のすべき役割がまだ残っていると固く信じているし、誤った評価はいずれ訂正されると思っている。

事実、最近になって私を取り巻く状況、私に対する評価が変わってきたと感じている。その具体的な例が、二〇〇六年五月に数年ぶりに参加した「ビザなし交流」だろう。

「園部レポート」の内容が真実なら、過去に北方四島支援事業で不適切な行為をした鈴木宗男が、ふたたび北方領土の地を国民の税金で訪れることに対して、外務省は職業的良心からストップをかけるはずだ。しかし、外務省からのクレームは一切なかった。これをどう解釈すればいいのだろうか。

私は、外務省が「園部レポート」を事実上否定したと受け止めている。自らが企てた謀略の瑕疵《かし》をひそかに認め、破綻《はたん》した筋書きをいかにして闇に葬るかという難題に頭を抱えている様子が見てとれるのだ。

私を取り巻く状況は明らかに変わってきた。ならば、かつて外務省がめぐらした謀略、闇に葬ろうとしている策謀をつまびらかにしなければならない。そして、そのためには北方領土問題に対する私の関与について真実を国民に明らかにしなくてはならない。

北方領土交渉のなかで私は、ほとんどの外務官僚が知りえない「特命」を複数の総理大臣から受けていた。それらの「特命」について、これまで私は「貝」になったつもりで沈黙することが国益に適《かな》うと考えていた。しかし、日本外交が八方ふさがりという状況に陥ったいま、局面を打開するためには、私の受けた「特命」を国民に公開することに意味があるのではないかと思うようになった。これが本書を出版することになった最大の動機である。

私が歴代総理から受けた「特命」の内容、新聞が伝えなかった真実、外務省がかたくなに隠そうとした出来事……それらを本書で語ることにした。一般の読者の方々にも抵抗なく受け止めていただけるように、内容はできるだけ噛み砕いて表現したつもりだ。

さらにつけ加えるなら、本書は現役の外交官、とくに若手の方々に読んでいただきたいと思っている。外務省という官僚組織や一部の幹部には致命的な欠陥がある。しかし、多くの外交官は志が高く、優れた能力を備え、日本という国家の財産だ。真に国益を優先しようと努力している人たちの力で、八方ふさがりの外交に風穴を開けてもらいたい。本書がその一助になることを願ってやまない。

長年にわたって日ロ外交を二人三脚でやってきた盟友として、また、私の背中を押すようにして話を引き出してくれた水先案内人である佐藤優さんに感謝する。佐藤さんがいなければ本書は日の目をみることはなかった。

鈴木《すずき》宗男《むねお》

第一章　川奈「秘密提案」

「川奈会談」の重要性

佐藤　北方領土交渉を語るときに避けて通れないのが、一九九八（平成一〇）年四月に静岡県伊東市の川奈《かわな》で行われた橋本龍太郎《はしもとりゅうたろう》総理とボリス・エリツィン大統領による日ロ首脳会談――いわゆる「川奈会談」です。

この会談がなぜ重要だったのか。それは、会談のなかで橋本総理が示した「秘密提案」が北方領土問題を解決に向けて大きく前進させる内容だったからですね。

鈴木　「川奈提案」と呼ばれていますが、その内容については現在も動いている外交案件なので、詳細に述べることはできませんが、簡単にいうと択捉《えとろふ》島とウルップ島の間に国境線を画定し、島の返還時期は別途協議しようというものでした。しかし、かならずその内容を明らかにできる日がやってくると信じています。

それは、北方四島の日本への帰属が確認される日です。

佐藤　鈴木さんはこの川奈提案の内容を事前に知らされていた数少ない関係者の一人といわれています。

しかし、一般には、総理、官房長官、外相以外は触れることのできない外交秘密をなぜ鈴木宗男が知っているのかという疑問もあります。のちに、「日ロ外交交渉に直接関係のない鈴木宗男が、無理やり手を突っ込んできた」と外務省内部から非難の声が上がりました。

鈴木　当時、私は橋本内閣の閣僚、国務大臣でした。しかも、北海道・沖縄開発庁長官というポストだったので、北方領土問題や対ロ外交とは深い関係がありました。首脳会談の概要については閣議で報告があります。そもそも、閣議は国務大臣で構成されていて、外務省や財務省といった担当の省庁を代表して出席しているわけではありません。

しかし、このような閣議の場で川奈提案の内容が明らかにされたことはない。じつをいうと、私は橋本総理から「特命」を受けていたので、川奈会談の内容を、外務省から例外中の例外として特別に教えてもらったのです。

橋本龍太郎

佐藤　北方領土問題に関していえば、この時期は大きな転機となる動きがつづいていました。

たとえば、川奈会談の前年の一九九七（平成九）年一一月に西シベリアのクラスノヤルスクで行われた橋本総理とエリツィン大統領の日ロ非公式首脳会談。鈴木さんが北海道・沖縄開発庁長官に就任した二ヵ月後に開かれたこのクラスノヤルスク会談では、「**東京宣言**にもとづき、二〇〇〇（平成一二）年までに平和条約を締結するよう全力を尽くす」ことが合意されました。わかりやすくいえば、北方領土問題を解決するということですね。

☆**東京宣言**
一九九三（平成五）年一〇月一一日に日本を公式訪問したエリツィン大統領が、細川護熙《ほそかわもりひろ》総理との日ロ首脳会談で合意した共同宣言。北方四島、すなわち択捉《えとろふ》島、国後《くなしり》島、色丹《しこたん》島、歯舞《はぼまい》群島の島名を具体的に挙げ、日ロの領土交渉がそれらの島の帰属に関する問題であることを明確にした。歴史的、法的事実から両国が合意してつくられた文書として認識され、その後の交渉は「法と正義」の原則を基礎にすることが確認された。しかし、東京宣言では、北方四島の帰属に関する問題は、日ロ平和条約交渉が「土俵」であることが合意されたにとどまる。四島が、日本、ロシアのいずれに帰属するかについて東京宣言から読みとることはできない。

「サハリン日本総領事館」に込めたメッセージ

鈴木　当時、私は時代の流れを肌で感じていました。「近いうちに日ロ関係は必ず動く」と確信していた。そこで、クラスノヤルスク会談の翌月一二月の二七日、閣僚としてはじめてサハリン（＝樺太）を訪問しました。おかしなことに、それまで北海道の目と鼻の先にあるサハリンを訪れた閣僚は一人もいなかったのですが、その原因は外務省の硬直した歴史認識にあったのです。

一九五一（昭和二六）年、日本はサンフランシスコ平和条約を結んだ際にサハリンと千島列島を放棄しましたが、外務省は「帰属は決まっていない」という立場に固執しました。つまり、サハリンはソ連の領土になったわけではないとの認識です。この硬直した歴史認識のもとで、「帰属が決まっていない場所に日本の閣僚が行くわけにはいかない」というのが外務省の考え方でした。

しかし、こうした頭の固い考え方では外交は動きません。そこで私は、頑強な外務省内の反対を押し切って彼の地に赴《おもむ》き、さらにもう一歩踏み込んでいった。クラスノヤルスク会談の成果を踏まえて、サハリンに日本総領事館を設置することをロシア側にさりげなく伝えるという計画でした。

佐藤　外務省、特に条約局（現国際法局）は猛烈に反対したはずです。自分たちの面子《メンツ》が丸潰れですからね。鈴木さんは外務省に対してどんな話をしたのですか。

鈴木　「北方四島ですら一島も返ってこないと

ボリス・エリツィン

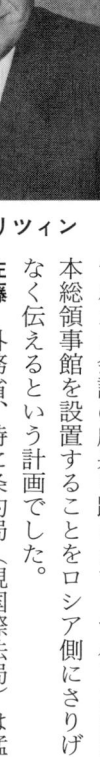

いうなかで、日本はこれからサハリンを要求するつもりなのか」と、少しだけ声を荒らげました。最近はずいぶんおとなしくなりましたが、当時は血気盛んで声も大きかった。ただ恫喝《どうかつ》した覚えはないが、受けとめる側からすればそのように見えたかもしれません。

しかし、私の願いは、日ロ関係の進展と北方領土問題の解決です。サハリンに総領事館を置くことについては、冷戦の袋小路から抜け出し日ロ交渉を進めるための、ロシアへのメッセージになると思っていました。ですから、いまでも私はあのとき声を荒らげたことは間違っていなかったと確信しています。

佐藤　鈴木さんのメッセージはロシアに届いたのでしょうか。

鈴木　間違いなく届いています。私の提案はロシアの日本に対する不信感を払拭《ふっしょく》するメッセージとして受けとめられました。一九九一（平成三）年一二月にソ連が崩壊し、新生ロシアになってからも最初の数年間、多くの日本人がソ連とロシアの違いを理解しなかった。ロシアでも対日不信感は強かった。

「日本に北方領土を返したら、次は南樺太や千島列島などを根こそぎ取りにくるはずだ」

これがロシア人の平均的な受けとめでした。もちろんそれは根拠のない疑念でした。日本政府の要求は北方四島のみで、南樺太や千島に対する野心はありません。しかし、南樺太や千島列島がロシア領であることを日本政府が認めないような状況では、痛くもない腹を探られてしまう。そこで日本の閣僚がサハリンを訪れ、「総領事館をつくりたい」という。これは国際法的にサハリンをロシア領と認めることです。ロシア人は自分たちの心配が杞憂《きゆう》だと気づかないはずがありません。

当然、日本の外務省の一部からは、「鈴木はロシアに対して弱腰だ」という批判が出てきましたね。これは冷戦思考に立った、しかし、まったく的外れな指摘であることは誰の目にも明らかです。南樺太や千島列島に日本が領土の要求をする気持ちを持っていないことを明らかにしたほうが北方領土交渉がやりやすくなると私は考えました。

ソ連とロシアはまったく別の国ですからね。ロシアは、民主主義や市場経済の基本である「ゲームのルール」を日本や欧米と共有しています。共産全体主義国家だったソ連とは本質的に異なります。

いまだに外務省内には、「ロシア＝ソ連」という図式が染みついている。そういう人たちから見ると、私などは「やっぱりロシアに騙されているんだ」というセリフで片付けられてしまいます。

外務省に消された事実

佐藤　外交の世界で、基本的な価値観を共有する国家間で本気の交渉をするときは、掛け値をしません。つまらない駆け引きをせずに、日本の国益のために、正面から真《しん》摯《し》にロシアと交渉していくという態度が必要になります。

ところが、一部の外務官僚は違いました。冷戦時代から積み上げてきた論理を変更してしまうと、自分たちが国会で説明できなくなってしまう。わが身かわいさからの保身だったのです。ちなみに、鈴木さんがサハリンを訪れた事実は、外務省が発行する小冊子『われらの北方領土』の年表に記されていたのですが、失脚したとたんに消されてしまいました。外務省が組織ぐるみで歴史的記録を隠滅したのです。

鈴木　外務省が私を陥れた理由のひとつに、私が総理官邸に働きかけて自分たちを蚊《か》帳《や》の外に置いたという恨みがあったのでしょう。事実、私が橋本総理に北方領土問題について説明しはじめると、橋本総理は驚くほど熱心になっていきました。それから、当初、橋本総理とは温度差があった小渕恵三《おぶちけいぞう》外相も、総理になってからは、橋本さんの考え方を理解し、その戦略を体現するようになった。この流れに乗り、小渕政権の高村正彦《こうむらまさひこ》外務大臣も総理と一体になって平和条約交渉を進めた。

　こうして、北方領土問題は国家にとっての最重要課題であり、官邸主導案件であるという共通の認識が生まれていきました。官邸主導となれば、各省庁はそれぞれの「司《つかさ》」、つまり専門分野で側面支援することになる。外務省は外交からサポートし、通産省は経済の側面から動くという体制が確立していった。この流れのなかで、ロシアに独自のパイプを持っていることから、第二次橋本内閣の国務大臣（北海道・沖縄開発庁長官）として北方領土問題の解決に向けて最大限努力することが私に期待されました。

佐藤　しかし、外務官僚は、外交一元化という建前の下で、すべてを外務官僚の監督下で行いたかった。

鈴木　そうですね。ただ、外務官僚は自分たちのしてきたことに誇りを持っていたし、役人としての責任も感じていたはずです。

　一部の外務官僚たちが警戒感を持ったのは、クラスノヤルスク会談の四ヵ月前、一九九七年七月に橋本総理が経済同友会で演説した内容でした。演説のなかで橋本総理は、日ロ関係の改善を目指すために「信頼、相互利益、長期的視点」の三原則を打ち出し、北方領土問題については「勝者も敗者もない解決」という表現でエリツィン大統領にメッセージを送りました。このシグナルが、冷戦思考から抜け出せない外務官

東郷和彦

僚には、日本がロシアにおもねっているように見えたのですね。

佐藤　その五年後に鈴木さんは外務省の策謀に嵌《は》められ、表舞台からの退場を余儀なくされます。じつは、橋本総理の経済同友会での演説がその伏線になっていると私は思っているのです。

　当時を振り返ると、私の尊敬する先輩で欧亜局長だった**東郷和彦**《とうごうかずひこ》さんについても、「外務官僚でありながら官邸に偏りすぎているんじゃないか」という雰囲気が省内に生まれていました。いい意味で政治家を使いすぎたのかもしれません。のちに外務事務次官になる**竹内行夫**《たけうちゆきお》さんなどは政治家にまったく相手にされなかったことを考えると、東郷さんの能力とやる気は際立っていたといえます。

鈴木　橋本内閣で外交が官邸主導になりましたが、それまでの内閣は明らかに外務官僚主導でした。宇野宗佑《うのそうすけ》、海部俊樹《かいふとしき》、宮沢喜一《みやざわきいち》、細川護熙、羽田孜《はたつとむ》、村山富市《むらやまとみいち》……歴代の内閣は外務省任せだった。橋本内閣で変わったのは、ひさしぶりに自民党の本格政権が誕生したという側面が大きかった。これで政治家はとても動きやすくなりました。

一方、やる気のある官僚も本格政権を待ち焦《こ》がれていたんですね。官僚の提案を強力な政権が後押しすればそれが現実になりますからね。当時の権力の中心は自民党の平成研（旧経世会）です。橋本内閣という平成研の政権ができたことで、外務省内の志ある人たちのあいだでは、「これで政治と一体になって外交ができる」という期待が膨らんだのではないでしょうか。

☆**東郷和彦**
東京大学教養学部卒業後、一九六八（昭和四三）年外務省に入省。一九八八（昭和六三）年ソ連課長、一九九二（平成四）年駐米公使、一九九四（平成六）年一月駐ロシア公使、一九九七年八月官房審議官を経て、一九九八年七月条約局長、一九九九（平成一一）年八月欧亜局長を兼務、二〇〇一（平成一三）年六月駐オランダ大使。二〇〇二（平成一四）年四月免官。その後、米国プリンストン大学客員研究員などをつとめ、二〇〇六年九月から台湾淡水市淡江大学客員教授。祖父・東郷茂徳《とうごうしげのり》は太平洋戦争開戦時及び終戦時の外務大臣。A級戦犯として極東国際軍事裁判で禁固二〇年の判決を受け、巣鴨拘置所にて服役中に病没。父・東郷文彦《とうごうふみひこ》は元外務省事務次官。

☆**竹内行夫**
京都大学大学院法学研究科中退後、一九六七（昭和四二）年外務省入省。一九九一年一一月総理秘書官、一九九五（平成七）年八月駐米公使、一九九七年八月条約局長、一九九八年七月北米局長、一九九九年七月総合外交政策局長、二〇〇一年一月駐インドネシア大使、二〇〇二年二月事務次官、二〇〇五（平成一七）年一月退官。現在外務省顧問。

はじめての「族議員」

佐藤　その流れのなかで鈴木さんへの期待が際立って大きくなったのは間違いありません。一歩も二歩も引いて裏方に徹してくれる。お金は出してくれるし、面倒なロシア人のお客さんの相手もしてくれるのに、自分から目立とうとしない。外務省にとって、これほどありがたい存在はありませんでした。

ところが、役人は二年で異動していくのに対して、鈴木宗男は政治生命を賭けてやり続けているものだから、ロシアをはじめ、主要な外交案件に関する知識と人脈がどんどん集積されていく。気がついたときには外務官僚以上の能力を備えることになって、自分たちがコントロールできないほどの存在になってしまったわけです。

外交案件をひとつずつ議論していくと、鈴木さんが正しいとなるから外務省も困ってしまった。もちろん、私や東郷さんのように困らない人も一部にはいました。むしろ、これだけ強い政治家が出てきて頼もしい、と喜んでいた。しかし、外務省全体ではこのように考えた官僚は少数派でした。

鈴木　大多数の外務官僚にとっては、結局は、何もわからない政治家のほうがありがたかったのでしょうね。省内に私を煙たがる雰囲気が出はじめたのは、うすうす感じていました。私は外務省にとって、はじめての「族議員」になったということです。族議員と聞くと、マスコミがすぐにその弊害を声高に叫びますが、国民の感覚を代弁するという側面を持つ族議員の効用は大きいと思います。族議員がいなくなって喜ぶのは役人なのだし、その結果、役人の恣意的な考えですべてが決まってしまいます。

右翼に対しての防波堤

佐藤 さて、話を川奈提案に戻したいと思います。一九九八年の三月ごろ、サハリンから州行政府対外関係局長のビタリー・エリザリエフさんが、モスクワからエリツィン大統領に近い**ゲオルギー・サタ－ロフ**さんや**ビャチェスラフ・ニコノフ**さんとともに、鈴木さんを頼って訪日しました。そうしたなかで、外務省から鈴木さんに川奈提案の具体的な内容が伝えられたのはいつごろなのでしょうか。

鈴木 その年の一月から北方四島周辺海域の安全操業問題でゴタゴタしていたわけですが、同じ時期に川奈提案についての相談を受け、三月には具体的な内容についても踏み込んだ説明を受けました。

大筋としては、「択捉島とウルップ島の間に日ロの国境線を引く、四島の日本への返還は別途協議」ということだったのですが、「甘すぎやしないか」と感じたのは間違いありません。というのも、一九五六（昭和三一）年の日ソ共同宣言で、平和条約が結ばれれば、すくなくとも歯舞《はぼまい》・色丹《しこたん》群島は引き渡されることが決まっていたからです。

しかし、川奈提案では日本側からの大きな譲歩があった。そこで私は、外務省に対して「地元にどう説明すればいいのですか」と質問したのです。

すると外務省は、「そこで先生の出番をお願いしたい」というので驚きました。「先生にぜひお願いしたいのが地元対策なんです」というのです。汚い仕事をしたくないという態度を隠そうとしないのですね。

外務省が私に期待したことはもうひとつあります。それは、右バネ（右翼）対策です。右バネのなかでもとくに外務省に対する影響力の大きかったのが**末次一郎**《すえつぐいちろう》さんを中心とするグループで、私はその防波堤の役目を求められたというわけです。

佐藤　川奈提案について報告してきたのは、当時欧亜局長だった**西村六善**《にしむらむつよし》さんだったはずですね。その西村さんは、あとになって「鈴木宗男には本当にひどい目にあった」などと吹聴して回っていました。

鈴木　西村さんはそういう人ですよ。意外ではありませんね。クラスノヤルスク会談では、外務審議官だった**丹波實**《たんばみのる》さんと西村さんが競って私に近づいてきました。そのとき西村さんは、ずいぶん丹波さんの悪口をいってきた。

「丹波さんはちょっと口が軽すぎる」

「丹波さんは朝日新聞にクラスノヤルスク会談の中身をしゃべったりして、日本の国益を大きく毀損《きそん》しています」

などと私の耳に入れてくるわけです。

佐藤　そこがどうしようもない外務官僚の体質なんですね。

☆**ゲオルギー・サターロフ**
元大統領補佐官。民主主義のための情報研究所所長。

☆**ビャチェスラフ・ニコノフ**
ロシア政治基金総裁。モロトフ元ソ連外相の孫。

☆**末次一郎**
一九四九（昭和二四）年日本健青会を結成、引き揚げの促進や家族の援護、戦犯家族への支援を行う一方、青少年育成運動と戦後処理活動に専念。同時に、アジアへの農業・水産指導も進め、青年海外協力隊創設に尽力した。「戦後処理」をライフワークに、在野の立場から沖縄復帰運動、北方領土返還運動に取り組み、安全保障問題研究会を主宰。中曽根《なかそね》康弘《やすひろ》をはじめとした歴代首相への助言者としても知られた。二〇〇一年七月没。

☆**西村六善**
上智大学外国語学部中退後、一九六二（昭和三七）年外務省入省。一九九二年総務課長、一九九四年在シカゴ総領事、

一九九七年欧亜局長、一九九九年OECD大使、二〇〇三（平成一五）年駐メキシコ大使。

☆**丹波實**

東京大学法学部卒業後、一九六二年外務省入省。在中国大使館、在アメリカ大使館の各一等書記官、北米局安全保障課長などを経て、一九八一（昭和五六）年ソ連課長。一九八六（昭和六一）年在ボストン総領事、一九九二年条約局長、一九九四年駐サウジアラビア大使、一九九七年に外務審議官、一九九九年に駐ロシア大使に就任。二〇〇二年外務省退官後、現在日本エネルギー経済研究所顧問。

橋本総理の絶妙なシグナル

佐藤　ところで、川奈提案に対するエリツィンの反応はどうだったのですか。

鈴木　私が受けた報告によると、橋本総理の提案に対して、エリツィン大統領が返事をしようとした瞬間、横から大統領報道官のセルゲイ・ヤストルジェムスキーが割り込んできて話を中断させたということです。

しかし、そんな横槍は無視して、追い打ちをかけて言質《げんち》をとればよかったんです。ところが橋本総理は動かず、別途協議となって会談は終わってしまった。

佐藤　私もよく憶えています。会談が終わってから、同席した外務審議官の丹波さんが私に、「ヤストルジェムスキーを蹴とばしてやろうと思ったよ」というので、「思うだけでは意味がありません。なんで本当に蹴とばしてやらなかったんですか」といい返したんです。

鈴木さんがいたら絶対にそうしたはずです。土壇場の気合が、ここぞという大事なときに足りなかったということですね。

鈴木　ロシアの官僚の頭には、「下手をすると日本に騙されるかもしれない」という危機感があったのかもしれません。だとすれば、ヤストルジェムスキーは有能なテクノクラートだといえますね。ただ、エリツィンの頭には、かつて自分が持ち出した「**五段階提案**」があった。この提案のなかで、両国は五段階のプロセスを経て平和条約を締結することを確認している。そして、この四段階目の形態が川奈提案に取り入れられていたのです。

このように川奈提案はエリツィンにとってわかりやすい内容だったが、問題は横に座っていたロシアの官僚たちの頭のなかだった。ヤストルジェムスキーも通訳のミハイル・ガルージン、ロシア外務省日本部長も、エリツィンの五段階提案と川奈提案の関係を理解していなかったのです。

佐藤　結論からいって、川奈提案をあの時点で行ったことは正しかったのでしょうか。

鈴木　当時の日本の状況を考えると正しかった。川奈提案がなければ北方領土周辺海域での安全操業や元島民が望んだ自由訪問ができなかった。そして、日ロが戦略的に提携することもありませんでした。

佐藤　世間を驚かせたのは、川奈会談の後に行われたエリツィンの記者会見でしたね。エリツィンは気分が高揚していたのか、「リュウ（＝橋本総理）からとても興味深い提案があった。私は楽観的だ」と口が滑ってしまった。エリツィンは思わず口を滑らせたのではなく、わざといったのかもしれない。

なぜあそこまでエリツィンは気分を高揚させていたのでしょうか。

鈴木　橋本総理とエリツィンの信頼関係だと思いますね。二人は「ボリス」「リュウ」と呼び合う仲で、気が合っていました。性格が似ていたからなのかもしれません。

直接のきっかけは、一九九七年の経済同友会での橋本総理の演説でしょう。このときロシアに送ったシグナルに対してエリツィンは、「橋本は頭のいいヤツだ」という評価をしたと聞いています。

佐藤　エリツィンが外国の政治家について「頭がいい」と評価していたのは、私が知るかぎり橋本さんだけです。橋本総理のシグナルは、ロシアが閉塞感を覚えていたあのタイミングだったからロシア側に効いたのでしょうね。一年遅れていたら効果はなかった。また、一年早くてもロシアは食いついてこなかったと思います。

鈴木　そのとおりです。当時、ヨーロッパでは**NATO**《ナトー》の東方拡大が現実問題になっていました。

冷戦が終わり、ロシアと西側は協調体制でいくという合意があったにもかかわらず、西側はハンガリー、チェコ、ポーランドという旧**ワルシャワ条約機構**の構成国のなかへNATOを拡大していった。ロシア側から見れば、いままで共通の価値観で結ばれていると考えていたアメリカ、ヨーロッパに柔道の足払いを掛けられているようなものだった。

このように緊張した状況のなかで、日本の橋本総理だけが違ったメッセージを送ってきたわけです。

☆**五段階提案**

第一段階　ソ連（当時）側から領土問題が存在していると公式に宣言する。これはゴルバチョフ議長（当時）の来日時に実現する。

第二段階　四島を日本にとって自由興業地帯とし、日本からの移住も簡便化する。そして、「最恵国待遇」を日本に与える。この段階までに必要な期間は二〜三年。

第三段階　四島の非軍事化を実施する。

第四段階　日本側の歩み寄りで平和条約を締結する。平和条約締結は、領土問題解決に向けてのプロセスを促進する。この段階までを、一五年以内に実施する。実現すれば北方四島のなかでも肯定的な変化が生じ、日ソ関係はあらゆる分野で飛躍的に改善する。
第五段階　最終的に問題を解決するのは次の世代。その場合、次の世代に押しつけることにならない範囲内で三つの選択肢を提案することができる。それらは、以下のようなものとなる。①四島を日ソ両国の共同管理、共同庇護のもとに置く②四島を自立した自由な島とする③日本に引き渡すことも除外されない――。

☆NATO
北大西洋条約機構。一九四九年にイギリスやフランスが主体となって締結された北大西洋条約によって誕生。のちに、アメリカが中心となる。結成当初は、ソ連を中心とする共産圏に対抗するための西側陣営の多国間軍事同盟だった。

☆ワルシャワ条約機構
正式名称は「東欧相互防衛援助条約機構」。東西冷戦期の一九五五（昭和三〇）年、ワルシャワ条約に基づきソ連を盟主として東ヨーロッパ諸国が結成した軍事同盟。西ドイツの再軍備、及び北大西洋条約機構への編入という事態に対抗してつくられた。冷戦終結によって、一九九一年七月、解散。

ロシアカードがあるときの中国

佐藤　こうした「橋本ドクトリン」を鈴木さんはどう捉えていたのでしょうか。

鈴木　あらゆる点でタイミングがよかった。なぜよかったかというと、橋本総理や小渕外相は、当時の中国のポジションを的確につかんでいたからです。

当時もいまと同じように、「アメリカとの軍事同盟のもとで安全保障を担保する」というのが日本の外交の大前提でした。そこに、人口、軍事力、経済力という面で中国が急速に成長してきた。同時に、大国としての意識を高めた中国が自己主張を強めている。中国が東アジアの不安定要因になる可能性が出てきました。

アジア・太平洋地域が不安定になることは、日本にとってプラスにはならないのはもちろんのこと、アメリカやロシアにとっても、さらに中国自身のためにもよくない。そこで、中国と適切な「ゲームのルール」を共有するためにロシアとの関係を正常化し、ロシアカードを対中牽制に用いる環境を整備しておくことが必要だと橋本総理は考えた。見事な戦略だったと思います。

事実、日本とロシアが接近していくと、中国の態度は変わっていきました。当時もいまと同じように、歴史認識の問題や教科書問題がありましたが、中国はいまのように過剰な対応をしなかった。日本がロシアと接近して中国を牽制してくるので、中国としては過剰な反応をしたくてもできなかったというのが真相です。

佐藤 なるほど、そういえば当時の鈴木さんも中国の動向を注意深く見ていましたね。橋本政権の後継として誕生した小渕内閣では、官房副長官として小渕総理の訪中をお膳立てしました。このとき気が利《き》いていたのは、中国だけでなくモンゴルにも行ったことですね。

鈴木 モンゴル行きを進言したのは私でしたが、この案にも外務省が猛烈に反対してきました。複数国を歴訪すると、中国が「自分たちを軽んじている」と考えて気分を害するかもしれない、と考えたのです。
しかし、私にはひとつの戦略があった。中国というのは面白い国で、神経に触るようなことをすると、逆にそれを仕掛けた人に注目し、接触してくるんですね。「けしからん」という単純な思考経路ではなく、「鈴木宗男というのは面白い政治家だ。何とかして中国の味方に引き入れることにしよう」と考える。もっとも私は中国側の思惑には乗りませんがね。

佐藤　知恵のある政治家だから、きちんと付き合わなければならないと考え、逆にアプローチしてくるようになるわけです。

鈴木　事実、大臣になる前から中国大使や公使から、「日本の政治情勢を聞かせてもらいたい」といって、大使館に招かれ食事をご馳走になっています。

川奈会談は一級の情報戦

佐藤　話が先に進みすぎてしまいました。時計の針をもう一度、川奈会談に戻させてください。川奈会談が終わって、ヤストルジェムスキーはエリツィンから離れて一人で国後島《くなしり》に向かいました。目的は何だったのでしょうか。

鈴木　会談後の記者会見でエリツィンが「リュウからとても興味深い提案があった。

私は楽観的だ」と発言したことに、四島に住むロシア人も大きな関心を持ちました。島のロシア人にとってみれば、「俺たちは日本に売り飛ばされてしまうのではないか」という不安があったはずです。

　ヤストルジェムスキーは、これを放置して大きな内政問題に発展したら困ると考えたからすぐに火消しに走った。このセンスは大したものです。大統領を守るのだという意識をつねに持っているからこそできる芸当だと、つくづく感心しましたね。

佐藤　じつは、ここではじめて明かす話があります。このヤストルジェムスキーという人物は、普通の外交官ではない。彼はロシア外務省のプロパーではなく、ソ連共産党中央委員会が国際共産主義運動を広めるためにチェコスロバキアのプラハにつくった機関の人間でした。

　ちなみに、この機関は『平和と社会主義の諸問題』という雑誌を発行していたが、ロシア語通訳、また作家としても有名な、私もたいへんお世話になった**米原万里**《よねはらまり》さん（故人）の父・米原昶《いたる》元衆院議員（故人）も、日本共産党の代表として編集委員に選ばれ、プラハに赴任しています。

　ヤストルジェムスキーはこの機関のやり手で、ソ連共産党国際部に所属する情報活動の専門家でした。したがって、内政、外政を問わず「先読み」「裏読み」のできる人間で、普通の外務官僚、クレムリン官僚ではなかったのです。

鈴木　エリツィンは、普通の外務官僚を日ロ交渉の担当にしたりせず、ヤストルジェムスキーのような海千山千のつわもの、裏も表も熟知している人間をそのポジションに置いたというわけですね。その意味では、川奈会談は一級の情報戦だったということになります。

ヤストルジェムスキーはエリツィン政権でも大きな存在感を示していましたが、現在のプーチン政権でもチェチェンを担当するなど重要ポストに就いている。どんな政権になってもやっていける能吏《のうり》なんですね。

☆**米原万里**
祖父は貴族院議員・米原章三《よねはらしょうぞう》。小学校四年生のときに、父の赴任先であるチェコスロバキアのプラハに一家で渡る。九歳から一四歳までの五年間、プラハのソ連外務省が直接経営する外国共産党幹部子弟専用学校に通い、ロシア語で授業を受けた。中学二年生のときに帰国し、その後、東京外国語大学ロシア語科に入学して共産党に入党。卒業後、東京大学大学院に進学してロシア語・ロシア文学を専攻。その後、ロシア語圏要人の同時通訳を経て、『嘘つきアーニャの真っ赤な真実』で大宅壮一《おおやそういち》ノンフィクション賞を受賞するなど、作家活動に入る。二〇〇六（平成一八）年五月没。

秘密の迎賓館

佐藤 ところで、あの時期に鈴木さんが果たした大きな仕事として、会談が終わった直後の四月下旬から五月上旬にかけて行った「世界一周の旅」があったと思っています。当時の思惑を教えてください。

鈴木 北海道・沖縄開発庁長官として沖縄問題を抱えていたことから、沖縄の米軍基地で未使用になっている土地の返還を求めるために、私は沖縄選出の下地《しもじ》幹郎《みきお》衆議院議員とともにアメリカのウィリアム・コーエン国防長官に会いにいきました。コーエン長官がその場で返事をしてくれたおかげで**沈《ちん》埋《まい》トンネル**が返還されたのです。

それから私は大西洋を渡り、モスクワに入った。あのときは佐藤さんに、普通の政治家では泊まることのできないようなホテルを手配してもらいましたね。

宮本顕治

佐藤 大統領総務局が経営する「プレジデントホテル」ですね。高い塀に囲まれていて、一般の人は寄り付けないホテルです。ソ連時代は「オクチャブリ（一〇月）第二ホテル」という名前でしたが、あそこに泊まることのできるのは、かつては各国共産党の幹部くらいなのです。日本共産党の宮本顕治《みやもとけんじ》氏が泊まったとも聞いていますが、ロシアでは迎賓館《げいひんかん》に準ずる格式といえますね。もちろん、なかには超一流のレストランが入っているし、おそろしく高い天井といい、大理石でできたホールといい、外見からは想像もつかない豪華さです。さらに、大きなプールとサウナもある。

このホテルのメリットは二つあります。ひとつは、マスコミを完全にシャットアウトすることができる点。もうひとつは、ロシア国内に向けてのアナウンス効果です。プレジデントホテルに泊まっているということは、ロシア政府が鈴木宗男という日本の政治家を国家の賓客として受け入れたという証明になる。モスクワの政界、財界、マスコミに対する効果的なプレゼンテーションになるわけです。

鈴木　二日間泊まりましたが、佐藤さんがいうように外部との接触が完全に遮断された状態でした。よけいな雑音が入らず、情報の管理が完璧にできた。情報戦はすでにはじまっていたということですね。

このときは、ホテルだけでなくクルマも特注品だったことが印象に残っています。ジルというロシアの国産車です。リンカーン・コンチネンタル・クラスの車で、重量も二トンくらいある。シャーシーをそのまま使えば三〇人乗りのバスになるという説明を運転手から聞きました。

また、プレジデントホテルのネームバリューはたいへんなもので、ホテルから一歩も出なくても、ロシアの要人との会談を取り付けることができた。こちらから出向かなくても、先方から来てくれる。それほどステイタスの高いホテルであるという証拠なんです。このホテルに泊まれというのは佐藤さんにしか出てこない知恵ですね。

結局、二日で二三人の政治家や財界人、ジャーナリストと会談しましたが、ホテルから日本の外務省にいる西村欧亜局長に内容を電報で伝えています。あとで聞くと、西村局長はこの電報を読んで腰を抜かすほど驚いたそうです。

佐藤 このときの鈴木さんのモスクワ訪問は、じつにタイミングがよかった。川奈会談で完全に伝えることのできなかった日本の真意を、直接話して理解してもらうというのが狙いでしたからね。

☆**沈埋トンネル**
米軍の軍用土地とその対岸をつなぐ海底トンネル。アメリカが返還したのは、トンネル用の換気塔を造るために必要だった軍用地。この返還がなければトンネル自体が完成しなかった。

「ノンペーパー」でわかる官僚の実力差

鈴木　一番印象深かったのは、アレクサンドル・ショーヒン国家院（下院）副議長との会談でした。ロシア副首相、経済相を歴任し、二〇〇五年のプーチン大統領訪日のときにも随行した大物ですが、彼のもとには、すでにヤストルジェムスキーからの情報が入っていました。

佐藤　川奈会談で通訳を務めたガルージンとも会いましたね。川奈提案の中身について説明すると、「真意はそういうことだったのか」と驚いていたのが印象的でした。

鈴木　すぐに外務省に指示して、「ノンペーパー」をつくらせました。ノンペーパーというのは、外交の世界にある慣習で「発言内容の正確を期すために作成したメモ」のことです。しかし、ここが外交の奥深いところですが、お互いに文書にして渡したという扱いにはしないことを了解します。

　橋本総理も、川奈提案をその場でノンペーパーにしてエリツィンに渡しておくべきでした。そうすれば、エリツィン以外の人間にこれまでの経緯と詳しい内容を伝えることができた。じつはこのときの苦《にが》い経験に学んで、森喜朗《もりよしろう》総理はプーチン大統領との首脳会談のときにそれをやったのです。あらかじめ用意したノンペーパーを内ポケットから出してプーチンに渡した。これは効果がありました。

それを橋本総理ができなかったのは、総理の責任というより、サポートすべき外務官僚の不作為であり、同席した丹波外務審議官の怠慢です。コンビネーションが悪かったとしかいいようがありません。

川奈会談の七ヵ月後にモスクワで行われた小渕－エリツィン首脳会談では、ロシア側からノンペーパーが出ている。官僚の実力差をまざまざと見せつけられた思いがしたものです。

中川一郎

佐藤　ところで、鈴木さんは対ロ外交に政治生命をかけてこられましたが、もともとはソ連という国が嫌いだったのではありませんか。

鈴木　共産主義体制という独裁国家と仲良くできるはずがないという認識があったのは間違いありませんね。ただ、一九四八（昭和二三）年生まれの団塊《だんかい》の世代ですから、大学時代は学生運動が盛んだったこともあって左翼的な傾向が強かった。その私が保守政治に向かったのは、高校二年生のときに出会った中川一郎《なかがわいちろう》先生の影響です。

ただ中川先生の場合、保守政治といっても、体質的には反権力、反体制でした。中川先生も本来は左翼的思想の持ち主だった。なにせ、多くの人がなぜ貧乏しているのかという問題を直視し、貧乏を根治《こんち》するためには、金持ちが贅沢《ぜいたく》しないことが必要と説いて大きな反響を呼んだ話題作、河上肇《かわかみはじめ》の『貧乏物語』が愛読書だったというのだから筋金入りです。

中川先生と私の共通した考えは、世の中から貧乏をなくすということです。それは、ともに貧しい子ども時代を送ったという経験から生まれたことは否定できません。立ち遅れた地域や貧しい人々を救いたいという気持ちが強く、しかし、それは共産主義ではできないと思った。だから保守政治に向かっていったというわけです。私の目指すところは、一貫して自由と民主主義のなかでの「体制内改革」です。

佐藤　大きな影響を受けたとおっしゃる中川先生は、どんな政治家だったのですか。

鈴木　ひと言でいって熱い人でした。一九七七（昭和五二）年の一一月に福田赳夫《ふくだたけお》内閣で農林大臣に就任しますが、翌一九七八（昭和五三）年四月の日ソ漁業交渉のときの姿がいまでも印象に残っています。

この交渉は、冷戦時代のなかで日本とソ連が外交交渉のテーブルにつくことができる唯一の機会でした。また、漁業が中心産業である釧路、根室を地盤にする中川先生にとって、地元からの注目度もきわめて高かった。

佐藤　鈴木さんも大臣秘書官としてずいぶんご苦労されたようですね。

鈴木　漁業交渉がうまく進展するように、いろいろなパイプを通じて働きかけていきました。たとえば、ポリャンスキー駐日ソ連大使やイワン・コワレンコ、ソ連共産党中央委員会国際部日本課長、そして、駐日ソ連大使館のシレンコ参事官といった人たちですね。ポリャンスキー大使は政治局員候補にまでなった大物で、ソ連共産党では五本の指に入る人物でした。しかしこの時期、たまたま中央から遠ざけられて駐日大使をしていました。コワレンコ日本課長は、ソ連共産党の対日政策責任者で、こわてのタフ・ネゴシエーターとして知られていました。また、シレンコはソ連共産党中央委員会から派遣された人物でした。

ほかに、日本国内では、テレビ朝日専務になる三浦甲子二《みうらきねじ》さん。ソ連通として有名でしたが、のちにモスクワ・オリンピックの独占中継の権利を獲得するほどソ連に太いパイプを持っていました。

佐藤　ここでおもしろいのは、コワレンコさんやシレンコさんは、KGB《カーゲーベー》（ソ連国家保安委員会）の人間でなく、KGBを統括するソ連共産党中央委員会の専従機関員だということです。権力の中枢にピンポイントで接近するという点で、中川さんや鈴木さんの見立ては間違いなかった。

鈴木　当時、東京のソ連大使館員たちには日本国内の移動に関する制限が課せられていました。具体的には、「ソ連大使館から五〇キロ以上移動してはいけない」という制限でした。

そんななかで、彼らも息がつまるのでしょう。私に「バス旅行がしたいんだけど、鈴木さん、どうにかなりませんか」と頼んでくる。私は便宜を図ってやって、「貸し」をつくっておきました。

佐藤　さて、一九七八（昭和五三）年四月一二日、いよいよモスクワで漁業交渉がはじまります。結論からいってしまえば、二一日に交渉が終わりますが、ずいぶん短い交渉期間だったのですね。

鈴木　それは、前年に日本が苦い思いを何度もしていたからです。日ソ漁業交渉は、その年三回行われています。前任の鈴木《すずき》善幸《ぜんこう》農相のときですが、一回目が一九七七（昭和五二）年二月二八日〜三月三日、二回目が四月七〜一六日、そして、三回目が五月三〜二七日。しかし、三回ともソ連側に引き延ばされたあげく、なんの成果もなく帰ってくることになった。

その間、自民党政調会長だった桜内義雄《さくらうちよしお》さんが四月一六日から二二日まで、一四人の国会議員を引き連れてモスクワを訪れ、漁業交渉の側面支援をしています。しかし、それでも動かなかった。

こうした経緯があったので、中川先生は短期決戦でいくと固く誓っていました。そのためにソ連通の**瀬島龍三**《せじまりゅうぞう》さんに知恵を借りたり、右翼の**四元義隆**《よつもとよしたか》さんに「交渉ごとをするときは、相手の目をそらしてはいけない」とアドバイスを受けたりしていたのです。

しかし、ソ連のアレクサンドル・イシコフ漁業相は、大臣を三三年もやっている難物だった。結局、締結された日ソサケ・マス議定書でのサケ・マスの漁獲量は、前年の六万二〇〇〇トンから約二万トン減の四万二五〇〇トンという結果に終わりました。

瀬島龍三

☆**瀬島龍三**
第二次大戦中、大本営参謀としてガダルカナル撤収作戦、ニューギニア作戦などを指揮。その後、関東軍参謀に転出し、日本が降伏したあとは停戦交渉を担う。シベリアで一一年間抑留されるが、この間に極東国際軍事裁判（東京裁判）にソ連側証人として出廷する。シベリア抑留から帰還すると、伊藤忠商事に入社。同社会長、特別顧問を経て、退社後は中曽根内閣のブレーンとして土光臨調委員などを務める。二〇〇七（平成一九）年九月没。

☆**四元義隆**

東京帝国大学法科在学中から右翼思想に傾倒し、一九三二（昭和七）年、井上準之助《いのうえじゅんのすけ》元蔵相らが国粋《こくすい》主義者に暗殺された血盟団事件に連座。懲役一五年の判決を受ける。その後、恩赦で出獄してからは、鈴木貫太郎《すずきかんたろう》総理秘書を務めるなどし、吉田茂《よしだしげる》、池田勇人《いけだはやと》、佐藤栄作《さとうえいさく》、細川護煕など、歴代総理の指南役としても名をはせる。とくに、中曽根康弘とは肝胆《かんたん》相照らす仲で、「ご意見番」として知られた。

中川一郎が流した涙

佐藤　地元の期待も大きかっただけに、中川先生はかなり落胆されたのではないでしょうか。

鈴木　日本で交渉結果を待っていたのは、官房長官の安倍晋太郎《あべしんたろう》さんでした。安倍晋三《あべしんぞう》さんのお父さんですね。中川先生は、動かない交渉の現状を報告するために官房長官宛に手紙を書きました。このとき中川先生には、のちに衆議院議員になった上草義輝《うえくさよしてる》という秘書が同行していましたが、彼にその手紙を託したのです。

当時、モスクワからかける電話はすべて盗聴されていたので、気軽に日本に連絡することができなかった。これは日本大使館でも同じことで、盗聴されないために、象の檻《おり》のようなブースを天井から吊り下げ、ファンを回してそのなかで会議をするということまでしていました。

佐藤　中川先生はその手紙をどこで書いていたのですか。

鈴木　ソビエツカヤ・ホテルという迎賓館に準ずるクラスのホテルでです。午前三時ごろだったと思いますが、「外交交渉というのは難しいものだな」としみじみ話しながら、その手紙を書き出しました。

　部屋には私と上草さんだけ。交渉が動かず、毎晩のようにウイスキーをストレートであおっていた中川先生の顔は疲れ切っていましたが、目だけはギラギラ輝いていました。何時間もかけて黙々とペンを走らせる姿が目に焼きついていますよ。

安倍晋太郎

佐藤　中川先生はその手紙を上草さんに持たせて日本に帰したわけですね。情報屋の目からみると、かなりセンスのいいやり方だと思います。

　もちろん、暗号電報で連絡するという方法もありますが、これは解読される危険性があります。絶対に安全なのは手紙を書いて人間に持っていかせる方法です。一見、時間も金もかかるやり方ですが、安全さという点では完璧です。中川先生はインテリジェンス感覚の鋭い政治家だったのですね。

鈴木　もうひとつ、中川先生には日本がなめられてなるものか、という愛国主義的感情もあったと思います。それまで鈴木善幸さんがさんざん煮え湯を飲まされているわけですから、同じ轍《てつ》は踏まないという強い決意を感じました。

佐藤　率直にお聞きしますが、このときの判断は正しかったと思いますか。

鈴木　それしかなかった。中川先生は、モスクワのホテルの一室で二人っきりになったときに私にこういいました。

「鈴木！　シャケが獲《と》れないんだよ」

そして、悔し涙を流した。日本はまだ国力が弱かった時代です。どんなにがんばっても、どうしようもないことがあったんですね。

佐藤　そういえば、ちょうど同じ時期の四月二一日、パリ発ソウル行きの大韓航空機がソ連の領空を侵犯したため、ムルマンスク近くの氷の上に強制着陸させられるという事件が起きます。このときソ連のミグ戦闘機から銃撃を受け、日本人一人と韓国人一人が死亡、一三人が重軽傷を負いました。

鈴木　このとき中川先生は、すぐに重光晶《しげみつあきら》駐ソ連大使に「邦人救出のためにソ連側に当たれ」と指示したが、「まだ本国から訓令がきていない」という理由で重光さんは動こうとしなかった。激怒した中川先生は、「なんだと、この野郎！　俺は日本の全権代表としてここにきているんだ。俺の指示は日本政府の命令だ。訓令を待つ必要はない！」と怒鳴りつけたんです。

それにしても外務官僚というのは頭の固い人種です。重光さんの動きは鈍い。そこへ東京の外務本省から安倍官房長官からの公電が入り、「現地にいる中川大臣をしてソ側と折衝させよ」と指示しました。そこで、中川先生が「こら大使！」というと重光さんは文字通り椅子から飛び上がりました。

佐藤　自分たちの因習、伝統に縛られて一歩も歩けないような外務官僚が昔からいたのですね。臨機応変に国民の命と国家の尊厳を守るという意識が決定的に欠落している。外務官僚の不作為は、こうした体質から生まれているのです。

鈴木　それにしても、重光という大使は本当に政治家をバカにしていた。中川先生は福田総理からレオニード・ブレジネフ宛の親書を預かっていたのですが、重光大使は取り次ごうともしない。農林大臣というポストではブレジネフに会えないというのがその理由だったが、大韓航空機によるムルマンスク事件がきっかけになって**アレクセ**

イ・コスイギン首相と会えることになった。ブレジネフ宛の親書はそのときに、やっと渡すことができたのです。

☆アレクセイ・コスイギン首相
一九〇四年、サンクトペテルブルグの労働者の家庭に生まれた後、ロシア革命を経てソ連共産党に入党。一九三八年にレニングラード市長となってからは、政治の中枢を歩む。一九三九年、ソ連共産党中央委員に選出。第二次世界大戦後は、一九六四年のニキータ・フルシチョフ首相の失脚に伴い、第一副首相からソ連首相に就任。一九八〇年没。

漁業相失脚を予言したジョーク

佐藤　コスイギンという人は、じつは改革派官僚だったのです。中国の周恩来のような立場だったといえばわかりやすいかもしれない。
ニキータ・フルシチョフが失脚した後、ニコライ・ポドゴルヌイ、ブレジネフ、コスイギンの三人が熾烈《しれつ》な権力闘争を起こします。しかし、はじめにポドゴルヌイが最高会議幹部会議長になって脱落。次に消えたのがコスイギンでした。ここでブレジネフ体制が確立しました。

鈴木　コスイギン首相と中川先生が会談したときに面白い話があります。会談には亀《かめ》長友義《ながともよし》さんという参議院議員も同席したのですが、亀長さんは農林省事務次官から大日本水産会の会長を歴任した人で水産業界のトップでした。

　この亀長さんは一六八センチの中川先生と同じくらいの背丈でしたが、見事に太っていました。中川先生も八五キロあったので恰幅《かっぷく》のいいほうでしたが、この二人を見てコスイギン首相は、「お二人ともシャケをたくさん食べているからよく太っていらっしゃる」と軽くジャブを出してきたのです。

　これに対して中川先生は、「いやいや、コスイギン首相やイシコフ漁業相などは、シャケよりイクラをたくさん食べているから、じつによく肥えていますね」とやり返したところ、ちょっと理解に苦しむ答えがきた。

アレクセイ・コスイギン

「いや、イシコフはイクラではなく、キャビアの食べすぎなんです」
　顔を見合わせた二人は苦笑いを浮かべていたので、何かあるのかなと思っていましたが、意味がわかったのはその三ヵ月後のことでした。なんと、イシコフが失脚したのです。
佐藤　サケの缶詰のなかにキャビアを詰めてパリに送り、サケとキャビアの差額を自分の預金口座にプールしたというスキャンダルですね。この事件をきっかけにして、イシコフは年金生活に追い込まれた。可哀想だったのは関係した下《した》っ端《ぱ》で、一〇〇人以上がラーゲリ（強制収容所）送りになったといいます。

鈴木　コスイギンは、イシコフがキャビアで不正に蓄財していることをつかんでいて、だから「イシコフはキャビアの食べすぎなんです」といったのでしょう。イシコフはそれを聞いて内心ビクッとしたはずです。そういえば、彼は鉛筆を何本もまとめてガチャガチャ手で回す癖があるのですが、その後の会談では、それもピタリと止まりました。

ソ連というのは怖い国なのです。イシコフが失脚してからというもの、イシコフの「イ」の字も出なくなった。そして、そんな人間は存在していなかったと思えるくらい誰も話題にしなくなりました。

CIAを出し抜いた情報

佐藤　ソ連の権力闘争は聞きしに勝るものがありますからね。たえず足の引っ張り合いが行われていて、逆に、権力をつかんだ人間は笠にきて居丈高《いたけだか》になる。付き合うのもたいへんだったのではありませんか。

鈴木　正直いって、お土産《みやげ》には苦労しました。たとえば、イシコフなどには、テレビからはじまって、冷蔵庫、洗濯機と、ありとあらゆる物を持っていきましたね。ある日のこと、今度は何を持っていこうかと中川先生と頭を抱えていると、ひらめくものがありました……それは盆栽です。

早速イシコフの側近に連絡を入れてみると、いい返事が返ってきた。用意した盆栽は、総重量一〇〇キロを軽く超える巨大なもので、ケースに入れて贈るとずいぶん喜ばれましたね。

佐藤　外交というのは泥臭いところがあるんですね。お土産といえば、ビクトル・フリステンコ副首相への鈴木さんのプレゼントが印象に残っています。二〇〇〇年六月、小渕前総理の葬儀に出席するため訪日したときのことですが、お土産は実物大という巨大な木彫りのヒグマの置物。特注品だから世界でひとつ、値段が付けられません。

鈴木　ソ連やロシアの高官へのプレゼントは値段じゃない。高ければいいというものではないから考えるのがたいへんなんですね。

佐藤　ところで、中川先生は、ソ連と漁業交渉しているときに北方領土問題について何か提案しなかったのですか。

鈴木　北方領土についてはひと言も触れませんでしたね。

「共産主義の国にそんな話をしても交渉にならない。それに、戦争で取られたものは戦争で取り返すしかない。だからといって、喧嘩できる相手じゃない」

といって、完全にあきらめていた。ただ、私は違うことを考えていました。いますぐは無理としてもなんとか解決の突破口はないものかと思っていたし、その思いは国会議員になってからさらに大きくなりました。

佐藤　鈴木さんが具体的に北方領土問題に関わりはじめたのはいつごろだったのでしょう。

鈴木　一九九〇（平成二）年一二月に外務政務次官になったときからです。その翌年の一九九一年四月にミハイル・ゴルバチョフ大統領が訪日した。ゴルバチョフはそれまでのソ連の政治体制を一新する力と能力を持っていました。**ペレストロイカ**、**グラスノスチ**など、改革路線を鮮明にしていた。ゴルバチョフの言動から、ソ連は必ず変わると確信しました。

そのゴルバチョフも四ヵ月後の八月にクーデターが起きて行方不明になった。このとき世界に先駆けてゴルバチョフの生存を確認したのが佐藤さんでしたね。佐藤さんの情報収集能力はアメリカを驚嘆させ、ＣＩＡより早い情報にシニア・ブッシュ大統領も思わず「ワンダフル！」と叫んだといいます。

　そんな佐藤さんに比べて、多くの外務官僚の対ソ外交に関する意識は低かった。ただし、当時ソ連課長をつとめていた東郷和彦さんはしっかりしていた。その東郷さんでも気が回らなかったことがあります。たとえば、ゴルバチョフが訪日する一ヵ月前、アレクサンドル・ベススメルトヌイフ外相が先遣として日本に来たときにちょっとしたエピソードがありました。

　私の耳には、「外相は日本に到着すると、空港で何らかの公式発表をする。その発表は世界的なニュースになるほど大きなことだから、日本も何らかのコメントを用意する必要がある」という話が入ってきていました。

ミハイル・ゴルバチョフ

　当初、ベススメルトヌイフ外相を空港に出迎えに行くのは中山太郎《なかやまたろう》外相の予定でしたが、国会で忙しく都合がつかなくなった。そこで、代わりに外務政務次官だった私が行くことになったのです。空港に着いた途端にベススメルトヌイフ外相はスピーチをする。私も答礼のスピーチをしなくてはならないのですが、原稿もメモも外務省は渡してくれない。東郷さんのほうを見たが、視線を合わせない。困ってしまいましたが、即興で何とかしました。

あとで知ったことですが、このとき新聞記者が東郷課長に、「課長、鈴木さんにベススメルトヌイフ外相の発表についての説明をしなくてもいいんですか」と聞くと、「いいだろう。鈴木政務次官なら適当に話を合わせてくれるよ」といったというのです。東郷さんにしかできない大胆な対応でした。

☆ペレストロイカ

一九八〇年代後半から進められたソビエト社会主義共和国連邦での政治改革運動。ロシア語を直訳すれば「建て直し」「リストラ」になる。腐敗が進んだ共産党の一党独裁政権を刷新するため、一九八五年にソ連共産党書記長に就任したミハイル・ゴルバチョフがスタートさせた。結果的に民主化の圧力が高まり、ソ連自体が崩壊することにつながったが、共産圏の民主化の進展、冷戦の終結という点で、現在では高く評価されるようになった。

☆グラスノスチ

ペレストロイカの重要な政策の一つとして行われた「情報公開」。ゴルバチョフにより、言論、思想、集会、出版、報道などの自由化が実施された。しかし、共産党幹部らの特権的な生活ぶりや汚職も暴かれたため、ソ連解体のスピードを速めることになった。もともとは、弾圧されてきた改革的な知識人などをペレストロイカに参加させるための施策であった。

「外交に政治家は口出しするな」

佐藤 それにしても、鈴木さんはなぜ外務政務次官になったのですか。いわゆる族議員として「美味しいポスト」なら、ほかにもたくさんあったと思いますが。

鈴木 政治を志した当初から、国家の基本は「安全保障」と「外交」だと考えていました。とくに外交は重要です。

外交が漁業、農業といった一次産業に深く関係しているのは誰もが知るところですが、他の分野にも広く影響が及びます。たとえば、アメリカの大手流通グループ「シアーズ」の日本進出、あるいは建設業者の入札参加などは、完全な外交案件でした。極論すれば、外交が国民生活を左右するという考えを持っていました。

こうした考えがあったので、最初の政務次官ポストが防衛だったので、次は外務だという意識を強く持っていました。しかし、当時の私は防衛ではなく、別のポスト——たとえば、大蔵や農水といった重要ポストに就くこともできたのです。というのも、国会対策副委員長というたいへんな仕事をした後でしたから、次の政務次官ポストは自分で選ぶことのできる立場にあったのです。

佐藤 意外なことに、当時の鈴木さんは無派閥でしたね。平成研に入ったのは小渕政

枝村純郎

権になってからです。

よく誤解されていますが、鈴木さんが竹下派の経世会に所属したことは一度もなかった。中川先生からの流れでいえば、むしろ森派の清和会に近い。その意味で鈴木さんは、かつての自民党最大派閥の橋本派・平成研の「実情」と、小泉政権を支えた総裁派閥である森派・清和会の「文化」の両方を熟知する数少ない政治家なんですね。

少し話が横道にそれてしまいましたが、鈴木さんはゴルバチョフ訪日のあとモスクワに飛んでいます。目的は何だったのですか。

鈴木　ゴルバチョフ訪日をきっかけにして平和条約締結のための作業部会が立ち上げられると思っていたのですが、なんの動きもなかった。そこで私は、イーゴリ・ロガチョフ外務次官に会ってその段取りを決めるためにモスクワに向かったのです。

それにしても、当時の駐ソ連大使の枝村純郎《えだむらすみお》さんにはあきれてしまった。「外交は外務官僚の専権事項だから、政治家が口を出す話ではない」という古い考えに凝り固まった人間だったので、何をいっても動こうとしない。

佐藤　枝村さんといえば、自民党の外交部会で浜田《はまだ》幸一《こういち》さんにこっぴどく叱責されて話題になったことがありますね。

鈴木　自民党日ソ友好議員連盟会長だった村田《むらた》敬次郎《けいじろう》先生が、「われわれ政治家もソ連にいって話をしてこようじゃないか」と発言したら、枝村さんが「外交は外交官がやるものです。政治家が口を挟むべきものではありません」とやった。「この野郎！　ふざけるなっ。何様のつもりだ！」という怒声が起こって、険悪な雰囲気になりましたよ。

浜田幸一

そこで私が、「ちょっと待って。枝村大使、そりゃ、いいすぎだろう」というと、浜田先生が「鈴木、待て。俺がやる」と私を制するや、「こらーっ！」とやりだした。私を傷つけまいという気持ちからだったのでしょう。それに実際、浜田先生自身も外交には力を入れていました。丹波元ロシア大使や佐《さ》藤《とう》行雄《ゆきお》、**岡崎久彦**《おかざきひさひこ》元タイ大使といった当時の安全保障に関わる課長クラスと一緒に勉強会を開いていましたからね。

そういえば、岡崎さんは自民党の金丸信《かねまるしん》さんにベッタリでしたね。タイ大使だった一九九一年二月に現地でクーデターが起きたときも、自民党政調会長だった加藤六月《かとうむつき》さんが「当面ODA（政府開発援助）をストップする」といい出したとたん、外務本省の許可をとらずに日本に戻り、金丸さんに直訴してひっくり返した。

そのときのセリフがふるっています。「血は一滴も流れていません。無血クーデターなので日本には何の影響もありません」というのですから、まあ、たいしたものです。

☆**岡崎久彦**
東京大学在学中に外交官試験に合格し、一九五二（昭和二七）年外務省入省。防衛庁参事官、駐米公使などを経て、新設された情報調査局長に就任。駐サウジアラビア大使、駐タイ大使を務めた後、一九九二（平成四年）退官。現在、岡崎研究所所長。

駐ソ連大使夫人の肖像画に見下ろされて

鈴木　ところで、枝村大使については面白い話があります。何かの用事でモスクワの日本大使館の大使公邸にいったときのことです。公邸のサロンに入ると、正面に等身大の女性の肖像画が掛かっていました。あとで大使館員に聞いてみると、絵のモデルは枝村大使の奥さんだというじゃありませんか。

大使館にやってきた人は全員、奥さんの肖像画を拝むことになるのですから驚くべき感覚です。

他にも枝村さんはおかしなことをいろいろしていますね。一九九二年五月には当時副総理兼外相だった渡辺美智雄《わたなべみちお》さんをキルギスに連れていき、「ここは東洋のスイスです」とさんざんあおっている。ところが、二〇〇五年にこの国のアカエフ大統領は、不正蓄財が露見して国外に逃亡しました。

佐藤　すると、プライドの高い枝村大使のようなタイプと、揉《も》み手擦《す》り手で近づいてくる東郷さんのようなタイプでは、どちらが外務官僚としての適性があるといえるのでしょうか。

鈴木　少なくとも東郷さんのほうがしたたかですね。一歩引いて接してくるタイプは、懐の深さを感じます。東郷さんの知力、気力、体力は一級品だと思いますよ。

佐藤　一般論として、威張り散らしている人間よりも、一見腰を低くしてやってくるほうが狡猾《こうかつ》ですが、こと外務官僚というフィルターで見れば国益を考えている証拠なのですね。

野上義二

鈴木　日本はいまでこそ世界ナンバー2《ツー》の経済大国になりましたが、世界銀行から借金しているようなモノもカネもなかった時代は、どの国からも相手にされませんでした。

　日本が飛躍できたのは、一九六四（昭和三九）年の東京オリンピックや一九七〇（昭和四五）年の大阪万国博覧会以降です。その後、ようやくの思いで世界の一級国の仲間入りを果たした。それは、とりもなおさず国民一人ひとりの英知の結集の成果でした。

　残念ながら、こうした国民の努力の成果を背景に外交を行っているという事実をきちんと理解している外交官は少ない。この点が日本の外交の最大の問題点です。

佐藤　結局、国民が自分たちの考えを表に出す方法は二つしかありません。ひとつは政治家を通じて国政の場で表明するという方法で、もうひとつはマスコミを通じて世論に訴えるというやり方です。したがって、政治家とマスコミをバカにしている役人は、国民をバカにしているに等しい。

鈴木　その意味で東郷さんは日本の国益を考えていたし、国民に敬意を払っていた。

二〇〇〇年から二〇〇一年にかけての丹波實ロシア大使―東郷和彦欧亜局長―佐藤優主任分析官というラインは最強でしたね。

佐藤　外務官僚すべてが悪というわけではないのです。イスラエル大使から事務次官になった川島裕《かわしまゆたか》さんもなかなかの策士ですが、根っからの悪党ではなかった。いまの事務次官の谷内《やち》正太郎《しょうたろう》さんもバランスが取れている。

極端におかしかったのは、竹内行夫さんくらいです。本来は、現在駐米大使を務めている**加藤良三**《かとうりょうぞう》さんが次官になるはずだった。しかし、田中真紀子外相体制下、加藤さんでは外務省を守り切れないということから、武闘派の野上義二《のがみよしじ》さんが川島事務次官の後任になったのです。

竹内さんの場合、インドネシア大使で終わりだったはずなのに、野上義二さんがたまたまパージされ、間違えて事務次官の椅子が竹内さんに回ってきた。これが外務省の基礎体力を奪うことになった最大の原因です。

☆**加藤良三**
東京大学法学部卒業後、一九六五（昭和四〇）年外務省入省。在オーストラリア日本国大使館一等書記官、条約局条約課長、駐米公使、北米局審議官、総合外交政策局長、外務審議官（政務）と外務省の本流を歩み、二〇〇一（平成一三）年駐米大使に就任。

第二章　北方領土「外交秘史」

「スターリン主義の残滓」

佐藤　一九四五（昭和二〇）年八月八日、ソ連は日ソ中立条約を侵犯して**日本への宣戦布告**を行いました。日ロ関係を考えるうえで、この問題はどう解釈すればいいのでしょうか。

鈴木　まず、この問題をソ連だけの判断とするのは間違っているということを押さえておく必要があります。アメリカやイギリスを含めた連合国という集団の行動だと考えなければ歴史を見誤ります。

そう考えれば、北方領土問題に絡めて「かつてロシアは中立条約を破って日本に攻め込み、その結果として北方四島を奪ったではないか」と、日本側からこの問題を持ち出して拳《こぶし》をふり上げることは意味があるとは思えない。むしろ、リアルタイムで動いている外交交渉に水を差すことにすらなる。なぜなら、日本とアメリカ、日本とイギリスとの間にデリケートな問題が生じる可能性があるからです。

領土問題を含めた日ロ関係は、過去の出来事とだけ結び付けて議論しても、決して前進しません。

佐藤　過去の出来事といえば、第二次大戦直後の日本と世界の関係を考えるときの出発点になるのは、連合国が日本を裁いた東京裁判だと思います。

この裁判で日本は、「平和に対する罪を犯した」と非難されましたが、ソ連との関係において日本は「侵略された側」になります。侵略した当事者のソ連が、東京裁判では検事団のメンバーに入っているのですから、裁判そのものの有効性が疑わしいと考えるのが自然です。それに、アメリカをはじめとした連合国側は、背後でソ連を煽《あお》って日ソ中立条約を侵犯させたのですから共犯です。

この点について、鈴木さんはどうお考えになりますか。

鈴木　あってはならない戦争を起こしてしまったということについて、私たちは、深く反省しなければなりません。しかし、当時の日本は、崖っぷちまで追い詰められていた。生き延びるための決断だったのも厳然たる事実です。

私は政治家です。歴史学者でも平和運動家でもありません。政治とは、歴史の事実をきちんと受け止めることであり、政治家の仕事は、いま生きている人たちの立場に立って問題を解決

ヨシフ・スターリン

することだと考えています。

佐藤　鈴木さんの言動がロシア人に説得力をもって伝わったことを、私は長く身近にいていつも感じていました。あとになって、その理由は、鈴木さんの考え方がロシア人の琴線《きんせん》に触れたからだと気づきました。

鈴木　歴史を振り返ったとき、ソ連の国民が日本を侵略してきたと考えてはいけません。当時、ソ連にはヨシフ・スターリンという恐ろしい独裁者が君臨していた。しかも、政治体制は共産全体主義でした。犠牲になったのはソ連国民、そして、北方四島の人たちです。スターリン主義の犠牲者という点でいえば、日本人もロシア人も同じ立場なのです。

したがって、日本とロシアの領土問題は「スターリン主義の残滓《ざんし》」と考えなければならない。日本人は、決してロシア国民を恨んだりしてはいけません。

ロシア人は一対一で接すると人なつっこくて、とても付き合いやすい人たちです。しかも、教育水準も高く、高い能力を持っています。世界で最初に**人工衛星**を打ち上げたのはソ連だし、世界初の宇宙ステーションもソ連によるものです。ロシアの唯一、かつ最大の不幸は、「スターリン主義の残滓」なのです。

佐藤　ところが近年、小泉純一郎《こいずみじゅんいちろう》総理をはじめ、小泉内閣の外相だった田中真紀子さんや川口順子さん、町村信孝《まちむらのぶたか》さん、そして麻生太郎さんに至るまで、日ロ外交の最大の問題が「スターリン主義の残滓」であるということを発言しなくなった。こうした傾向は鈴木さんが失脚してからのことで、この結果、歴史を正しくとらえることができなくなりました。日本の外交はこの数年で大きく変わりましたが、その背景にあるのはこの誤った歴史観だと思います。

日ロの問題の根底にあるのは「スターリン主義の残滓」だと考えることができれば、ロシア人も犠牲者であることがわかるし、シベリアの抑留問題にも繋《つな》がっていきます。

日ロ外交が浮ついた議論になっているのは、「すべてがスターリン主義から起こった」という根源的な歴史認識が欠落しているからです。だから日本は正しい外交戦略を練ることができないのだと思います。

鈴木　じつはエリツィン大統領も、訪日したときにその点についてはっきり言及しています。日ロの問題は「スターリン主義の残滓」だという認識をエリツィンさんは明確に持っていました。

☆日本への宣戦布告

太平洋戦争勃発直前の一九四一（昭和一六）年、日本とソ連は日ソ中立条約を締結。その後、同年六月に日本の同盟国であるドイツが不可侵条約を破棄してソ連と全面戦争に突入するものの、日ソ間は中立条約によって中立を保っていた。ところが、大戦末期の一九四五年八月八日、ソ連はヤルタ協定を口実に、当時有効だった日ソ中立条約を一方的に破棄。日本に宣戦布告し、当時日本の勢力圏だった満州と朝鮮半島北部に侵攻、日本領の南樺太と千島列島を占領した。

☆**人工衛星**

一九五七（昭和三二）年一〇月、ソ連は世界初の人工衛星「スプートニク1号」の打ち上げに成功。これをきっかけに、米ソの宇宙開発競争が本格化していった。

「日本人がいらないといっても返す」

佐藤　私は、エリツィン大統領が「スターリンの残滓」だと口にするようになったのは、鈴木さんが大統領の側近中の側近だった**ゲンナジー・ブルブリス**さんに働きかけた効果があったからだと思います。

鈴木　ブルブリスさんは、私の知るかぎり「北方四島は日本のものだ」と口にしたはじめてのロシア高官ですね。彼との付き合いは一〇年以上になります。知り合うきっかけになったのは、一九九三（平成五）年八月終わりから九月はじめにかけて、彼の根室訪問を手伝ったり、北方領土の元島民と会えるようにセットしたことでした。

その後も定期的に会って話をする仲になりましたが、ブルブリスさんが初来日したとき、ホテルニューオータニで一緒に朝食を食べていると、フォークとナイフをテーブルに置いて真顔でこんなことをいうのです。

「日本人が『北方四島を過疎の土地だからいらない』といっても、ロシアは日本に島を返さなければなりません。北方四島はスターリン主義のもとで、日本から盗んだ領土です。共産主義から絶縁し、『スターリン主義の残滓』と決別しようとしているロシアにとって、北方四島を日本に返すことがロシアの国益に適っている。なぜなら、北方四島を日本に返還することによって、対外的にロシアが正義を回復したと国際社会から認知されるからだ。たとえ日本人がいらないといっても、返さなければならないというのがロシア人としての正しい歴史観です」

この言葉には正直驚きましたが、これで日ロ関係は前進すると確信しました。

ゲンナジー・ブルブリス

佐藤　ブルブリスさんは、鈴木さんと話をするうちに考えがまとまり、いわゆる「頭づくり」ができたのでしょう。ところでこのとき、ブルブリスさんとの会談内容が表に出てしまった。

鈴木　産経新聞が一九九三年九月八日付夕刊の一面でスクープしました。「露大統領参謀ブル

ブリス氏　訪日は『値ぶみ』の旅!?」という見出しでしたね。

佐藤　記事によると、「河野《こうの》（洋平《ようへい》）氏は頭脳はシャープだが、線が細い」「中曽根氏は外交の戦略が描ける人だが、過去の人」「三塚《みつづか》（博《ひろし》）氏は今後の日ロ関係についての展望を持っていないようだった」というように、ブルブリスさんは自民党のほとんどの政治家に対して辛口の評価でした。

ところが、鈴木さんだけは違った。「ただ鈴木氏に対してだけは『現状がよくわかっている。今後もお付き合いしていきたい』と持ち上げている」と書かれています。

ブルブリスという人は、よく見ているなと思いましたね。

☆ゲンナジー・ブルブリス

エリツィン政権での国務長官。エリツィンと同郷で、側近中の側近として名をはせる。一九四五年八月四日、ソビエト連邦ロシア連邦共和国スベルドロフスク州ペルボウラリスク市に生まれる。ウラル大学哲学部在学中にソ連共産党に入党、卒業後、一九八二（昭和五七）年からエリツィンの母校でもあるウラル工科大学（ウラル総合技術大学）で教鞭をとり、同大学の助教授に就任。

一九八九（平成元）年、ソ連人民代議員に当選、最高会議議員にも選出される。一九九〇（平成二）年、ソ連共産党を離党。同じ年の一月にエリツィン・ロシア最高会議議長全権代表兼直属調整顧問会議議長に就任、エリツィン最側近となる。一九九一（平成三）年六月のロシア大統領選挙でエリツィン陣営の選挙参謀として選挙運動を指揮、エリツィン大統領誕生に貢献する。エリツィン政権で国務長官に就任。同年一一月からは第一副首相も兼任し、名実ともにエリツィン政権のナンバー2となる。現在、連邦院（上院）議員。

五六年共同宣言と東京宣言の落差

佐藤　「スターリン主義の残滓」という基本哲学において、ソ連を崩壊させたロシアの戦略家であるブルブリスさんと対ロ外交のエキスパートである鈴木さんの考えは、完全に一致していたということになります。

ところで、時代は前後しますが、一九五一（昭和二六）年のサンフランシスコ講和条約第二条C項によると、日本は南樺太とともに千島列島を放棄しています。当時の理解としては、「南千島」という言葉を使いながら、外務省の西村熊雄《にしむらくまお》条約局長が「千島のなかに国後島、択捉島は含まれる」と発言していることから考えて、当時の日本の発想に「四島」はなかったとするのが自然です。

鈴木　そう受け止めるのが素直ですね。

佐藤　ただし、日本人の思いとしてはずっと「四島」はありました。

鈴木　その通りです。とくに、元島民はその思いが強かった。しかし、米英などと平和条約を結ぶためにはクリル諸島を放棄しなくてはならなかった。

佐藤　したがって、「クリル諸島の範囲」、あるいは「千島列島の範囲」となれば、日本に不利になるのは明らかです。はじめから「四島は含まれている」と強弁するやり方は国際的に通用しないのですから、いつまでもこだわっていると日本は間違いなく損をする。この点が日本の外務省や日本の北方領土返還運動団体には見えていない。

鈴木 日本がロシアに対して過去の歴史を持ち出し、「かつて日ソ中立条約を破ったのはソ連だ」ということだけを強調しても、細かく調べていけば日本に不利な話はかならず出てきますからね。

佐藤 そうなれば、ロシアは「日本はナチスドイツの同盟国だったではないか」といってくるはずです。そうした不毛の歴史的議論を続けていても、日ロ関係は前進しません。

鈴木 ところで、二〇〇六（平成一八）年は一九五六（昭和三一）年の日ソ共同宣言（五六年共同宣言）の五〇周年に当たりますが、この**日ソ共同宣言第九項**で、平和条約締結後の歯舞群島と色丹島の二島の引き渡しについて触れています。

佐藤 森喜朗さんや鈴木さん、さらに欧亜局長だった東郷和彦さん、そして、もちろん私もこの五六年共同宣言を重要視していました。実際にこの宣言をテコにして日ロ関係を動かそうとしたわけですが、私たちの動きは周囲から、「二島返還論の売国奴」と名指しされて、結局パージされてしまいました。

鈴木 「平和条約締結後に二島を引き渡す」という五六年共同宣言について、日本の内閣総理大臣が署名し、国会でも批准しています。この厳然たる事実を踏まえておかなければ議論になりません。

佐藤　たとえていえば、コップに入れた水に対する見方だと思います。水が半分入っているコップを見たとき、「まだ半分しか入っていない」と考えるか、「もう半分入っている」と考えるかの違いです。「まだ半分しか入っていない。早く一杯にしなければ」と議論するよりも、「もう半分入っている。あと半分で一杯になる」と考えるほうが、明らかに建設的です。

鈴木　俗なたとえでいうなら、仮に私が佐藤さんに一〇〇万円借りたとします。私が半分の五〇万円返そうとしたとき、佐藤さんは「いや、一〇〇万円まとめて返してよ」とは絶対にいいません。とにかく、五〇万円でもいいから返してもらって、「まだ五〇万円残っていますよ」と交渉するのが普通です。

佐藤　外交も普通の感覚でするべきなんです。それを外務官僚は、「俺たちは特別なんだから、何をやっても国民から責任を追及されることはない」という特権意識でやるから話が前に進まない。

ここで考えなければならないのは、誰が本当の愛国者なのかということです。勇ましいことをいうのは誰でもできます。しかし、結果を出さなければ意味はありません。現実のなかで問題を解決していくのが政治であり、愛国者の在り方だと思う。

　鈴木さんや私を売国奴と批判する勢力からは、「二島返還を前提にしている五六年共同宣言を基本にするとはなにごとか」と叩かれましたが、この宣言は二島の返還だけに限定しているのでしょうか。そんなことはありません。二島だけでよいならば、一九五六年に平和条約ができていました。日本が国家の原理原則として四島返還を要求したからこそ、共同宣言という中間的な形態になったのです。

鈴木　そうです。五六年共同宣言はあくまで中間的なものです。だから日ロ両国は今も平和条約交渉を続けているのです。五六年共同宣言では、第九項の前段で平和条約交渉の継続を明記しています。そして、日本側が理解する平和条約交渉のポイントは、あくまで四島の日本への帰属を確認することです。つまり、歯舞群島、色丹島、国後島、択捉島は日本領であるということを担保しなくてはならない。

　さらに、五六年宣言第九項の後段で平和条約ができたら二島は引き渡すといっているのですから、歯舞、色丹の二島には王手が掛かっています。ところが、一九九三年の**東京宣言**では「四島の帰属に関する問題の解決」を持ち出して、話を混乱させるような内容になっている。

　なぜなら、日本の立場からいえば、歯舞、色丹の帰属の問題は五六年共同宣言で確認済みであり、平和条約ができれば歯舞、色丹の二島は日本領になることが決まっているのに、それをあたかもまだ決まっていないという話にしているのが東京宣言だからです。東京宣言では国後、択捉の帰属に関する問題を解決して平和条約を締結するとすればよかった。東京宣言は日本が譲歩しすぎた内容でしたね。

☆日ソ共同宣言第九項

「日本国及びソヴィエト社会主義共和国連邦は、両国間に正常な外交関係が回復されたあと、平和条約の締結に関する交渉を継続することに同意する。ソヴィエト社会主義共和国連邦は、日本国の要望にこたえかつ日本国の利益を考慮して、歯舞群島及び色丹島を日本国に引き渡すことに同意する。ただし、これらの諸島は、日本国とソヴィエト社会主義共和国連邦との間の平和条約が締結されたあとに現実に引き渡されるものとする」

☆東京宣言

抜粋。「日本国総理大臣及びロシア連邦大統領は、両国関係における困難な過去の遺産は克服されなければならないとの認識を共有し、択捉島、国後島、色丹島及び歯舞群島の帰属に関する問題について真剣な交渉を行った。双方は、この問題を歴史的・法的事実に立脚し、両国の間で合意の上作成された諸文書及び法と正義の原則を基礎として解決することにより平和条約を早期に締結するよう交渉を継続し、もって両国間の関係を完全に正常化すべきことに合意する」

五通りの可能性

佐藤　その通りです。外務省は東京宣言における日本の譲歩については口をつぐんでいます。二〇〇二年以降のことを振り返ると、ちょうど鈴木さんが一時的に失脚している間に情勢が変わりましたね。「鬼のいぬ間に」という雰囲気のなかで、東京宣言によって四島が返還されるという論調になっていきました。

しかし、これはおかしな話で、東京宣言のいったいどこに北方四島返還を保証する記述があるというのでしょうか。そこで鈴木さんにお聞きしたいのですが、東京宣言でいう「帰属に関する問題の解決」とはどういうことなのですか。

鈴木　東京宣言で帰属に関する問題を考えたとき、五通りの可能性がでてきます。それは、①四島すべて日本に帰属する②日本に三島、ロシアに一島③ロシアに二島、日本に二島④ロシアに三島、日本に一島⑤四島すべてロシアに帰属する。

五六年共同宣言で日本に二島の帰属が決まっているにもかかわらず、東京宣言は交渉を後退させる内容を含んでいるのは明らかです。この点について日本外務省に反論の余地はありませんね。現在の外務省は、建前としては「五六年共同宣言、東京宣言、イルクーツク声明の三つの合意がセットになって領土問題は担保されている」といいますが、東京宣言を重視し、五六年共同宣言、イルクーツク声明は極力無視しようとします。

佐藤　私は、五六年共同宣言とイルクーツク声明を基本にすれば領土問題は動くと思っています。外務省には「東京宣言至上主義」がはびこっていますが、明らかに間違っています。私がここでいう「東京宣言至上主義」とは、北方領土交渉の土俵を定めたにすぎない東京宣言を、あたかも北方四島の日本への返還が約束された文書のごとく見せかけるトリックのことです。

鈴木　外務省の松田邦紀ロシア課長などは「一九九三年の東京宣言で日本は四島返還を担保した」といっていますが、勝手な思い込みでしかありません。

北方四島が領土問題の対象であることについては、一九九一年四月に行われた海部俊樹総理とゴルバチョフとの会談で合意し、**日ソ共同声明**となりました。ここでも歯舞群島、色丹島、国後島、択捉島の名称が明記されています。

海部俊樹

佐藤　しかし、外務省が東京宣言を重視した理由は、ほかにあるのではないでしょうか。それは、あくまで政治的な理由ですね。ポイントは、エリツィンさんはゴルバチョフさんが大嫌いだったということです。それを知っていた外務省は、エリツィン大統領との会談では、意識的に日ソ共同声明のようなゴルバチョフ時代の合意については言及しなかったという事情があります。

これは大きな失敗から学んだことです。それは、一九九二（平成四）年に渡辺美智雄外相がエリツィンとモスクワで会談したときのことです。

エリツィンとの会談のなかで渡辺さんは、話を北方領土問題につなげようと考えた。そこで、「ゴルバチョフは冷戦体制を崩すという大きな仕事をしました」と前置きして「でも、アジアに関しては何もまだしていないですね」ともっていこうとしました。ところがエリツィンは、前置きを聞いたところで話を切り、「そんな名前は聞きたくない」と怒ってしまった。渡辺さんがゴルバチョフさんの名前を三回も繰り返してしまったというのがエリツィン大統領の気分を損ねる原因でしたが、それにしてもこのときのエリツィンの怒りようは尋常じゃありませんでした。

とはいえ、ソ連が崩壊してからの日ロ関係は大きく前進しました。それ以前の東西冷戦時代は、領土問題など持ち出すことさえはばかられたものです。鈴木さん自身は、東西冷戦構造のなかでの北方領土問題をどう捉えていたのでしょうか。問題解決の可能性はあったのですか。

鈴木　世界が米ソという超大国によって二分されていた東西冷戦時代、日本は北方脅威論で包まれ、陸上自衛隊の三分の一は北海道に置かれるという状況でした。九州・

沖縄を中心とした西方重視になっている現在とは隔世の感があります。そして、当時はアメリカが自身の世界戦略のなかで、日本とソ連の接近を強く警戒していたのです。

佐藤　しかし、当時の日本の判断としては、無理にソ連と仲良くなる必要はなかったはずです。ソ連と距離を置き、アメリカ一辺倒になるのが日本の国益に適っていました。

鈴木　その通りですね。当時のソ連は、現在の「自由と民主」のロシアではなかったのですから。

渡辺美智雄

　私は、外交の基本は「共通の価値観」で結ばれるべきだと考えています。民意によって政治指導者が選ばれているか、経済は統制経済ではなく市場原理を基本にしているのか、言論の自由は保障されているか……こうした原理原則を当てはめて外交姿勢を決めていくべきだと信じています。

　したがって、「共通の価値観」を共有できないソ連と、それが共有できるロシアとでは、おのずと日本の対応も変わってくるということです。

佐藤 要するに、ソ連とロシアは別の国であるということですね。

鈴木 そうです。基本的価値観がまったく異なります。いまでこそ北方領土問題が外交交渉のテーブルに乗っていますが、ソ連の時代は返還交渉など誰も考えていませんでした。

ソ連が領土を返すわけがない、というのが暗黙の了解事項だった。すでに触れましたが、中川一郎先生も農水相時代にソ連と漁業交渉したとき、最初からあきらめていましたからね。

☆**日ソ共同声明**

海部総理とゴルバチョフ大統領の会談に際し、両首脳は歯舞群島及び色丹島、国後島及び択捉島の帰属について、平和条約の作成と締結もあわせて話し合った。その結果、両首脳は、平和条約の準備を完了させるための作業を加速化することが第一義的に重要であるとした。

中国とロシアの根本的な違い

佐藤 「共通の価値観」という意味では、現在も共産党一党独裁体制が続く中国についてはどうお考えでしょうか。日本は中国とどう付き合っていけばいいのですか。
鈴木 かつて日本も、軍国主義時代には言論統制で言論の自由が制限されました。改革路線が進んだとはいえ、まだ中国には本当の意味での言論の自由は確立されていません。
　同様に、イランもハタミ政権時代は「改革が進んだ」ともてはやされましたが、いまは反動の嵐で、逆に言論弾圧への揺り戻しがひどい。少なくともこのふたつの国が日本と「共通の価値観」を共有しているとは思えません。
佐藤 それに北朝鮮を加えてもいいですね。外交を担う政治家の条件は、「共通の価値観」の基軸がぶれないことだと思っています。その点で鈴木さんは頑《かたく》なまでに筋を曲げない一人ですが、そこでお尋ねしたいのがロシアです。
　いまのロシアは「自由と民主の国」になったのですが、しかし、プーチン政権の体質はアメリカや日本とはだいぶ異なり、ソ連時代に回帰したのではないかという批判も、最近欧米では強くなっています。
鈴木 確かにロシアと欧米では自由や民主主義の理解が異なります。しかし、問題となるのは国家の基本ドクトリンです。繰り返しになりますが、「ソ連＝ロシア」は間違いです。イデオロギーが「左ボックス」から「右ボックス」へ移行したというのは、歴史的な大変化です。この大事な部分を抜きにして、「ロシアは信頼できない。かつて日ソ中立条約を破ったではないか」ということだけをことさら強調する人がいますが、現実の歴史はもう少し複雑です。

ソ連が来る前に、たとえば一九四一年七月には、日本の陸軍が「**関東軍特別演習**」を行っている。これはソ連からすれば日本からの軍事的挑発と見ることもできる。必要以上に卑屈になる必要はありませんが、事実を事実として押さえておく必要はあります。

そのうえで日本が強く主張すべきことがある。それは、日本が日ソ中立条約を守ったおかげで、ソ連は東方面に気を使わなくてよかったという点です。だからソ連はナチスドイツに勝つことができた。日本が出兵していたらドイツによるモスクワ陥落もあったのです。

ロシアに対しはっきりと「日本は信義を守ったのですよ」というべきだし、ロシアは十分感謝しているはずです。ソ連時代にこういう議論を受けつけるロシア人はいませんでしたが、現在のロシア人に対しては説得力を持ちます。

佐藤　同じ文脈で、ロシアの対独戦勝六〇周年にあたる二〇〇五年には、「日本は日ソ中立条約を守った」という話をきちんとすべきでした。しかし、知恵が足りなかったのか、外務省はまったく触れようともしませんでした。

鈴木　それに、先ほどの「関東軍特別演習」にしても、これはあくまで演習であって、本当に攻めていったわけではありませんからね。

☆**関東軍特別演習**
一九四一年七月七日、満蒙国境警備とソ連軍侵攻阻止を名目に、関東軍が約七〇万人の兵力を満州に派遣。事実上の対ソ連戦争準備だった。

最大のチャンスだった「クナッゼ提案」

佐藤　鈴木さんが北方領土に関する「特命交渉」に取り組まれているとき、領土返還のチャンスはあったのでしょうか。

鈴木　いまになって思うと、一九九二年の宮沢内閣のとき、コズィレフ・ロシア外相が渡辺美智雄外相に打診した「**クナッゼ提案**」が最大のチャンスでした。ただし、このクナッゼ提案は極秘事項だったので、具体的な内容は明らかにされていません。また、この内容を知っている人間も非常に限られています。

私はこの件に関して外務省に質問主意書を出しましたが、外務省は「文書の存否も含めて、交渉中なので答えられない」などと、終始一貫とぼけています。「なかったこと」にしようとしているのでしょう。しかし、その後、渡辺外相があるセミナーでうっかりしゃべってしまい、『フォーサイト』誌（一九九三年一月号）に**アンドレイ・クリフツォフ**、ロシア外務省日本部長が寄稿して大騒ぎになったので、事実であることは間違いありません。

佐藤　鈴木さんは「クナッゼ提案」の内容を聞いていたのではありませんか。

鈴木　じつは、そうなのです。詳しいことはいえませんが、ロシア側が相当譲歩した内容になっていました。五六年共同宣言がカギになっていたのは間違いありません。なぜなら、「平和条約締結後には歯舞、色丹の二島を引き渡す」ということについて、ロシアは日本に約束したことを重く受け止めていたからです。

しかし、だからといって二島が返ってくればいいという話ではありません。「二島先行」と「二島返還」はまったく別の話です。二島先行返還でも、四島に足が掛かっていれば、すなわち国後島、択捉島に対する日本の主権確認ができればいいわけです。

原理原則をいえば、四島問題が解決してから平和条約締結です。二島だけで平和条約を結ぶことはありません。あるとすれば、中間条約とか第一基本条約といったように、何らかの歯止め、担保が必要になる。あるいは、第二共同宣言という形になるかもしれません。

佐藤　私は平和条約交渉でテーブルの上に乗る可能性がある案はかぎられていると思っています。このことを考えるときに重要になるのが、「施政権」と「潜在主権」です。

鈴木　このふたつの概念を考えるとき、返還前後の沖縄の状況が一番わかりやすいでしょう。日本とアメリカの戦争は、一九五一（昭和二六）年のサンフランシスコ平和条約の締結によって終結しました。しかし、沖縄や小笠原は、アメリカの施政権下に置かれ、沖縄では米ドルが使われ、裁判権もアメリカにあった。

しかし、これをもって沖縄がアメリカ領になったわけではありませんでした。「沖縄はアメリカの施政権下に置かれているが、『潜在主権』は日本にある」という認識ですね。これによって、日本はアメリカに対して沖縄の施政権返還を要求し、一九七二（昭和四七）年に実現しました。

佐藤　北方領土問題をこれに置き換えれば、「北方四島返還」は「潜在主権」の確認だけでなく、「施政権」も日本が行使することを意味します。そして、「施政権」と「潜在主権」の組み合わせで考えうる解決の可能性は、五通りあるといえます（＊P

105参照)。

①は、「四島一括返還」。日本が四島に対する完全な主権である、「施政権」と「潜在主権」の両方を一挙に回復するという要求です。

②は、「潜在主権方式」。北方四島に対する日本の「潜在主権」を確認することによって、平和条約を締結するという考え方です。「施政権」はとりあえずロシアに残りますが、今後については交渉していくということになります。日本の立場では、領土問題の完全解決は「潜在主権」の確認だけでは不十分なので、「施政権」を取り戻す必要があります。

鈴木　そうであるなら、平和条約が締結された後で「施政権返還条約」というものを結ばなければなりません。北方領土問題を「段階的に解決していこう」というアプローチですね。

佐藤　その通りなんです。一九五一（昭和二六）年にサンフランシスコ平和条約が締結されてから、一九七二（昭和四七）年に「施政権」が日本に返還されるまでの沖縄と同じ状態を、北方領土問題につくり出すと考えればわかりやすいと思います。

さて、③の考え方は「賃貸（借）方式」です。②の「潜在主権方式」を逆転したものですが、「潜在主権」をロシアに残し、「施政権」を日本が行使するということです。これは、主権問題を先送りすることになるので日本はこの方式をとることができませんが、ロシアの学者や北方四島住民の一部がこの考え方を支持しています。

わかりやすい例が香港です。賃貸に期限をつければ、「ロシア＝中国」「日本＝イギリス」という関係になります。

鈴木 しかし、ロシアの「潜在主権」を前提としたこの「香港方式」では、日本は応じることができませんね。

佐藤 たしかにおっしゃる通りです。他方、日本の「潜在主権」を前提にして、「日本＝中国」「ロシア＝イギリス」という関係になれば、②の「潜在主権方式」に時限性の縛りをつけた変形なので、期限をどう区切るかにもよりますが、基本的には平和条約を締結することができます。

鈴木 なるほど。では、四番目のやり方というのはどういったものですか。

佐藤 ④は、『2＋2』方式」です。

五六年宣言によって、「平和条約締結後は日本に歯舞群島と色丹島を引き渡すこと」が日ロの間で合意されています。したがって、日本の立場は「歯舞群島、色丹島の帰属問題は解決済み」ということになり、日本の「潜在主権」が確認されているので、「施政権」の返還だけが交渉テーマになります。

一方、「国後島、択捉島については帰属の問題」については、これから交渉していくということになります。これが「『2＋2』方式」です。

鈴木　この考え方は、「四島一括返還以外は国賊だ」という勢力からは、「二島返還論」「二島先行返還論」だと非難されましたね。しかし、交渉相手のことも考えないで、ただ自分の利益だけ主張するだけが国益に適うとはいえません。

佐藤　そもそも、これまで日本政府は「二島先行返還」をロシアに正式に提案したことはありません。しかし、だからといって四島一括返還以外のやり方をはじめから排除することはないはずです。

もちろん、北方四島に対する日本の主権が認められないかぎり、平和条約を締結することはできないのですから、二島返還による平和条約締結は不可能です。では、二島の返還を確保することによって平和条約を締結することはできるのか。すべては他の二島、つまり、国後島、択捉島の帰属問題にかかってきます。

国後島、択捉島に対する日本の「潜在主権」が認められるなら、「二島先行返還」による平和条約の締結は可能です（＊P105④A参照）。

鈴木　では、「『2＋2』方式」による交渉で、国後島、択捉島について継続協議になったらどうなるのですか。

佐藤　その場合、この二島に対する日本の主権が認められませんから、平和条約を締結することはできません。ここで交渉を決裂させるという選択肢もありますが、中間条約を結んで、国後島、択捉島の日本への帰属確認の交渉を続けて＋α《プラスアルファ》を求めるという手もある（＊P105④B参照）。いずれにせよ、これは高度な政治決断を必要とする問題です。

さらに、「『2＋2』方式」で歯舞群島、色丹島の返還に関して具体的な交渉をしていけば、色丹島に住むロシア系住民対策という難しい問題が出てくるはずです。そうなれば、ロシアは「施政権」の返還に難色を示し、四島に対する日本の「潜在主権」の確認で平和条約を締結しようと動く可能性もあります。

これなら日本は、「『2＋2』方式」から②の「潜在主権方式」に転換することもできる。「『2＋2』方式」はいわば入り口で、どんな出口になるかはやってみなければわからないということです。

鈴木　残念ながら、二〇〇一（平成一三）年三月のイルクーツク会談で、森総理はプーチン大統領に、この「『2＋2』方式」を提案しましたが、その後、日本側が混乱したこともあり、翌年ロシアは断ってきました。しかし、この方式が交渉に柔軟性を持たせるものであることに変わりはありません。

佐藤　最後のやり方は、⑤「共同統治・共同管理方式」ですが、当面の間、四島に対する主権をどこにも確定せず、両国の主権が混在する状態のなかで共同して「施政権」を行使するというものです。

プリマコフ元首相が世界経済国際関係研究所の所長だった頃に関心を持っていた方式ですが、現実的かというと、かならずしもそうではありません。

たとえば、四島で共住する日本人とロシア人の間で交通事故が起こった場合、警察権や裁判権はどうなるかという問題があります。また、法人税や事業税はどこに納税すればいいのか、あるいは労働基準法はどうするかといったように、事実上、新しい国家をひとつつくるくらいの労力がいるのですからね。

鈴木　いずれにしても、ここで考えなければならないのは、「四島を一括で返せ」といっているだけで外交交渉が前進するのかということだと思います。戦後、半世紀はおろか、六〇年を過ぎても解決していないのです。干支《えと》がひと回りしても歩み寄ることができないという現実を直視しなければなりません。

この点を日本もロシアも承知しているからこそ、現実的な対応をすべく五六年共同宣言の確認をイルクーツク声明で行った。

佐藤　一九九二年のクナッゼ提案がなければ二〇〇一（平成一三）年三月のイルクーツク

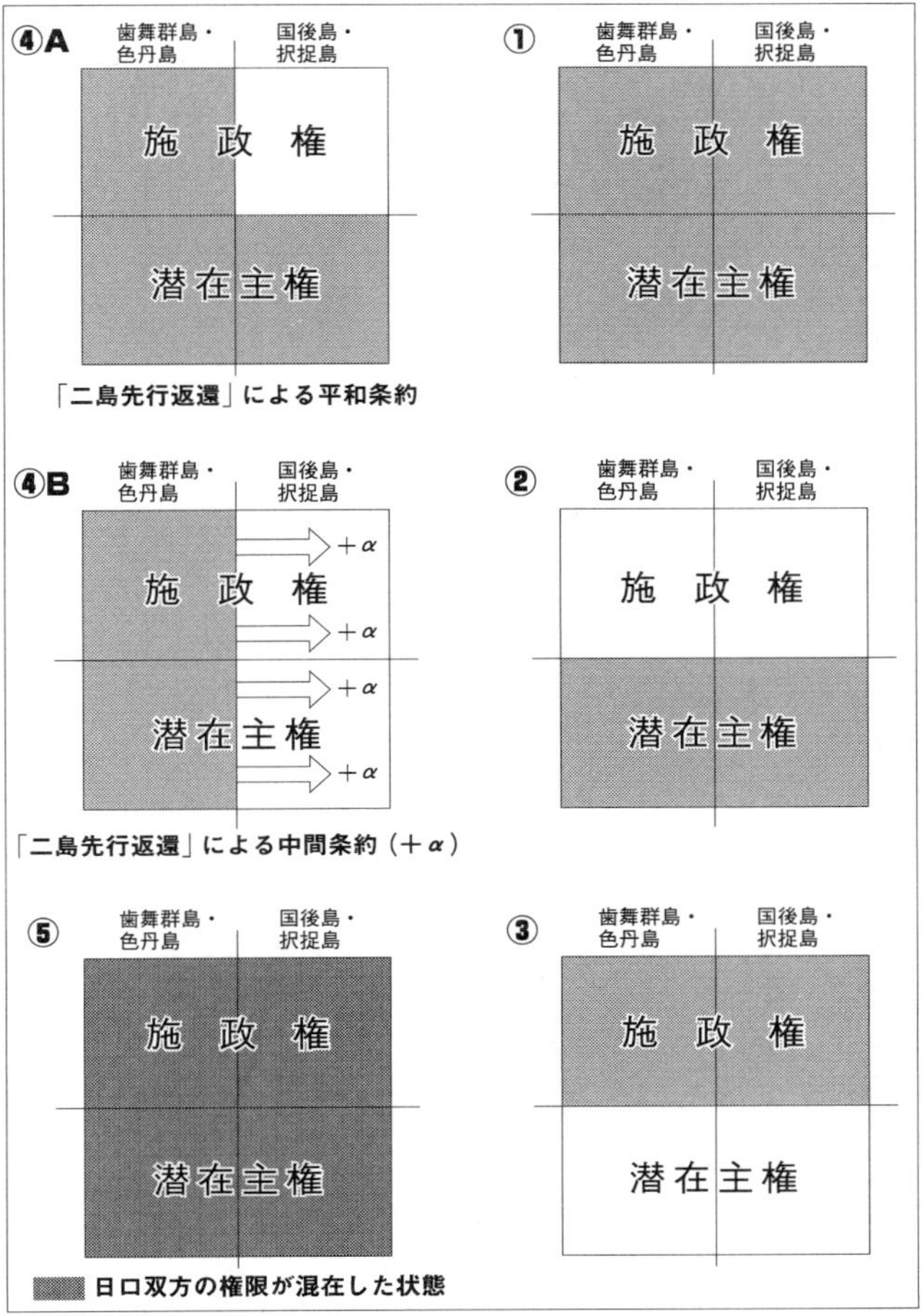
④A
歯舞群島・色丹島
国後島・択捉島
施　政　権
潜在主権
「二島先行返還」による平和条約
①
歯舞群島・色丹島
国後島・択捉島
施　政　権
潜在主権
④B
歯舞群島・色丹島
国後島・択捉島
＋α
施　政　権
＋α
＋α
潜在主権
＋α
「二島先行返還」による中間条約（＋α）
②
歯舞群島・色丹島
国後島・択捉島
施　政　権
潜在主権
⑤
歯舞群島・色丹島
国後島・択捉島
施　政　権
潜在主権
③
歯舞群島・色丹島
国後島・択捉島
施　政　権
潜在主権
日ロ双方の権限が混在した状態

五通りの可能性

ツク声明の戦略、いわゆる「**車の両輪方式**」はありませんでした。クナッゼ提案が秘密扱いになっているため、なかなか世の中に見えてきませんが、一九九二年と二〇〇一年はつながっているのですね。

それにしても、日本の外務省の対応は悪かった。クナッゼ提案では、ロシア側は善意で譲歩してきたのだと思います。そうして北方領土問題を解決し、日ロ間の戦略的提携を強化することがロシアの国益に適うと考えたのでしょう。

ところが、日本はこれを「ロシアの弱さ」と受け止め、相手の善意に対して、弱みに付け込むようなことをした。

その時期のロシアは経済的に苦境に立たされていましたからね。別のいい方をすれば、相手が弱っているのを見てハードルを上げたようなものです。日本の外交は、ときどきそういうあざといことをするのです。

鈴木　自分の体力を過大に評価して、相手のシグナルを軽く見てしまうということですね。よくわかります。強気に出て、逆に失敗して禍根を残すということが、これまでもよくありました。

佐藤　ロシアが譲歩してきたのは、何も自分たちの経済が弱かったからではありません。共産主義時代は終わった、という時代の変化に敏感に対応した結果です。その点は、ブルブリスさんの思想が大きく反映していましたね。

鈴木　彼は「改革派の旗手」といわれた人です。前に述べたようにスターリン主義の負の遺産を克服することがロシアの国益に適う、と確信していました。

佐藤　ここでひとつ押さえておきたいのは、国家が領土を金で買うというのはありえないということです。逆に、金で領土を売る国家は、かならず崩壊します。領土問題は金の問題ではないのです。

北方領土問題を考えてみても、過疎の四島を抱えることが経済的に日本のプラスになるとは思えません。一定の漁業資源があるにしても、それを上回る支出がインフラ整備のため必要になるからです。金勘定だけの損得で考えたら日本は北方領土を返してもらうメリットはないのです。

鈴木　領土問題は、日本国家と日本人の「名誉と尊厳」を基本に考えなければなりません。「名誉と尊厳」の価値を基準にして交渉しないと、問題の本質を見誤ることになるでしょう。

☆**「クナッゼ提案」**
ロシア外務次官をつとめていた日本専門家のゲオルギー・クナッゼが起案した北方領土問題解決のための秘密提案。

☆アンドレイ・クリフツォフ

一九五一年生まれ。モスクワ大学アジア・アフリカ言語学部日本語科卒。一九七五年、ソ連外務省入省。一九七六〜八〇年、八三〜八九年、在日ソ連大使館勤務。ゴルバチョフ大統領の通訳も務めた。

☆車の両輪方式

日本とロシアは、イルクーツク声明で初めて日ソ共同宣言の有効性を文書で確認した。これによってスタートした「並行協議」が、国後、択捉両島の帰属問題と歯舞、色丹両島の引き渡し方法や条件を「車の両輪」のように同時並行的に協議することから呼ばれた考え方。

第三章　最大の好機「クラスノヤルスク会談」

「橋本三原則」を評価したロシア

佐藤　一九九〇年代は、日本とロシアの関係を考えると激動の時代でした。そこでお聞きしたいのですが、本質的な意味で本格的に日ロ関係が動きはじめたのはいつごろからだと鈴木さんはお考えでしょうか。

鈴木　橋本龍太郎内閣が誕生してからですね。すでに触れましたが、**「橋本三原則」**の持つ意味が大きかった。これでエリツィン大統領を筆頭にロシア政治エリートのなかで「橋本は頭のいい奴だ」という評価が定着しました。エリツィンの琴線に触れたといっていいでしょう。

佐藤　青山学院大学の**袴田茂樹**《はかまだしげき》教授は、「橋本三原則」のひとつである「長期的視点」について、「ロシアに対して『問題解決に時間がかかってもいい』という誤ったシグナルを送ることになった」と批判していますが、まったくピントのずれた解釈ですね。『長期的視点』で日ロ関係を進めるためには、領土問題をできるだけ早く解決しなければならない」というのが正しい理解なのです。

　おそらく袴田教授はこのことがわかっているのに、あえて曲解したいい方をしているのでしょう。なぜなら、「北方領土ビジネス」に傷がつくからです。「北方領土ビジネス」というのは、北方領土問題に関わることで利益を得ようとする行為です。したがって、領土問題が解決せずに長引けば長引くほど金や利権になるのだから、できるだけ足を引っ張るような論陣を張ろうとするわけです。

鈴木　たしかに、一部の対ロシア外交専門の学者、評論家にとっては問題がこじれたほうが仕事が増えますからね。北方領土問題が解決した瞬間に飯のタネがなくなるのだから必死なのはわかりますが、本当の意味で国益と対立するのはこうした北方領土問題を飯のタネにしている学者や評論家ではないのでしょうか。

彼らは、原理原則をいい続けていればお金になりますが、本気で北方領土を取り返そうとは考えていない。あえて厳しいことをいいますが、絵空事の空論を並べることで生活しているような輩《やから》に、外交を語る資格はありません。

袴田茂樹

佐藤　命がけで原理原則を貫く覚悟があるのかと聞いてみたいですね。ところで、橋本三原則の基本になったのは、「東からのユーラシア外交」でした。この点を少し掘り下げてみたいと思います。

当時、東西冷戦の処理方法の一つとして、「NATOの東方拡大」がありました。NATOが拡大することで、旧共産圏にあったチェコ、ポーランド、ハンガリーを組み入れ、ロシアを封じ込めるという狙いです。しかし、「東からのユーラシア外交」は違いました。ロシアを封じ込めるのではなく、アジア太平洋地域に誘ったのです。

二一世紀のアジア太平洋地域を考えると、日米中ロの四ヵ国がカギを握ります。では、この四ヵ国のなかの二国間関係はどうだったのか。日米＝同盟、中ロ＝友好、日中＝ほぼ友好、米中＝ほぼ友好、米ロ＝友好……ところが、日ロだけ距離がありました。したがって、日ロを近づけることが日本のためであり、ロシアのためであり、地域安定という観点から近隣諸国のためでもあった。ここから橋本三原則が出てきたのです。そして、鈴木さんはその戦略を立てた一人でした。

鈴木　たしかに私は、「ユーラシア外交」という言葉が定着する前から地政学を強く意識していました。同時に、NATOの東方拡大に対してロシアが大きな懸念を持っていたので、日本が別の道を開けていくという姿勢は、ロシアの大きな信頼を得ることになると考えました。

佐藤　ところで、鈴木さんはこの時期多くのロシア人に会っていますが、橋本三原則は彼らにどう受け止められていたのでしょうか。

鈴木　それはもう、一人の例外もなく高く評価していました。「日本人というのは頭のいい国民だね。こういう形で日本の国際社会におけるプレイヤーとしての地位を高めようとしている」という声もよく耳にしました。

佐藤　それに比べていまの日本の外務省はどうでしょう。アンテナが壊れているというか、「日本の政治家や外務官僚は頭が少し弱いのではないか」とロシア人に思われているような気がします。

鈴木　橋本政権時代も、青山学院大学の袴田茂樹教授や東京財団常務理事の**吹浦忠正**《ふきうらただまさ》さんといった一部の人たちは、「領土を置き去りにして、経済が優先されるのか」というニュアンスで攻撃してきました。

☆**「橋本三原則」**
一九九七（平成九）年に日本側から示された提案。「信頼」「相互利益」「長期的視点」を原則に、日ロ間の諸関係を発展させ、相互理解と友好関係を深めることで領土問題の解決に導くという方針。

☆**袴田茂樹**
東京大学文学部卒業後、モスクワ国立大学大学院ソビエト社会論修了。東京大学大学院国際関係論博士課程修了。現在、青山学院大学国際政治経済学部教授、安全保障問題研究会、内閣情報調査室ロシア研究会にも所属。父は一九三九（昭和一四）年にソ連に政治亡命した袴田陸奥男《はかまだむつお》。伯父は日本共産党の幹部を務めた袴田里見《はかまださとみ》。異母妹のイリーナ・ハカマダは元ロシア国家院（下院）議員。

☆吹浦忠正

高校一年生の時に青少年赤十字に入り、ハンガリー動乱による難民救済の街頭募金に参加。一九七九（昭和五四）年「インドシナ難民を助ける会」の設立に携わり、その後、「難民を助ける会」に改称。現在、同会特別顧問。ほかに、安全保障問題研究会委員、同会事務局長、東京財団研究推進事業担当常務理事。

日ロ関係がよいときの中国は

佐藤　「領土か経済か」とか「魚か島か」という二者択一の論議は間違っています。「領土も経済も」「魚も島も」というのが正しい。なぜなら、この二つは一体のものだからです。単純な二分法に安住してはならない。知恵を働かして、魚や経済を、北方領土問題を解決するてことして巧みに用いていかなくてはなりません。

鈴木　二〇〇〇（平成一二）年九月にプーチン大統領が訪日したとき、領土問題が進展していないではないかという批判に、小《こ》寺次《でらじ》郎《ろう》外務省ロシア課長は、「ロシアは経済が弱いから領土で譲歩できない」といいました。二〇〇五（平成一七）年一一月にプーチン大統領が日本にやってきたときは北方領土問題に関する合意文書すらつくることができないという大失態を、日本外務省はおかした。このとき外務省の原田親仁欧州局長や松田邦紀ロシア課長は、「ロシアは経済が強いから譲歩する必要はないのだ」という解説をしていた。

　強くても弱くても譲歩しないというのなら、ほかに方法があるのかと聞きたいですね。

佐藤　裏を返せば、経済がよくても悪くても領土問題を前進させる知恵を出すのが外務省の仕事だということなんですね。

　経済が弱いのなら、四島にハコモノを出して、電力などエネルギー面で日本への依存度を強めるという方法もあるし、実際にそうした施策も行ってきた。反対に、ロシアの経済が強いのなら、先住民族の問題を「アイヌ民族の土地としての北方四島」という点で攻めるとか、あるいは環境問題の面からできることもあるでしょう。

　そもそも、日本経済は強いのだから優位な国力を背景にして強い決断をすることができると、外務省は考えるべきです。ロシアの経済力が強いか弱いかが問題なのではなく、日本の外務官僚の頭が弱いことが問題です。

鈴木　頭も含めた外務官僚の基礎体力が落ちているんですね。二〇〇〇年九月時点での小寺さんの態度と二〇〇五年一一月の原田さん、松田さんの発言は、まったく同じ発想からきています。この種の外務官僚の発想にしたがえば、何もしないのが一番いいことになる。この不作為の体質が日ロ関係を停滞させている元凶なのです。このような不作為の集積が二〇〇六（平成一八）年八月一六日の、貝殻島近海での日本漁船銃撃で、死者がでるような悲劇を引き起こすのです。

佐藤　当時、大きな声ではいえませんでしたが、「東からのユーラシア外交」には隠れた主役——中国の存在が大きかったと思いますが、いかがでしょうか。

鈴木　まさに私も同じことを考えていました。中国はいずれ国力を増大させると感じていたし、日米中ロの四ヵ国の関係を考えると、中国に良好なパイプをつくっておくとともに、牽制するカードも持っておく必要性を強く感じていました。

佐藤　「大国」中国は、二一世紀の終わりには「超大国」になる可能性を秘めている。しかし、いまだに文化大革命のときのような国際スタンダードでは受け入れられない対応をしたり、「自分たちはいつも正しいんだ」という態度をとって謝ることのできない国ですね。

ところが、その中国も、クラスノヤルスク合意が動き出すと対応が変わってきました。たとえば、中国は当時も歴史認識の問題を取り上げて日本を非難していましたが、日ロ関係が動き出してからは目に見える変化がありました。

鈴木　対日非難をやめましたね。これまでも、日本とロシアの関係が強くなると中国は静かになりました。クラスノヤルスク会談から日ロが動きはじめると、中国からの雑音はなかった。いま中国が雑音のボリュームを上げているのは、日ロ関係が行き詰まっているからです。日本外交の不作為がロシアを中国側に追いやっている。中ロ提携が進めば、中国が日本に対してさらに強く出てくる可能性があります。

「クリルの話をしよう」

佐藤　鈴木さんはクラスノヤルスク会談のときは北海道・沖縄開発庁長官でした。閣僚としての関わりはどういったものだったのでしょうか。

鈴木　首脳会談自体には立ち会っていませんが、北方領土問題に関与する立場にあったので、準備段階では深く関わっていました。すでにロシアには相当の人脈があったので、事前に生のロシア情勢を橋本総理に伝えたのです。

クラスノヤルスクでの両首脳

ただ、大っぴらにやると総理番の記者に気づかれて厄介だったので、ひそかに橋本総理のプライベートな場所である総理公邸の会議室にもぐり込んだわけです。

佐藤　一九九七（平成九）年の一〇月下旬だったと思いますが、私と当時外務省の総括審議官だった東郷和彦さんが一緒でしたね。私は東郷さんから、このときのことを課長にも局長にもいわないように釘を刺されました。とはいえ、保険を掛ける意味で、信頼していた首席事務官にだけは伝えておきましたが。

鈴木　会議室で待っていると、総理秘書官で現在は衆議院議員の江田憲司《えだけんじ》さんが入ってきて、「前の行事が遅れているので、もう少しお待ちください。総理がお見えになれば、私も消えますから、どうぞ自由に話してください」といって、再び部屋を出て行きました。橋本総理がやってきたのは、それから一五分ほど経ってからでしたね。

佐藤　橋本総理は風邪で高熱を出した後だったということで、左の白目の半分ほどが充血していました。鈴木さんが東郷さんと私を紹介してくれたとき、橋本総理は「あなたはナポリで私の通訳をしてくれた人ですね」といったので驚きました。たしかにその三年前の七月に行われたナポリ・サミットで、当時通産大臣だった橋本総理と、ロシアのサスコヴェッツ第一副首相との会談を通訳したことがあったからです。

鈴木　橋本さんは記憶力のとてもいい人でしたからね。佐藤さんが用意した資料に基づいて東郷さんが説明するということになりましたが、最後に橋本総理は、「エリツィンの娘・タチアーナの影響はどれくらいあるのだろうか」と質問した。当時、エリツィンは、次女のタチアーナに操られているという噂が流れていましたからね。

佐藤　東郷さんが答えないので、私が、

「タチアーナはエリツィン一家のなかで、唯一高等教育を受けています。モスクワ大学の応用数学サイバネティックス学部を卒業して、システム論を専門にしています。そして、その知識を政局運営に生かしていますが、国家をどうこうしようという大局には関心がありません。また、夫婦関係は冷え切っていて、男性関係のトラブルが過去に何度かありました。彼女としては、自分の生活基盤の確立という個別利益からエリツィンを誘導しているところがあります。エリツィンもそのことには気づいていますが、あえて知らない振りをしている。娘が父親である自分を利用していることに気づいた『リア王』の心境なのでしょう」

と説明したのです。

江田憲司

鈴木　橋本総理は「そうか、リア王か」とつぶやいていたことを覚えています。

佐藤　さらに私は、非公式のクラスノヤルスク会談は表向き、橋本総理とエリツィン大統領の

個人的な信頼関係を深めるということになっているが、エリツィンの本当の目的は、橋本総理の戦略眼と人柄を瀬踏みすることだと、かなり率直にいいました。

具体的には、「魚釣りやサウナといった橋本総理が苦手とする趣味を会談のなかに組み込んで、今後の交渉の優位性を担保しようという一種の心理工作を考えています」と説明したのですね。

鈴木　当時ロシアでは、サウナ・パーティーが日本の料亭政治のような働きをしていたのですね。重要な案件はサウナで決められていました。

佐藤　サウナといっても、要人が使う施設には隣に二〇〜三〇人くらい入れる食堂と応接室がついています。その部屋で、キャビア、チョウザメの燻製《くんせい》、イクラ、ニシンの塩漬け、ローストビーフなどをつまみに、ウォトカの一気飲みを繰り返す。

それからサウナで汗を流した後、冷たいプールに飛び込むというのだから大変です。エリツィンは、これが健康を維持する秘訣だと信じて疑いませんでしたが、結局、心筋梗塞で倒れることになりました……。

鈴木　まあ、その当時はエリツィンに「サウナはやめたほうがいいですよ」といえる雰囲気ではありませんでしたね。

佐藤　クラスノヤルスク会談のときも、パーティー用にサウナが増築されるという情

報が入ってきました。そこで私は橋本総理に、

「サウナでは白樺の枝で背中を叩きます。さらに酔いが回ると、エリツィンは変なところを突っついてくるかもしれません。それから、ロシア人は男同士でもキスをします……しかも、三回。右頬、左頬、最後は、唇です」

と話をしました。

鈴木　橋本総理は「俺こそが男のなかの男」というタイプですから、「男とキスをするのは気持ち悪いなあ。女の子のほうがいいよ」と嫌な顔をしていましたね。私もひと言いわせてもらいました。

「サウナのあとはプールですが、そこでエリツィン大統領は、総理のポマードで決めた髪の毛をつかんで頭をプールに突っ込むかもしれません。これも親愛の印ですから、『気持ちいいなあ』と笑ってくださいね」

佐藤　橋本総理は頭に手をやって、

「ムネちゃん、これはポマードじゃない。ムースだよ」

と口をへの字に曲げていったことを鮮明に記憶しています。

鈴木　私は最後に、

「サウナを出るときに、エリツィンは総理のアソコを握ってくるかもしれませんが、

驚いたりしないで、笑って『気持ちいいなあ』とやり返してくださいね」と付け加えたのです。一見バカバカしいことのように思えるかもしれませんが、こうしたところが国家首脳間の信頼関係をつくる際のポイントなのですね。

ロシア人は、「国家を代表する大統領に私生活はない」と考えています。もちろんエリツィンもそう自覚しているわけですが、同時に、日本の総理大臣にも同じことを要求してきます。したがって、冗談をいい合ったり、児戯にも似た振る舞いも、国家間外交の一環と考えるのです。こういう「遊び」のなかで、相手の性格を見抜こうとします。これがエリツィン流のインテリジェンスなのです。

結局、クラスノヤルスクではサウナは中止になったので、橋本さんがアソコを握られるんじゃないかという心配は杞憂《きゆう》に終わりました。サウナ遊びをする前に両首脳の信頼関係ができたので、北方領土問題に関する本格的協議に入ったのです。

佐藤　理論武装をした日ロ両国の外務官僚がいかに誠実に交渉を積み重ねても進展しない北方領土問題を、非公式の場で進めようという意図があったのですね。そういえば、このとき、橋本総理から「エリツィンに一眼レフのカメラをお土産にしようと思っているが、どうだろう」と聞かれましたね。

鈴木　そうでしたね。しかし結局、男のアソコが伸び縮みするようなズーム付きのタイプにすることになりました。下ネタの種になるので、パーティーで盛り上がると思ったからですね。

それにしても、クラスノヤルスク会談ではこのカメラが大きな効果をあげました。総理がカメラを渡しながら、詳しく説明をしていると、エリツィンは「サウナはやめにしよう。クリル（千島）の話をしよう」といい出したのですね。

佐藤　この点については、少し解説する必要があります。クラスノヤルスク会談の前にロシア側は橋本さんの趣味について調査し、橋本さんが慣れていないサウナ遊びや魚釣りなどの行事をあえて組み込み、エリツィンさんが橋本さんに「教えてあげる」という体裁を整えて、心理的優位を獲得しようとしていたのです。

このような心理的優劣は会談に思わぬ影響を与えるものです。そこで私たちは、橋本さんがエリツィン大統領に教えることができる状況をつくり出そうと考えました。橋本さんは「一眼レフのカメラをプレゼントして、それを教えるのはどうか」といいましたが、一眼レフカメラは難しすぎるので、エリツィンがついてこないかもしれない。そこでズーム付きカメラがいいのではないかということになりました。

鈴木さんが「ズーム付きカメラなら、チンポが伸び縮みするようなので、ロシア人に受けますよ」というと、橋本さんは「下品な話は聞きたくない」という雰囲気で眉をしかめていましたが、最後に「土産はズーム付きカメラにしよう。今日はキンセン(琴線)に触れる話で面白かった」といってほほえみを浮かべていたのが印象的でした。

鈴木 クラスノヤルスク会談以降、エリツィンはことあるごとに「橋本は頭がいい」といい、二人は「俺・お前」で話をするようになりました。

佐藤 エリツィンが外国首脳について「頭がいい(ウームヌィー)」と評したのは、私が知るかぎり、橋本総理だけです。また、ロシア語では「私・あなた(ナ・ヴィ)」と「俺・お前(ナ・ティ)」という表現を使い分けます。

鈴木 ある瞬間を境にして、エリツィンの橋本総理に対するスイッチが変わったということですね。

佐藤 一九九八(平成一〇)年七月、参議院選挙敗北の責任を取って、橋本総理は辞任しました。その後、内閣総理大臣外交最高顧問に就任し、何度かモスクワを訪問してエリツィンと会談しました。

しかし、一九九九(平成一一)年一一月のときはその機会が得られず、モスクワのメトロポールホテルからの電話会談になりました。私も横にいましたが、驚いたことに聞こえてきたのは、

「リュウ、リュウ……何でお前は総理をやめたんだ。お前とクリルの問題を解決しようと思っていたんだぞ。運命がどうしてズレちゃったんだ」

という、エリツィンの泣き声でした。

鈴木　エリツィンはその年の末の任期前に辞任することを決断していたのかもしれませんね……。

サミットでの絶好のチャンス

佐藤　クラスノヤルスク会談をきっかけにして、日ロ関係を大きく前進させた橋本内閣ですが、一方で、その後の対ロ外交にはいくつかの疑問点があったと思います。基本戦略は正しいとしても、戦術的に疑問符のつくところがあったのではないでしょうか。

バーミンガムでの会談を前に

鈴木　川奈会談の翌月、一九九八（平成一〇）年五月にロシアで小さな経済危機が起きました。この経済危機は、三ヵ月後の八月に起きる大きな**ロシア経済危機**の前兆でした。川奈会談

額賀福志郎

で橋本総理との絆を深めたエリツィンは、まず日本に支援を求めてきました。ところが、橋本総理の対応は冷たかった。

「エリツィンの尻は拭けない」

こういって突き返してしまいました。私はこの話を聞いて愕然《がくぜん》としました。エリツィンに貸しをつくる絶好のチャンスだったからです。「尻も拭きます、金袋《きんぶくろ》も洗います」となぜいえなかったのか……。

頭は切れるのですが、どこか冷たく、他人の心をつかむことができない橋本龍太郎という人間の限界だったのかもしれませんね。

佐藤　橋本総理には、日ロ関係を前進させるチャンスがもうひとつありましたね。ロシアで小さい経済危機が起きた翌月の五月、バーミンガムで開かれたサミットです。ここでエリツィンに川奈提案に対する回答を求めればよかった。

なぜそれをしなかったのか、私には初めはどうしてもわかりませんでした。

鈴木　サミットには額賀《ぬかが》福志《ふくし》郎《ろう》官房副長官が同行していたのですが、どうして橋本総理を動かそうとしなかったのか不思議でなりません。

あのときエリツィンは、クラスノヤルスク会談で橋本総理からもらったカメラを首からぶら下げ、ところかまわずバシャバシャ写真を撮っていた。撮りすぎてフィルムがなくなるくらい気に入っていました。話を切り出すまたとないきっかけなのですから、橋本総理から話題にすべきだった。

「オイ、ボリス。俺が川奈でした提案に興味を持ってくれたそうだな。だったら話をもっと進めようじゃないか」

橋本総理はなぜこういわなかったのか。そのひと言で北方領土問題が動いたかもしれない。橋本総理の周辺にいる人たちにも問題があった。彼らは、そうした場面をセットするために動くべきだった。このあたりの戦術が、いかにも甘かったですね。

田中角栄

佐藤　いまになって振り返ると思いあたる節がある。当時、橋本総理や総理秘書官の江田憲司さんは、一一月という時期にこだわっていました。つまり、成果を上げるなら一一月、という政局の読みがあった。政局とは、七月に行われる参議院選挙です。

鈴木　橋本総理は、参院選挙で自民党が勝つことを確信していました。少し欲が出たということなのでしょう、さらに勢いをつけるために何か大きな成果はないかと考えてみると、日ロ首脳会談があった。一一月に行われることが決まっていたモスクワでの首脳会談で、北方領土問題の解決という大きな成果を上げ、歴史的に名を残す――これが橋本総理のシナリオでした。

舞台としても申し分ありませんでしたからね。日本の総理がロシアへ公式訪問するのは、一九七三（昭和四八）年の田中角栄《たなかかくえい》さん以来二五年ぶり。角栄さん以前は、さらに一七年さかのぼった一九五六（昭和三一）年の鳩山一郎《はとやまいちろう》さんということになる。遠い国だったロシアが一気に身近になるのですから、注目度も俄然高まります。

☆ロシア経済危機

一九九八（平成一〇）年一月一日、インフレと金融・経済危機の懸念が高まるロシアは、経済を安定化する狙いで一〇〇〇ルーブルを新一ルーブルとするデノミを実施。ところが、この効果は薄く、悪いことに同時期の五月二七日に起こったアジア通貨危機による世界株式市場の急落によって、モスクワ株式市場はその日、一一パーセントもの下落を記録した。この影響で、欧米や日本からの投資資金引き揚げの動きが広がり、ロシア中央銀行は資金流出阻止のため公定歩合を五〇パーセントから一挙に一五〇パーセントに引き上げた。そして、ついに同年八月、ロシア政府はルーブルの大幅切り下げと債務の繰り延べに踏み切り、これをきっかけに世界金融危機が幕を開ける。ロシアはこのとき、事実上のデフォルトに追い込まれた。

小渕総理「毎週モスクワに行け」の真意

佐藤　ところが七月には**参院選挙の自民党大敗**が起こりますね。責任を取って橋本総理は退陣したため、一一月のロシア訪問は後継総理の小渕恵三さんになりました。そして、小渕内閣で鈴木さんは、橋本政権の北海道・沖縄開発庁長官から、今度は官房副長官に就任して官邸入りします。

一方で、八月にロシアで金融危機が起こり、事実上のデフォルト（債務不履行）という事態に陥ります。橋本内閣時代とは様相が一変したロシアに対して、小渕内閣の官房副長官に就任した鈴木さんは、このときどんなことを考えていたのでしょうか。

鈴木　小渕さんが橋本さんの路線を正確に引き継ぐことが国益に適うと考えていました。小渕総理は、橋本政権での外相時代に「ユーラシア外交」という言葉を定着させました。しかし、とくに注目されたのは外相に就任する二ヵ月前に行ったロシア・中央アジア外遊だったと思います。

一九九七年七月に行われたこの外遊には、財界有力者、学者、官界ＯＢなど多くの人が参加し、チャーター機でモスクワからトルクメニスタン、ウズベキスタンをはじめとした中央アジアを回りました。この旅行には、後にタジキスタンで殉職される秋《あき》野《の》豊《ゆたか》筑波大学助教授も加わっていました。二〇〇五年に森総理がトヨタや日産といった日本のトップ企業を率いてサンクトペテルブルクを訪問したときよりも、はるかに大きな規模でした。私もこの外遊に途中まで同行しましたが、行く先々で小渕さんのユーラシア外交に対する思い、ロシアと歴史の一ページをつくりたいという熱意を感じました。

佐藤　小渕総理といえば、「人柄の小渕」といわれるくらいおとなしくて無口で、いつも下を向いているイメージが強いですね。でも、実際はまるで違うと思うのですが、身近にいた鈴木さんから見て小渕総理はどんな人だったのですか。

鈴木　小渕さんは中選挙区制度時代、福田赳夫、中曽根康弘という二大巨頭に挟まれ、「ビルの谷間のラーメン屋」と揶揄《やゆ》されながらたいへんな苦労をした。とてつもない辛抱を強いられることによって、想像を絶する我慢強さを身につけたのでしょう。

見方を変えれば、したたかだし、言葉は悪いかもしれませんが意地汚くもある。とにかく努力の人でしたね。

佐藤　私も、一九九八（平成一〇）年の一〇月ごろに、小渕総理から直接「毎週モスクワに行け」と命じられたことがありました。小渕さんから調べてこいといわれた事項は「ロシアは小渕政権をどう見ているのか」「エリツィンの健康状態はどうなっているか」「ロシアは川奈提案に対抗する提案をしてくるはずだが、その内容は何か」などでした。じつにポイントを衝いていた。

鈴木　私も同席していたのでよく憶えています。私は、「二週間に一回でいいでしょう」と小渕総理にいったのですが、「ダメだ、毎週行け！」と叱られてしまった。

佐藤　往復二〇時間もかかるので、モスクワには一泊、がんばっても二泊するのがせいぜいでした。飛行機に乗っている時間が長いので体調もおかしくなりました。歯ぐきが腫れ、歯は浮いてくるし、成田空港に着くと足がむくんで靴が履けない。

　しかし、そこまでしても何の動きもないことのほうが多かった。官邸に「何もありませんでした」と報告に行くわけですが、小渕総理の返事は大したものでした。「何もないというのも大事な情報だ」というのです。

　インテリジェンス（＝情報）の世界では、新

小渕恵三

しい情報がないことも重要な情報なのです。その意味で小渕総理はセンスのいい人でしたね。その結果、ロシア側は「川奈提案」に対する回答を十分準備せずに臨んでくるという感触をつかみました。

鈴木 そういえば、その年の一一月はじめだったと思いますが、こんなこともありましたね。日本輸出入銀行の対ロ支援融資として設定していた一〇億ドルの枠のなかから、何に使ってもいい使途に制限がない借款、アンタイドローンで七億ドル出すことになったときのことです。

ちょうどその時期、エリツィンは体調が悪く、静養中だったので、外務省はロシア首相だったエフゲニー・プリマコフに伝えようとしていました。小渕さんから電話をしてほしいと進言した。その日の夕方、経済戦略会議を小渕さんが突然中座し、私に「官邸の小食堂に丹波、東郷、佐藤たちを呼べ」と命じたのです。みなが集まると、小渕総理は怒気を含んだ声で「俺がプリマコフに電話することをエリツィンは知っているのか」と聞くんですね。

佐藤 みな小渕さんの気迫に押されて黙っているんです。そこで沈黙に耐えられなくなった私が「わかっていると思います」と答えました。すると、小渕総理はギョロリと目を剝《む》いて、「オメエ、それを誰に伝えたんだ」と荒っぽい上州弁でいう。国定《くにさだ》忠治《ちゅうじ》みたいですから震え上がりましたよ。

私が「鈴木副長官です」と答えると、「オイ、鈴木。オメエ、いつ聞いたんだっ」と、えらい剣幕で怒鳴り散らすものだから、他の官僚たちもすくんで微動だにできません。さらに私を振り返って、

「オイ、佐藤っ、鈴木にいえば俺の耳に入るってわけじゃねえぞ。同じように、ロシアだってわかったもんじゃねえ。プリマコフにいえばエリツィンの耳に入るとはかぎらねえぞっ」

と釘を刺すわけです。

西村六善

鈴木　私は総理に怒鳴られるのは仕事のうちだと思っていますので慣れていましたが、小渕総理の狙いは別のところにありました。それは、同席していた外務官僚への牽制です。

このときは、私、佐藤さん、丹波實外務審議官、東郷和彦条約局長、西村六善欧亜局長、篠《しの》田研次《だけけんじ》ロシア課長といったメンバーが首相官邸の地下にある小食堂に集められた。その食堂

は、いつも総理や野中広務《のなかひろむ》官房長官と昼食を食べる部屋でした。

佐藤　私は少し遅れてその部屋に入りましたが、ドアーを開けてビックリしました。篠田課長は電話の受話器を持ったまま中腰で凍りついて動かない。丹波さんは、ロダンの「考える人」のような姿勢で、これも固まっている。西村局長は、ひたすらオロオロして下を見ている……。

そのなかで、小渕総理が鈴木さんに向かってものすごい勢いで怒鳴りつけている。少し遅れて東郷さんが入ってきましたが、コートを持ったまま直立不動で石のようになってしまいました。私が余計なことをいったので、鈴木さんが再び怒鳴られることになってしまった。

鈴木　仕方がない。そういう役回りです。

☆参院選挙の自民党大敗

自民党は、改選議席六一議席を一七議席下回る四四議席と、消費税導入時以来の歴史的大敗を喫し、橋本総理は辞任に追い込まれた。最大の敗因は、予想外に高かった投票率。史上最低だった前回参議院選挙の投票率を下回ると見られていた投票率を、一四ポイントも上回る五八パーセント台に押し上げたのは「無党派層」だった。しかも、無党派層は民主党や共産党といった非自民に投票したことによって、自民党の一人負けとなった。

☆秋野豊

一九七九年から三年間、ロンドン大学スラブ東欧学研究所で研究に従事し、その後、北海道大学法学部助手などを経て、筑波大学助教授に就任するも後に退職。一九九四（平成六）年九月の旧共産党系タジキスタン政府とイスラム系反政府勢力の停戦合意を受け、一九九八年四月、停戦監視のために国連タジキスタン監視団の政務官としてタジキスタンへ派遣された。同年七月二〇日、首都ドゥシャンベ東方の山岳地帯で反政府武装勢力の銃撃を受け、死亡。享年、四八。一九九九（平成一一）年、一周忌にあたり、ユーラシア研究者支援のための「秋野豊ユーラシア基金」が設立される。

ムチとムチでしか動かない外務官僚

佐藤　しかし、小渕総理の指摘は正しかったですね。その後、プリマコフは増長していったために、エリツィンに「権力に色気を出している」と邪推されるようになります。そうした権力者の心の機微を、小渕総理は直感で感じ取っていたのでしょう。

小渕総理はエリツィンの健康状態にとても高い関心を持っていました。私はクレムリンに関係する医師の話として、

「エリツィンは虚血性心疾患、狭心症といわれていますが、本当は心筋梗塞の発作も起こしています。血管にアテローム（血栓の前のしこりのような状態）ができていて、脳の血管が切れるかもしれません」

と報告していました。そして、報告を聴き終えた小渕総理から、「エリツィンの健康状態については外部に漏らすな」と厳しく念を押されていたのです。

おそらく、小渕総理自身が同じ病気で、自覚もしていたから他人事ではなかったの

でしょう。そして、こう考えたはずです。

（深刻な病気を抱えた国家指導者が、威勢のいいナンバー2を持ったらどう考えるだろうか。外国の指導者が、病気の自分を無視してそのナンバー2とばかり話をしていたらどう感じるのか）

小渕総理は、こうした病気を抱えた最高権力者の心の機微に敏感だったのです。

鈴木　小渕総理のもとには、丹波さんや東郷さんを窓口に外務省からロシア関係の情報は入ってきていました。しかし、エリツィンの健康状態といったデリケートな情報は、私や佐藤さんからしか入ってこなかったはずです。その意味で、小渕総理は私たちを信頼してくれました。私を怒鳴りつけるというのは、明らかに「もっと緊張感を持って仕事をしろ」という外務官僚に対する牽制でした。

ただ、小渕さんからプリマコフ首相に電話すべきだという外務省の判断は間違ってはいませんでした。諸外国の多くは、国家のトップが静養に入るとすべての接触を遮断します。そうなると、アメリカ大統領など、戦争でも起きないかぎりコンタクトすることはできません。したがって、エリツィンが静養中だからプリマコフに伝えようという外務省の判断は正しかったのです。小渕総理も佐藤さんの説明を聞いて、そのことを納得したはずです。その後、二階に上がってプリマコフに電話する場にも同席しましたが、終始なごやかでしたからね。

小渕総理としては、外務官僚に対する「もっと緊張感を持って仕事をしろ」というメッセージのつもりだったのでしょう。

外務官僚という人種は、アメとムチでコントロールしようとしてもだめです。ムチとムチで尻を叩かないと動きません。とにかく、「人柄の小渕」といわれますが、メリハリを利かせるときはたいへんな迫力でしたね。

佐藤　鈴木さんは外務官僚を躾《しつ》けるための人柱《ひとばしら》だったのかもしれませんね。どんな組織でも怒られ役は必要だし、それがチームワークというものです。そもそも怒られ役というのは、一番信頼されている人がするものです。官房長官の野中広務さんや官房副長官の上杉光弘《うえすぎみつひろ》さんに怒鳴ったりはしなかったはずです。

野中広務

鈴木　官邸というのは一つの家族のようなものです。厳しくいわれたほうが楽なときもある。

佐藤　それにしても、あのまま小渕総理の経済政策が進んでいたら日本経済の落ち込みはなかったろうし、外交も八方ふさがりにはならなかったと私は思っています。小渕政権については、もっときちんと検証されるべきですね。

モスクワ会談の悲劇

鈴木　小渕総理といえば、残念だったのがエリツィン大統領とのモスクワ会談ですね。クラスノヤルスクや川奈の会談はあくまで非公式でしたが、モスクワは公式会談。しかも、日本の総理大臣がロシアを訪れるのは、田中角栄さん以来二五年ぶりのことでした。

佐藤　ところが、会談の前にエリツィンの健康が急速に悪化しました。これが日本に大きな痛手となった。ツキがなかったとしかいいようがありませんね。

鈴木　一九九八年一一月一二日、モスクワ会談はクレムリンの「接見の間」で行われました。冒頭のマスコミ取材を終えて、会談に向かったのはごくかぎられたメンバーだけでした。日本側は、小渕総理、丹波外務審議官、通訳。ロシア側も、エリツィン大統領、カラーシン外務次官、通訳だけだった。

エリツィンは、痛々しいくらい弱っていた。席に着いたエリツィンは「これを読んでほしい」と三枚の紙を小渕総理に渡し、それで首脳会談は打ち切られた。わずか五分という短さだった。

佐藤　その紙のタイトルは、「今年四月の川奈での首脳会談の際に示された日本側提案に対する回答」でしたね。内容は、外交交渉の継続を強調してはいるが、結論として、日本が出した川奈提案を拒絶するというニュアンスが強く出ていた。

鈴木　日本としては、この回答は、とても受け入れられる内容ではありませんでした。「北方四島の帰属の問題を解決して平和条約を締結する」という東京宣言以降、日本とロシアが積み上げてきた外交努力を踏みにじるようなものだったからです。しかし、エリツィンがそんなことをするとも思えない。やはり、エリツィンの病状が相当悪いことが原因でした。エリツィンは、このとき国家首脳としての役割を果たすことができないほど弱っていたのです。

首脳会談の紙は、ロシアの外務官僚が書いたものだったのです。このことはその後、佐藤さんのインテリジェンス・チームが行った調査で裏付けられました。

ウラジミール・プーチン

佐藤　モスクワ会談の一年後、エリツィンさんからウラジミール・プーチンに政権が移行したときのことですが、私たちはエリツィンさんがプーチンさんに政権を譲ろうとしていることをかなり早い段階からつかんでいました。

鈴木　エリツィンの健康状態が思わしくなかったので、次は誰になるかというのがその当時の最大の関心事でした。ただ、佐藤さんの情報からプーチンが最有力であることはわかっていた。

事実、その後プーチンは首相に就任し、一九九九年九月にはニュージーランドで開かれたＡＰＥＣで外交デビューを果たします。そして、ここで小渕－プーチンの首脳会談が行われました。私も官房副長官として同席しましたが、プーチンがテロの脅威を切々と語っていたのが印象的でした。

ちょうどその時期、キルギスで日本人四人がテロリストの人質になるという事件が起きた。その事件に触れたとき、プーチンは「私は犯人が誰かわかっている」というじゃありませんか。驚いた私は、すぐに小渕総理に「犯人は誰なのか聞いてください」とメモを渡しました。

ところが小渕総理は、恐ろしいことは聞かないほうがいいと思ったのでしょうか、そのメモを突き返してきました。

☆**ウラジーミル・プーチン**
サンクトペテルブルク出身。ソ連時代はKGBで諜報活動に従事していたといわれる。ソ連崩壊後は、サンクトペテルブルクの第一副市長を務めたのち、KGB第二総局の後身である連邦保安庁（FSB）長官に就任。チェチェン紛争を抑え込んだことでエリツィンの信頼を得ると、一九九九（平成一一）年に首相に任命される。エリツィンは自伝で、プーチンを信頼した理由は「自分に擦り寄ろうとしなかったから」と書いている。エリツィンが健康上の理由で大統領の座を退いたあと、大統領代行に指名され、二〇〇〇（平成一二）年に大統領に就任した。得技は柔道で、五段というからかなりの腕前。

外務省の暴走

佐藤　じつは、このとき小渕総理から、「チェチェンからダゲスタンにかけて武装勢力が進出しているが、どうなっているのか」という話を持ち出しました。これにプーチンさんは文字通り身を乗り出して反応し、キルギスの日本人人質事件も根はいっしょだという話になったのです。ところが、この話を前もって打ち合わせていたとき、外務省から出向していた総理秘書官の海老原紳《えびはらしん》さんが、何を思ったか「ダゲスタンなんて部分は切れ」といい出した。自分が知らないことだったからなんですね。

そんなことをいい出したのも、チェチェン問題の重要性を理解できていなかったからです。国際テロの脅威を認識できないと北方領土交渉は頓挫する可能性があったにもかかわらず、外務省出身の総理秘書官がそれを理解できなかったのです。

鈴木 この件は海老原さんの不勉強につきます。チェチェン問題を巡って、私は外務省という役所が、無原則、そして不定見な組織であることを思い知った。たとえば、時の総理大臣の理念を無視して、勝手に暴走するということも平気でやります。具体的にいえば、小渕内閣の改造人事で外務大臣が高村正彦さんから河野洋平さんに替わったときのことです。

ちょうど同じ時期、G8《エイト》外相会議でアメリカやイギリスが中心になって、人権問題でロシアを叩こうという動きがあった。外務省は、河野さんという人権派の政治家が外相になったのをいいことに、この動きに同調しようとした。しかし、日本は、橋本龍太郎、小渕恵三という二人の内閣総理大臣が、「チェチェン問題はロシアの国内問題であり、ロシアが解決すべき問題だ」と明言しているのです。

そのような経緯があるにもかかわらず、アメリカ・イギリスのお先棒を担いでロシアを叩くというのは、内閣総理大臣が定めた日本政府の方針を無視した暴走でしかありません。

佐藤 そのとき鈴木さんは、総合外交政策局長だった竹内行夫さんに厳しく問いただしましたが、プライドを傷つけられた竹内さんはその後事務次官になると、恨みを晴らすかのように福田康夫《ふくだやすお》官房長官や川口順子外相と組んで鈴木さんを攻撃してきました。いま振り返って、当時の鈴木さんの考え方は間違っていたのでしょうか。

鈴木　私が間違っていたとは思っていません。国際テロの脅威と闘っているというロシアの主張には客観的根拠がありました。

佐藤　ロシアにかぎらず、たとえばイスラエルの専門家も鈴木さんの判断は正しかった、といっていました。

おかしな話ですが、いまや外務省も「国際テロと闘うロシアの立場を理解している。チェチェン問題で、ロシアは国際テロリズムと闘っているという立場でブレなかったのは、西側主要国では日本だけだ」と、鈴木さんの判断を最大限に活用している。にもかかわらず、「鈴木はけしからん」といっているのだから自己矛盾も甚《はなは》だしいですね。

竹内行夫

鈴木　その後にアメリカで二〇〇一年に「9・11同時多発テロ」が起きたことを考えれば、誰が正しかったかは一目瞭然です。しかも、プーチンが小渕総理に耳打ちしたちょうどその頃、モスクワで住宅爆破事件が起きているのです。

また、チェチェンを巡って私が竹内行夫さんたちと対立した半年前のことでしたが、一九九九年五月に小渕総理が訪米したときに私も同行しましたが、ちょうどモスクワからエリツィン大統領の特使としてビクトル・チェルノムイルジン首相がやってきていました。

チェルノムイルジンさんについては対ロ外交のキーマンとして注目していたので、ぜひ小渕総理が会っておいたらよいと思ったのですが、外務省の丹波さんたちは「会う必要はありませんよ」といってきた。私が押し切って会談はしましたが、このときも外務省の対応はピントがずれていましたね。

佐藤　チェルノムイルジンさんは豪気の人で、手に入れ墨をしているような人でしたから、外務省も腰が引けたのかもしれません。

鈴木　奥さんも面白い人で、歌や踊りが大好きなんです。自分の楽団まで持っているので驚きました。別荘に招待されたことがあって、そのときは奥さん自身がジプシー風の踊りを披露してくれました。

ところで、小渕総理に同行したときの思い出では、ニュージーランドのオークランド市での**大田《おおた》昭子《あきこ》**さんとの出会いですが感動的でした。昭子さんのお父さんの大田實《おおたみのる》中将は沖縄戦最後のときに「沖縄県民かく戦へり。県民に対し後世特別のご高配を賜らんことを」という電文を送りましたが、小渕総理もこれを憶えていたんです。

小渕総理は、一九九九年三月に大田さんがNHKの番組で、

「私は日本軍の将校の娘だということで、たいへんな迫害を受けました。しかし、父から聞いた沖縄県民の犠牲はもっと大きいものでした。どうぞ小渕先生、政治家として先生がこれからも活躍していかれるなら、沖縄の地に特段の配慮を賜ることをお願いします。さらに大きなことをしていただければ、父の思いもかない、天国で喜ぶでしょう」

ビクトル・チェルノムイルジン

と話すのを見た。大田さんの意を汲んだ小渕総理は、沖縄でサミットを開催することを決めた。じつに感銘を受ける話でした。

それから、沖縄にロシアの大統領を連れていくことで、領土問題に対する日本人の心情を理解させることも考えていた。日本人の対米感情が沖縄返還で改善したことをロシアの大統領に伝えれば、効果があると思ったのです。小渕さ

んはこういう戦略的な思考ができる人でした。

☆**大田昭子** 第二次世界大戦の沖縄戦を指揮した大田實海軍中将の四女。夫の祖国であるニュージーランドに戦後初の日本人移民として渡り、その後、在ニュージーランド日本大使館に二二年間勤める。

小渕総理の「政治的遺言」

佐藤　さて、その後小渕総理が倒れて森政権が誕生することになります。この時期の細かい経緯についてお聞かせいただきたいのですが。

鈴木　二〇〇〇年四月一日夜、自民党は自由党との連立政権が破綻《はたん》したことを受けて、小渕総理が記者会見することになりました。この会見の前に時間が三〇分ほどあって、小渕総理は森さんと官邸執務室で二人っきりになります。小渕総理は森さんにこういったそうです。

「俺は日ロをやる。そのために鈴木をモスクワに送る。森幹事長、党としても協力してくれないか。俺の手で日ロ関係をダイナミックに動かしたい」

それから間もなくして小渕総理は倒れることになりますが、最後に話した政治家は森さんということになる。つまり、小渕総理が森さんに話したことは、「政治的遺言」だったのです。

佐藤　記者会見の後に小渕総理は倒れ、翌日の四月二日に野中広務幹事長代理、亀井《かめい》静香《しずか》政調会長、青木《あおき》幹雄《みきお》官房長官、森喜朗幹事長、村上正邦《むらかみまさくに》参院会長の、いわゆる「五人組」が赤坂プリンスホテルの一室に集まり、次の首班指名は森さんでいくことが決まりました。

鈴木　私はその日の夜一〇時ごろ、野中さんからの電話で小渕総理が倒れたことを知らされました。翌日の四月三日にモスクワに出発する予定だったので、「私の訪ロはとりやめにしますか」というと、「あんたの総理特使としてのモスクワ行きは、予定通りやってくれ」といわれた。

「小渕さんは倒れたが、あんたがモスクワに行くことで小渕さんに奇跡が起きるかもしれん」

　野中さんの言葉は胸に響きました。じつは、私はこのとき、森さんの強い意向が働いているなと感じていました。

青木幹雄

森喜朗

佐藤　奇妙な因縁だと思いますが、私の起訴理由（背任）になったイスラエル出張に出発したのが、小渕さんが倒れる前日の三月三一日でした。

鈴木　このとき私は、四月四日にプーチン次期大統領とクレムリンで会うことになっていました。その場に佐藤さんも同席してほしかったのですが、来ることができるかどうかはイスラエル出張の状況次第でした。

　というのも、佐藤さんが同行していたのが、末次一郎さんをはじめとしたうるさ方だったので、どうなるかわからなかったからですね。

佐藤　それにしても、鈴木さんは森さんとは派閥が違っていましたが、いい関係でしたね。鈴木さんから見た森さんはどんな人ですか。

鈴木　プーチン大統領との人間関係を含めて、対ロ外交に関する知識と経験は歴代総理のなかでも飛び抜けたレベルでした。しかも、たいへんな勉強家なんです。

佐藤　私も森さんのところに説明に行く機会が多かったのでよくわかります。とても勉強熱心ですね。

一般的に、役人が総理大臣のところに持っていく文書はＡ４判一枚です。総理大臣の時間を一〇分とるのはたいへんなことですから、それ以上の内容を盛り込まないようにするための工夫ですね。総理大臣のほうも、その場で渡される文書は、基本的にその場で消化して、意識して憶えようとはしないものです。ところが森さんは違いました。二回目に説明に行くと、一回目のときに渡した文書が出てくる。ロシアに対する強いこだわりがそうさせたのでしょう。

話は逸《そ》れますが、歴代総理の勉強のやり方は十人十色で面白い。森さんは紙にボールペンで線を引きながら読みます。何度も線を引くから紙がボロボロになって、文字通り穴があくほどでした。そうやって、書かれた内容はすべて憶えるのだから大したものです。日ロ外交に関する勉強、情熱、そして知識はきわめて高いレベルでしたから、驚かされることが多かった。

鈴木　たしかに総理によってスタイルは違いますね。
首脳会談で小渕さんは、紙に書いてあるものはすべて読み上げていたし、橋本さんは事前にきっちり勉強して、手元のペーパーはあまり見ませんでした。森さんは、Ａ５判くらいのカードをつくり、ポイントをまとめて書いて憶えるという方法でした。

間違えてはいけないところや大事なポイントは、そのカードを読み上げて憶えるというスタイルです。ヒューマン・コンタクトと正確性を兼ね備えていたので、とても合理的だと思いました。

プーチンへの直談判

佐藤　その森総理と鈴木さんは、イルクーツク会談に向けてまさに二人三脚で進んでいきました。そして、この過程で重要だったのが鈴木さんの「仕掛け」だったと思う。それを一番感じたのは、**アレクセイ・カラムルザ**さんたちが日本にやってきたときでした。イルクーツクの隣のシェレホフ市にある森総理のお父さんの墓の写真をもらいましたね。

鈴木　森さんのお父さんの茂喜《しげき》さんは石川県根上町《ねあがりまち》（現能美《のみ》市）の町長を九期務めた人で、日ソ協会石川県連合会長として日ソ友好に貢献されていました。そのため、ソ連は茂喜さんの功績を称える意味で、イルクーツクの隣にあるシェレホフ市にお墓を建てて分骨したのですね。また、街には茂喜さんの展示コーナーがあって、友好の証《あかし》として記念品が飾られています。

佐藤　森さんとロシアの因縁は浅からぬものがあるということですね。

鈴木　そこが外交の舞台でプラスに働きました。私はクレムリンではじめてプーチンさんに会ったとき、「日本の次期総理は森さんです。小渕さんの流れを引き継いでいくので、ご安心いただきたい」といって、茂喜さんの話をしました。

「森さんのお父さんは貴国と縁の深い人でした。しかも、日本の総理は、就任したら真っ先にアメリカに挨拶に行くのが慣例になっていますが、森さんは最初の訪問国をロシアにしたいといっています。具体的には五月の連休です。ついては、次期大統領の時間をいただきたいのですが、いかがでしょうか」

　私の話を真剣な顔で聞いていたプーチンは、なんとその場で内ポケットから黒い手帳を取り出してこういったのです。

「四月二九日にサンクトペテルブルクでアイスホッケーの世界選手権試合があります。そこに森総理を招待しましょう」

　これで首脳会談の日程が決まりました。しかし、こうした外交日程の決め方は外務省の辞書にはなかった。事前に私の意図を察知したロシア大使の丹波さんは、モスクワの空港に到着した私を迎えにきたときにさっそく文句をつけてきました。

「森さんが総理になるのは間違いないと思いますが、国会の本会議で首班指名が行われていないこの段階で、プーチン次期大統領に具体的な日程を持ち出すのは失礼ですよ。プーチンには、『日ロ関係の流れに変化はないので、安心してください』というだけにとどめてください」

丹波さんの話を黙って聞いていましたが、ホテルに入ると森さんから電話があった。用件は「プーチン大統領と会う日程だけは絶対に詰めてくれ」という念押しでした。こうなれば考えることはありません。とにかく日程をとる……この一点でプーチンさんとの会談に臨み、先ほどのお父さんの話を持ち出したというわけです。

嬉しかったのは、森さんが総理に就任してはじめて行った記者会見でした。「鈴木さんにモスクワに飛んでもらって、プーチン次期大統領との首脳会談の日程を詰めてもらった。おかげで小渕さんの願いを叶えることができました。したがって、私はまず最初にモスクワを訪問します」

森さんはこういって私の労をねぎらってくれました。

佐藤　鈴木さんの仕事ぶりに比べ、ロシア大使の丹波さんをはじめとした外務官僚は当時から動きが悪かったですね。私が見るところ、森さんと丹波さんは波長が合っていませんでした。

鈴木　これからプーチンさんとの会談がはじまるという直前、私は丹波さんに、「森さんから電話で日程を決めてこいと厳命されたんだ。俺はプーチンさんに会談の申し込みを切り出すからな」と釘を刺しておきました。すると、丹波さんは慌てて**アレクサンドル・ロシュコフ**外務次官に電話していましたね。

佐藤　会談しているときのプーチン次期大統領の様子はどうでしたか。

鈴木　はじめは椅子の背に反り返って、私の話を聞いていました。ところが、あるときを境に身を乗り出すようになった。それは小渕さんの思い出話をしたときです。

「プーチンさん、この部屋は一九九八年一一月にエリツィン大統領と小渕総理が会談した部屋です。私も官房副長官として同席したのでよく憶えています。私の座っているこの席に、小渕総理が座っていたんですよ」

アレクサンドル・ロシュコフ

私もつい当時のことを思い出してしまい、涙ぐんでしまいました。すると、プーチンも身を乗り出して、私の顔をしっかり見つめて「私も同じ思いですよ」といってくれた。そんなことがあったから森さんの首脳会談の日程が決まっていった。もしかしたら、病院で昏睡状態になっている小渕さんの魂がモスクワまで飛んできて力を貸してくれたのかもしれませんね。

佐藤　その後、シェレホフ市の絡みで鈴木さんは仕掛けをしましたね。二〇〇〇年夏、訪日したカラムルザさんからもらったシェレホフ市にある森茂喜さんのお墓の写真を鈴木さんが森総理に渡しました。森総理はとても感激して、二〇〇〇年一一月にブルネイで開かれたAPEC首脳会議でプーチンに写真を見せた。すると、プーチンは「それをください」といって、写真を持っていってしまったのです。この仕掛けがイルクーツク首脳会談の伏線になりました。

☆**アレクセイ・カラムルザ**
哲学研究所センター所属、著名な政治学者。右派勢力同盟に所属し、ブルブリスのブレーン。
☆**アレクサンドル・ロシュコフ**
モスクワ国立国際関係大学卒業後、ソ連外務省に入る。以後、一貫してロシアの外交政策を立案。外務次官から、二〇〇四（平成一六）年三月、駐日ロシア大使に就任。

外務省には極秘の「特命」

佐藤　ところで、ブルネイではプーチンが日ロ関係にとってきわめて重要な「手配」をしてくれました。

それは、森総理が鈴木さんに与えた「特命」に関することでしたね。

鈴木　話はブルネイの二ヵ月前にさかのぼります。プーチンが訪日した九月のことです。首脳会談を終えた森総理は私にこんなことを耳打ちしました。

「どうもプーチン大統領とロシア外務省の間は齟齬《そご》をきたしているようだ。そこで鈴木さん、プーチン大統領に一番近い人間を突きとめてくれないか。そして、その人間とパイプをつくり、あなたが間に立って俺のメッセージを正確に伝えてくれ。これは総理である俺からの『特命』だ」

さらに森総理はつづけて、「ただし、この特命については、一部の幹部を除いて外務省には極秘としてくれ。変な奴に潰されたらかなわんからな」と私に囁《ささや》いたのです。

佐藤　要するに、「クレムリンとダイレクトに話すことのできるチャンネルをつくれ」ということですね。鈴木さんは忠実にこの総理の「特命」を実行しつつ、この件については貝になって、二〇〇二年に鈴木宗男バッシングの嵐が吹き荒れたときもひと言も漏らさなかった。

鈴木　情報を集めた結果、クレムリンへのラインをつなぐキーマンは、**セルゲイ・イワノフ**さんという人物であることがわかりました。セルゲイ・イワノフさんはロシア安全保障会議事務局長（現副首相兼国防相）で、プーチンの側近中の側近といわれ、

セルゲイ・イワノフ

専門家の間では次期大統領候補として名前が挙がっていた人物です。

そして、プーチンさんはブルネイで、私をイワノフさんに会わせることを森総理に約束したのです。

佐藤　プーチンさんが約束を実行してくれた結果、二〇〇〇年一二月二五日の「鈴木―イワノフ会談」が実現したわけですね。この会談で鈴木さんは、森総理からの親書を手渡していますが、いまだにわからないのは、当時の外務大臣である河野洋平さんがこの親書の存在について当初記者会見で「知らない」と発言したことです。

鈴木　河野さんは、ブルネイのAPEC後、一一月にモスクワでイーゴリ・イワノフ外相と会談して、「鈴木さんがセルゲイ・イワノフさんと会談できるように、外相からもお口添えをお願いしたい」と「鈴木―イワノフ会談」を頼んでいます。イワノフ外相も、「同じイワノフ同士なので、やっておきますよ」と引き受けてくれました。

ところが、翌月会談が実現すると、河野さんは「そんなことは知らない」といい出したのです。

佐藤　それは、外務省ロシア課長だった小寺次郎さんの差し金でしょう。

小寺さんは、鈴木さんや東郷欧亜局長に疎《うと》んじられていたことに腹を立てていました。小寺さんに相談せずに総理の親書を持ってロシア政府の要人と会談する鈴木さんが許せなかった。小寺さんに知らせないということを決めたのは鈴木さんではなく、東郷さんです。東郷さんは「小寺は情報管理ができない」といっていました。

ここには小寺さんの男のやきもちもあったのでしょう。だから、鈴木さんの行動は「個人の資格」でしていることだという情報をマスコミに流したのです。

河野洋平

鈴木　たしか福田康夫官房長官も、私とイワノフとの会談を「個人の資格」でやっていることだと発言していました。総理の親書を持っているのだから、「個人の資格」であるはずがないのにです。

佐藤　当時の外交は森総理の下で一元化されていました。その総理から直接命じられているのだから、個人であるはずがありません。

森総理からの指令は、鈴木さんや東郷局長に流れていたのであって、小寺さんではなかった。森総理は小寺さんの能力を評価せず、東郷さんも小寺さんでは力不足だと認識していました。

鈴木　そういえば、東郷さんは小寺さんのロシア課長というポストについて「ミスキャスト」だったともらしていました。自分が任命したのに、ずいぶんと無責任な話ですね。もっとも丹波さんはもっとひどいいい方で、「小寺は馬鹿だ。頭が悪いんです」といっていました。

佐藤　東郷さんも「能力が追いつかない場所にいると、本人がかわいそうだ」といっていたくらいですから、小寺さんの人柄の問題ではなく、能力の問題だったということです。ただ、役人の世界では能力の話はタブーなんですけどね。それに小寺さんは秘密を守ることができない。記者に「自分は何でも知っているんだ」とつい自慢したくなる。小さなエゴを抑えられないのです。まあ、こういう外務官僚はたくさんいますけどね。

鈴木　ところで、情報漏れを心配した森総理が「セルゲイ・イワノフとパイプをつくることに関する記録は一切残すな」と厳命したが、ブルネイでプーチン大統領が森さんに「イワノフを鈴木に会わせてくれ」といった話を外務省は秘かに記録に残しています。この会談に同席した加藤良三さん（当時外務審議官、現在駐米大使）は、この事実関係を知っています。

佐藤　鈴木さんの外交戦略やロシアとのパイプが次の年の二〇〇一（平成一三）年三月のイルクーツク声明につながっていくのですが、鈴木さんが失脚するやいなや、外務省は鈴木さんの功績をすべて消し去り、鈴木―イワノフ会談など、「あたかも存在しなかった」という風に歴史を書き替えています。そして、イルクーツク声明と鈴木さんはまったく関係がなく、すべて外務官僚の仕事だという「物語」をつくりあげましたね。

丹波實

歴史の真実を回復する意味からも、セルゲイ・イワノフについてお聞きしたいのですが、鈴木さんからご覧になってどんな人物だったのでしょうか。

鈴木　プーチンの後継大統領と目されるだけあって、とてもしっかりした考えを持っていて、戦略的な思考をする人ですね。私との会談でも中央アジアに関心を持っていることがわかり、将来的な問題としてエネルギー源の確保を強調していました。

その後国防大臣に就任しますが、二〇〇二年一月、私がタジキスタンからの帰りにモスクワに立ち寄った際にも会うことができました。その前年、小泉総理がサミットで四島一括の話を持ち出したり、外相だった田中真紀子さんが「日ロ関係の原点は、田中角栄―ブレジネフ会談だ」とピントのずれた発言をして混乱していた。

それでも、なんとか**上海APEC**で「森路線を引き継ぐ」と伝えてプーチンさんも納得し、これまで日ロ間で蓄積された信頼関係を回復することができました。じつは、プーチンの心の内を私に教えてくれたのは、セルゲイ・イワノフさんです。上海からモスクワに帰る飛行機のなかで、プーチンさんはイワノフさんに「今回の日本側の対応はとても満足している。鈴木さんの尽力があったのだろうな」と話していたそうです。

佐藤　鈴木―イワノフというパイプができあがったにもかかわらず、外務省はその後、ひどい情報操作をしていますね。北方領土交渉に関して、「鈴木さんから『話をしていきたい』といったら、イワノフが断った」などといっていますが、まったくのでたらめです。丹波さんがこういう話を流しました。

本当は、「鈴木さんとは話をしていきたい。しかし、正規の外交ルートにもきちんと乗せていく」とイワノフさんはいったのです。つまり、鈴木さんは「バックチャンネル」という存在であることをイワノフさんは認識していたということです。

　当時のロシア大使だった丹波さんは、鈴木さんが失脚した後、スタンスを変えます。

鈴木　丹波さんは、私が力を持っているときはヘイコラしてくるのですが、地獄に落ちたと見るや、「やっぱり鈴木と佐藤優の関係は、どう見てもおかしかった」といいだすような人間なんですね。

小泉純一郎

佐藤　そして、いまになって鈴木さんが発言できるようになってくると静かにしているだけではなく、今度どこかのレセプションで会うと御縁をつけるために鈴木さんに近づいて、挨拶してくると思います。

鈴木　すでに挨拶に来ましたよ。そんなことをする人だから外務省の現役から丹波さんは信用されないんです。

　たしか、いまは経済産業省関連の団体に天下っているはずですよ。

☆セルゲイ・イワノフ

プーチン大統領とは同郷で、レニングラード大学の同窓でもある。プーチン政権の誕生とともに、「シロビキ」と呼ばれるソ連国家保安委員会（＝KGB）を中心とした治安当局や軍の出身者がロシア政界に台頭。その代表格と目された。大学卒業後はKGBに入り、おもに北欧やアフリカで対外諜報活動を行う。ソ連崩壊後は、プーチンのロシア連邦保安庁長官就任によって副長官に指名される。二〇〇一（平成一三）年三月、プーチン大統領により、ロシア史上はじめての「文民」国防相に任命された。二〇〇五（平成一七）年二月のミュンヘン閣僚会議では、北朝鮮の核兵器保有を厳しく非難。核拡散防止条約に留まり、六カ国協議に戻るよう求めた。

☆上海APEC

二〇〇一（平成一三）年一〇月一九日から二一日にかけて、中国の上海で開催された第九回アジア太平洋経済協力首脳会議。

第四章　元島民の本心

何かが動くという直感

佐藤　さて、この章では北方四島の元島民の方々の思いについて話を進めていきたいと思います。

鈴木さんにとって北方領土問題は地元の問題なのですが、「鈴木宗男バッシング」のときに一番心外だったのは、「北方領土問題に絡んで利権をあさり、犯罪を行っている」という疑惑がひとり歩きしたことではないでしょうか。

そこで、鈴木さんの北方四島元島民の方々との関係、また、この人たちへの思いについてお聞かせください。北方領土問題に関わるようになったのはいつからなのですか。

鈴木　私の選挙区が根室や釧路などの北海道東部であること、さらには、ここはもともと中川一郎先生の選挙区だったこともあって、北方領土問題と私は切っても切れない関係にあります。すでに触れましたが、はじめてモスクワの地を踏んだのは、一九七八（昭和五三）年の四月、日ソ漁業交渉のときでした。

当時のロシアはソ連で、共産主義を掲げる国家でした。中川先生は領土問題に関して、「鈴木、共産党とは話をしても無駄だ。あきらめるしかないんだよ」というのが口癖でした。

私自身あのころ、対ソ外交については、サケの漁獲割り当てが少しでも増えればいい、くらいにしか思っていなかった。しかし、そのために駐日大使のドミートリー・ポリャンスキーさんを接待したり、モスクワからやってきた**イワン・コワレンコ**さんのスケジュールを押さえるという仕事を通じて、ソ連とのつながりは自然に太くなっていったのです。

当時の中川先生は、サケ・マス漁業交渉を最高の人脈で進めていたといっていいでしょう。しかし、それでも領土交渉はダメだった。そうしたなかで一九八三（昭和五八）年一月、中川先生が亡くなり、私は衆院選挙に出馬し当選した。同じ選挙区ですから、日常的に北方四島返還に向けての署名活動をしたり、国会議員として根室の納沙布《のさっぷ》岬に立っていました。

イワン・コワレンコ

佐藤　納沙布岬に立つと目の前に水晶島が見えて、右側に貝殻《かいがら》島が手の届く距離にあるのがわかりますね。

鈴木　昔は納沙布岬に立つと、海上で拿捕《だほ》される船が見えたものです。「父ちゃん、逃げろ！」「兄ちゃん、逃げろ！」と遠くから声がする。それは、北方領土と接している羅臼《らうす》の人、根室の人だけが持つ苦しい思い出なのです。

私は身近にその歴史を知っていましたし、だから北方領土問題の解決を一生の仕事だと心に誓った……。

佐藤　まさに、目に見える形で、地元の人たちの思いを叶えることが外交と考えたのですね。

鈴木　そうです。農業、水産、林業、すべてを含めた日米構造協議がはじまり、規制緩和や国際入札の波が押し寄せ、コメの自由化やオレンジの自由化など、国民生活に直結する問題はすべて外交で決まるといっていい。一九九〇（平成二）年一二月二九日に外務政務次官になりましたが、念願が叶ったと身が震えたものです。

その後、一九九一（平成三）年三月にベススメルトヌイフ外相が来て、四月にゴルバチョフ大統領が来日するという流れのなかで、ペレストロイカ、グラスノスチという言葉を耳にしてソ連も変わると確信しました。

ゴルバチョフは私と同じく若くして頭が薄いので、どこか親しみを感じることができたし、頭のアザまでも北方四島に似て見えるので因縁を感じました。これまでのロシア人とは、まったく違うイメージがあった。エネルギッシュで、何かが動くと直感したものです。

佐藤　そのころ根室を中心に住んでいた元島民の人たちの気持ちはどうだったのでしょうか。ゴルバチョフ政権の誕生をどう見ていたのですか。

鈴木　ペレストロイカ、グラスノスチによって、いままでのソ連共産党とは違う、新しいタイプの指導者だと受け取っていましたね。

　とくに、ゴルバチョフが訪日して海部総理と一二時間以上にもおよぶ日ソ首脳会談をしたのは、多くの人々に強い印象を与えました。日ソの首脳があれほど長時間会談したのは初めてでしたし、このときの**日ソ共同声明**も評価できる。

アレクサンドル・ベススメルトヌイフ

佐藤　あのとき署名された日ソ共同声明は重要な文書です。外務省で、当時のソ連課長は東郷さんでした。歯舞群島、色丹島、国後島、択捉島という四つの島の名前を、日ソ共同声明のなかに盛り込んだことは、東郷さんの大きな業績の一つだと思っています。

しかし、その後ゴルバチョフが倒れエリツィン政権になったとき、エリツィンは「ゴルバチョフの名前など聞きたくない」というようになった。そのため当時の日本側は、ゴルバチョフ政権時代の業績はできるだけ避けて話を進めなければならなかったのです。エリツィン政権でやったことこそがすばらしいのだということを強調していったわけです。

いずれにしろ、ゴルバチョフ政権のときに四島の名前が入ったということは大きなことだった。ところが、そのゴルバチョフでさえ五六年共同宣言を認めようとはしませんでした。「あれは歴史的に過去のもので、五六年共同宣言に書かれている引き渡し条項は生きていない」という考えでした。

鈴木　宮沢政権のときに渡辺美智雄外務大臣が就任しました。渡辺さんがモスクワに行き、エリツィンに会ったときも、先に述べた通りゴルバチョフの名前を三回出したわけですが、「もうその名前を聞きたくない」といわれました。

佐藤　歴代の外務大臣は、元島民の思いをどのように受け止めていたのでしょうか。

鈴木　残念ながら、生の声を聞いている外相は一人もいません。私は常に元島民の声を北方領土交渉に反映させようと努力していました。

思い出深いのは、かつて私の根室後援会長をしてくださった浜屋満《はまやみつる》さんのお父さん浜屋政次郎《まさじろう》さんです。このお父さんは歯舞群島の多楽《たらく》島の引き揚げ者でした。浜屋さんは一九九三（平成五）年に亡くなりましたが、生前、「鈴木さん、自分たちの代でだめなら息子の代、息子の代でだめなら孫の代、孫の代でだめなら曾孫《ひまご》の代でなんとかなるよう、北方四島の解決に向けてがんばってほしい」と、振り絞るような声で私に話してくれた顔を、いまでも鮮明に憶えています。

佐藤　領土問題は、国家の原理原則の問題なんです。自分たちの故郷だから、政治の力で筋を通して、どんなに時間がかかってもかならず解決してほしいということですね。

鈴木　そうです。元島民の皆さんは、島に対する思いがとても強い。故郷を捨ててきた、先祖の墓を置いてきた、という悲しみが胸に刻み込まれているんです。

佐藤　私は、外務省の官僚としては例外的に足繁く根室や中標津《なかしべつ》、釧路に通いました。元島民の方々と話していると、ふたつの思いがあることに気づきます。

ひとつは、「あのとき、ロスケめ、よくもやりやがったな」という思いですね。私は母親が沖縄だからよくわかるのですが、沖縄の人々もアメリカ人に相当ひどい目にあわされた。しかし、人は本当に苦労した話を外に向かって口にしません。島からどう追い出されたかということについて、元島民の人たちは一様に口をつぐんでいます。それは、いかに苦しい思いをしたかという証明なんです。

人にいえないようなことがあって、思い出したくない記憶があるということが、沖縄の血の入っている人間にはとてもよくわかる。人間というのは、「ふざけるな。いまに見ていろ」という思いがあると、人には何もいえないものですから。

ただ、元島民の人たちにはもうひとつの思いもあります。それは、すぐそばにロシアがあり、北方四島には海産資源があり、それを有効に活用することによって経済的に地域を振興したい、という思いです。元島民の方々には、このふたつの思いが並存していると私は理解しました。

鈴木　冷戦時代の日本は、「根室にはロシア人など一人も入れない」という主張をしていました。「領土か魚か」というのなら領土、「経済か政治か」というのなら政治、ということで政経不可分でした。

しかし、ソ連はもうなくなりました。共産主義の時代ではなくなったのです。

佐藤　「領土か魚か」という発想自体が間違いで、冷戦後もこうした考えから脱却できなかったのは、政治家、官僚、学者の怠慢によるものです。本来は、「領土も魚も」「政治も経済も」という形で組み直さなければいけないのですね。そのことを根室に行って強く感じました。

鈴木　一九九一年、私が外務政務次官のときに「ビザなし交流協定」ができました。協定締結五周年が一九九五（平成七）年で、そのときはじめて国会議員も島に渡っていいということになった。私はその第一号でした。一回につき、国会議員二人という枠だったので、衆議院の北方沖縄特別委員長でしたから、参議院の委員長と一緒に渡りました。私の具体的な北方四島との関わりは、ここからはじまったといっていいでしょう。

ただ、その前年の一九九四（平成六）年一〇月にマグニチュード七・九の北海道東方沖地震が起き、日本は人道支援を行うわけですが、当時の外務省ロシア支援室長の八木毅《やぎたけし》さんがやって来て、「診療所を建ててください」「地元の要望であり、人道的に対応すべきです」と訴える。学校や診療所が倒壊して、ひどいことになっているというのです。

佐藤　私も色丹島、国後島に行ったことがありますが、病院を見て怖くなりました。まるで包丁のようなナイフやのこぎりがあって、こんなところに入院して大丈夫なのかと思いました。ときどき北朝鮮の病院の映像がテレビで流れますが、まさにあんな感じでした。薬もなければ、最新の設備もない。もちろん清潔にはしていますが、一九世紀の野戦病院のような状態です。

☆**イワン・コワレンコ**
元ソ連共産党国際部日本課長。ソ連共産党の対日政策責任者で、対日恫喝《どうかつ》外交の信奉者として知られた。第二次大戦後、日本軍将兵が抑留された収容所で、抑留者を親ソ派に洗脳するために発行された「日本しんぶん」の編集責任者だった。一九五〇年代からは党中央委国際部で対日政策を担当し、たびたび訪日して与野党を問わず日本政界と太いパイプを築いたが、一九八九（平成元）年に引退。二〇〇五（平成一七）年七月二七日没、享年八七。

☆**日ソ共同声明**
一九九一年四月に行われた日ソ首脳会談での声明。計六回、一二時間以上にわたる徹底した議論の結果署名された日ソ共同声明では、「歯舞群島、色丹島、国後島及び択捉島の帰属についての双方の立場を考慮しつつ、領土画定の問題を含んだ両国間の平和条約の話し合いが行われたこと」、及び「平和条約が、領土問題の解決を含む最終的な戦後処理の文書であるべきこと」が合意された。これによって、北方四島が平和条約で解決されるべき領土問題の対象であることが、初めて文書の形で明確に確認された。さらに、「平和条約の準備を完了させるための作業を加速することが、第一義的に重要であること」が強調され、領土問題の解決を含む平和条約の締結が持つ重要性が、両国の最高首脳レベルで確認された。

国会決議を持ってモスクワに

鈴木　一九九五年に私が北方領土に渡ったときは**自社さ連立政権**でした。これは余談ですが、私は一九九四年六月の首班指名のときに、党議拘束のかかった「社会党委員長・村山富市首班指名」に歯向かって、旧連立政権が推す「海部俊樹」と書きました。その結果、当時のポストだった議運理事、国対副委員長、国防部会長を、すべて辞任することになった。
　首班指名の前は、伊吹文明《いぶきぶんめい》さんと「村山より海部のほうがましじゃないのか」「俺もそう思う」なんて話をしていましたが、私は本気でした。背景には、北海道は社会党アレルギーが強かったということがあります。自衛隊反対、日の丸・君が代反対の社会党でしたからね。村山さんは、総理になってからはじめて日の丸、君が代、自衛隊を認めたのです。
　私は一回目の投票で「海部俊樹」と書きましたが、一回目の結果で海部さんの可能性はなくなりました。伊吹さんは、二回目の投票では「村山富市」に切り替えたので、二回とも「海部俊樹」と書いたのは、自民党の衆議院議員のなかで私だけでした。政治家としての筋というか、私なりの信念を貫いたつもりでした。
佐藤　その直後、丹波さんが手紙を持ってくるのですね。
鈴木　確か、当時、丹波さんは条約局長だったと思います。手紙には、「先生、感激しました。いまこそ先生のような政治家が日本には必要なんです。がんばってください」と書かれていて、えらく感激したものです。
佐藤　鈴木さんが逮捕された後、丹波さんの態度はどうでした。
鈴木　ぜんぜん連絡がありませんねえ。

佐藤　ところで、自民党の党議拘束を破ったとなれば、たいへんな風当たりではありませんでしたか。

鈴木　首班指名のときは議運理事だったので、代議士会で報告するという仕事が担当だったので困りました。

「今日の本会議は、村山富市さんの首班指名です。フルネームでお願いします」

村山達雄《むらやまたつお》さんという議員もいたので念には念を入れるわけですが、私はその時点で「海部俊樹」と書くと腹を決めていたのですから、複雑な気分でした。ただ確信犯で、除名は覚悟のうえの行動でしたから、怖いものはありませんでしたね。

しかし、そのときの自民党は懐《ふところ》が深かった。北海道という場所柄から、「鈴木の行動には理がある」と受け止めてくれました。「党議決定した党議拘束を破ったことは許しがたいが、選挙区事情を考慮すれば理解はできる」ということで、強硬な鈴木除名の動きはありませんでした。それに、最大派閥だった小渕派の結束の強さもありましたね。

佐藤　鈴木さんの「蟄居《ちっきょ》」は一年くらい続いたでしょうか。

鈴木　いや、もっと短かったです。六月に議運理事、国対副委員長、国防部会長を自ら辞したのですが、どういう風の吹き回しか、三ヵ月後に沖縄北方特別委員長に推されることになりました。

　これもめぐり合わせですね。自民党を除名されていたら、新進党に行っていただろうし、そうなればその後の「鈴木宗男バッシング」もなかったでしょう。

　しかし、当時の自民党には体力がありました。一回ミスしたり、フライングをしても、「人を育てる」「目をかけた者は伸ばしていく」という風土がありました。基礎体力があったから、「刺客《しかく》候補を送る」なんてことはしなかったわけです。

　野党にいた自民党が、社会党の村山さんを担いでも政権につくという戦略、戦術も体力のある証拠だったと思います。大きな目標のためには仲間内で喧嘩したりせず、結束を崩すような無駄なことはしないという雰囲気がありましたね。

佐藤　そもそも保守の思想というのはイデオロギーではありません。保守というのは文化、生活に根ざしている。だから人間本位なんです。脇が甘くていいんです。徒党を組んで、敵を排撃していくというのは保守の思想ではありません。

　いまの自民党を見ていると、共産党とダブってしまう。おそらく、自民党に保守の思想がなくなってきているからなのでしょうね。

鈴木　ところで、首班指名で「海部俊樹」と書いたその日、家に帰る途中で派閥の会長である小渕さんに電話をしたんです。とにかくその日あったことを話すと、小渕さ

アレクサンドル・パノフ（右）

んは絶句してしまうのです。

「……鈴木君、本当か……そりゃ、たいへんなことだぞ。除名もあるかもしれんぞ。困ったなぁ」

こんな調子だったので、正直いってガックリきました。「鈴木君、心配するな。俺が何とかする」といってくれるのではないかと期待していたところもあったので、見事にアテがはずれました。「困ったなあ」とぼやく小渕さんの声を聞きながら、（困っているのは俺なんだけどな）と心のなかで愚痴っていましたよ。

小渕さんという人は、正直というか人がいいというか、「起きたことはしかたないから、俺も最善を尽くすからな」なんてはったりをかませない人なんですね。

佐藤　節目、節目で人生の厳しさを教えてくれるのですから、やはり、すばらしい派閥の領袖《りょうしゅう》なのだと思いますよ。「人生は厳しいものなんだ」「いざとなったら自分しか頼るものはいないんだ」ということは、なかなか教えてくれる人がいませんから。

鈴木　ところが、その三ヵ月後に私は沖縄北方特別委員長を命じられたわけです。当時の平成研（小渕派）は結束が強かったわけです。そのめぐり合わせで、国会議員としてはじめて北方四島にも行くことができた。人生というのは、本当に面白いものです。

そして、私が北方四島の地に立った年が、戦後五〇年に当たる年でした。この年に国会決議をするわけですが、その決議を持ってモスクワに行くことになりました。当時、ロシア外務省の次官がアレクサンドル・パノフさんでした。

☆自社さ連立政権

非自民の掛け声のもとで成立した細川護熙内閣が瓦解したあと、これを受けた羽田孜内閣は社会党が閣外協力に転じたことによって少数与党に追い込まれた。一九九四（平成六）年五月二五日、羽田総理が内閣総辞職を決めると、自民党と連立与党は社会党をめぐり角突き合わせることになった。結局、河野洋平自民党総裁が社会党委員長首班の連立政権を社会党に打診。新党さきがけを含めた自社さ共同政権構想が成立した。ところが、自民党の海部俊樹元総理はこれに反対、中曽根康弘元総理も同調して、連立与党側は海部元総理を統一候補に指名する。六月二九日の首班指名では、衆議院で過半数に達せず、決選投票で村山富市社会党委員長が指名され、自社さ連立政権が発足した。

「二島先行返還論」という誤解

佐藤 「**戦後五〇年決議**」はよくできた内容でした。しかし、二〇〇五年の「**戦後六〇年決議**」で、外務省は大変な失敗をしていますね。それは、「政府は（中略）歯舞、色丹及び国後、択捉等の北方領土の帰属の問題を解決して」という部分ですが、問題は「等の」という言葉。

日本政府の立場は四島返還ですが、国会決議では「四島等」となるのは日本共産党対策があるからです。日本の政党のなかで、共産党だけが北方四島だけでなく「全千島二二島」の返還を要求しています。ところが、戦後五〇年決議のときは、国会は「四島等」を要求する声明になっていますが、じつはロシアに対して日本政府は「四島返還」だけを求めるということで、「等」は入っていないのです。つまり、政府の要求が「四島返還」であることがはっきりする文面になるように工夫しました。

ところがこのことが、二〇〇五年の「戦後六〇年決議」については、ロシアとの関係において大問題になりました。「等の」という言葉を使って「日本は領土要求を増やしているのではないか」と邪推されたのです。文書のできが悪いからこういうことになるのです。このあたりが日本の外交の基礎体力が低下している顕著な例です。

この文書でも議会としての共産党対策をする一方、日本政府としては「四島の帰属問題を解決すれば平和条約が締結できる」とすべきだった。「日本政府がこだわっているのは北方四島なのだ」ということが、ロシア側に読んでわかる文章にしなければなりません。さらに、これを採択した後、「戦後五〇年決議」のとき鈴木さんがロシアに行き、要人たちに説明したように、国会代表団を派遣するという段取りにすればよかったのです。そういうことをしないのだから、ロシアに誤解が広まるのは当然です。ここに外務官僚と国会議員の不作為があります。

ところで、鈴木さんの動きのなかで興味深かったのは、大きな首脳会談の前後に元島民にかならず会っていたことです。

鈴木　首脳会談があったり、私自身がモスクワに行くときは、かならず元島民の方々と意見交換をしました。政府の現状認識を伝えながら、それに対する元島民の人たちの反応を踏まえて行動していたということです。

佐藤　元島民の感覚としては、四島一括返還という強硬論が主流派なのでしょうか。それとも、五六年共同宣言を基礎に「2＋2」という枠組みが可能なのだから、このなかで段階的に解決していくという現実的な考え方が多いのでしょうか。

鈴木　ほとんどの人が現実的な解決を望んでいます。同時に、最近は具体的に声を外に出してきている。

二世の人たちも現実的な解決を望んでいます。五六年共同宣言の効力を互いの国が認めているのですから、これを突破口とすべきだと、シンポジウムなどで堂々と発言するようになりました。

佐藤　どうしてそういう変化が起きたのでしょうか。

鈴木　それは、空想的な四島一括返還で日本だけが一〇〇点をとるやり方よりも、五分五分でいこうという考え方に変わってきたからだと思います。外交は五〇対五〇、五分と五分なんです。そのなかでいかにして「実」を取っていくかが重要なポイントなのです。そして、次の段階で五〇点を六〇点、七〇点と積み増して一〇〇点に近づけていく。

佐藤　私と鈴木さんの大きな失敗であり誤算は、「二島先行返還論」などという誤解を生むレッテルを貼られたことです。あたかも、国後、択捉はどうでもいいのだととられてしまった。そうではなくて、当時から「現実的四島返還論」であることをきちんと伝えるべきでした。

そして、「四島一括返還などといっているのは、空想的四島返還論だ」とはっきり批判していくべきでした。原理原則は大事なんですね。しかし、原理原則と「原理原則主義」は違います。「原理原則主義」は、問題の解決から逃れるための口実にすぎません。

「北方領土問題の解決促進に関する決議」一九九五年六月八日国会可決。「我が国固有の領土である歯舞、色丹及び、国後、択捉等の北方領土の返還の実現は、我々に課された国民的課題であり、全国民の永年の悲願である。……よって政府は、北方領土の返還を求める国民の総意と心情にこたえるため、北方領土問題が四島の帰属問題であると位置づけた「東京宣言」を基盤とし、北方領土の返還を実現して、平和条約を締結することにより、日ロ両国間に真に安定した平和友好関係を確立するよう、より一層の努力を傾注すべきである」

☆戦後六〇年決議

「日露修好一五〇周年に当たり、日露関係の飛躍的発展に関する決議」二〇〇五年二月二二日国会可決。「……政府は、日露修好一五〇周年という歴史的に重要な節目の年を迎えるに当たり、ロシアとの間で幅広い分野での協力を進めるとともに、全国民の悲願に応え、歯舞、色丹及び国後、択捉等の北方領土の帰属の問題を解決して平和条約を早期に締結するという一貫した方針に基づき、平和条約交渉を具体的かつ実質的に前進させ、日露関係を大きく発展させるため、最大の努力を継続するべきである」

「北方領土ビジネス」

佐藤　ここで一部からの反発をあえて覚悟してこれまで誰も踏み込まなかった問題に言及したいと思います。じつは、「北方領土ビジネス」なるものが存在します。そんなビジネスをやっている連中にとっては、ビジネスがいつまでも続くことが個別利益に適います。たとえば、**北方領土問題対策協会（北対協）**にはいくらくらい金が出ているのでしょうか。

鈴木　北対協のホームページによれば、二〇〇六（平成一八）年度予算は一〇億一七〇〇万円ということです。

ほかにも、外務省系として**北方領土復帰期成同盟（北方同盟）**がありますが、ここは二〇〇〇（平成一二）年一〇月に二一〇〇万円の使途不明金問題が発覚しています。また、北方領土対策本部という部署もありますが、どこも億単位の予算がついている。

佐藤　そうした団体には北海道庁から役人が天下り、研究会と称したことをやっていますが、どこまで役に立っているかわかりません。

鈴木　北方領土ビジネスというのは、領土問題が解決しないほうが都合がいいのです。自分たちの立場が守られますからね。返還運動に関わっている**北方領土返還要求運動連絡協議会（北連協）**の事務局長である**児玉泰子**《こだまやすこ》さんや、すでに何度も名前のあがっている青山学院大学の袴田茂樹教授も同じです。

はっきりいいますが、彼らは国民の税金を食い物にしているのです。

佐藤　児玉さんや袴田さんの運動によって、北方領土交渉が前進したことがあるのでしょうか。

鈴木　何ひとつありません。彼らにとって、自分たちの仕事が続くためには、北方領土問題が解決してもらっては困るのです。

したがって、ことあるごとに問題を起こして交渉の妨害を企てる。トラブルメーカーのようなものですね。

佐藤　私は、国民の前に袴田さんたちの素顔を晒《さら》すことで、国民的な議論をすべきだと思っています。そうしなければ日本の対ロ外交はズタズタになってしまう。

彼らが自腹を切ってやっているのならいいです。しかし、国民の税金を使って国益を損なうようなことをしているのですから、これはよくない。しかも、路線を誤っている。この人たちの言説や行動を検証しなくてはなりません。そして批判すべきところは徹底的に批判されてしかるべきです。

鈴木　児玉さんの口癖は「人道支援はけしからん」なのですが、人道支援があると真っ先に駆けつけます。発言と行動がまったく一致していません。また、ピースボートに乗って北方四島に渡ったりしていますが、それは北方四島がロシアの管轄であることを認めることになるので、日本人としてやってはならないことです。

しかし、それでもお咎《とが》めがないのは、彼女が内閣府の覚えめでたいからです。経験者として慣れているということで、「北方領土の日」などの行事には事務方の責任者としてかならず一枚加わっています。しかも、元島民であることを売り物にしている。まったくタチが悪いですね。

佐藤　袴田教授と児玉さんは、いまの北方領土ビジネスの問題点を考えたときの象徴的な人物だと思います。この人たちが与えている害はとても大きい。それは、「右バネ」（右翼）という表象を使うからです。「そんな軟弱なことをいって大丈夫ですか。安保研の批判を受けますよ」というのが袴田さんの口癖です。要するに、「右翼が来ますよ」ということなんですね。

袴田さんたちは何か勘違いしているようで困りますが、私に「右バネ」という脅しはきかない。そもそも右翼陣営には国のことを真面目に考えている人が多い。問題を現実的に解決しなければならないという私たち外交実務家の話もきちんと受けとめてくれる人々がほとんどなんです。右翼カードを使いながら北方領土ビジネスをするような輩たちは、本当に整理したほうがいい。

そのためには、国民の前にこうした連中の行状を明らかにすることが必要です。どんな金で食っているのか、政府との関係はどうなっているのか、いままでの発言がどう変わってきたのか。すべてを白日の下に晒すべきです。

袴田教授などは、「**『鈴木宗男』後の日露関係をいかに再構築するか**」などという論文を、鈴木さんが勾留されているときに書いたりする人間です。そして、鈴木さんが拘置所から出てくると黙ってしまうのです。人柄が表れていますね。

鈴木　ここではっきりさせておきたいのですが、歴史的な日本の領土ということであれば、千島と南樺太も入ります。それらの領土は、なにも日本が侵略によって奪い取った土地ではないからです。

しかし、先の大戦で負けてしまったことによって、サンフランシスコ平和条約第二条C項で千島と南樺太を放棄した。この条約は国会でも批准されています。国際的な約束をしているということです。歴史的には正義であっても、残念ながら実現されないということがあるわけです。

佐藤　さらに、北樺太に関しては、石油開発の利権について日本の果たした役割が大きく、日本の影響が大きい場所ですね。

鈴木　戦争という、あってはならないことの結果として日本は千島と南樺太を放棄すると国際的に約束した。これは厳然たる現実で、これを否定したり、ひっくり返すことはできません。

佐藤　ただし、千島や樺太に対して日本は歴史的な経緯があるため、特別な配慮があってしかるべきです。「ロシア領であることは認めるが、日本は優先的に出ていく権利がある」ということです。なぜなら、もともと日本人がいたところだからです。

☆北方領土問題対策協会（北対協）

目的：「北方領土問題その他北方地域に関する諸問題についての国民世論の啓発並びに調査及び研究を行うとともに、北方地域に生活の本拠を有していた者に対し援護を行うことにより、北方領土問題その他北方地域に関する諸問題の解決の促進を図ること」「北方地域旧漁業権者等その他の者に対し、漁業その他の事業及び生活に必要な資金を融通することにより、これらの者の事業の経営と生活の安定を図ること」

☆北方領土復帰期成同盟（北方同盟）

一九五〇（昭和二五）年一一月、北方領土返還要求を目的として結成された任意団体「千島及び歯舞諸島返還懇請同盟」が、一九六三（昭和三八）年三月に「北方領土復帰期成同盟」（北方同盟）と改組、その後、公益法人となって現在に至る。政府の対ロ交渉を支援し、北方領土の早期返還に向けての国民世論の啓発と国際世論の喚起を図るために、各種大会や集会などの開催、研修会や各種啓発事業などを道内、道外で実施するというのが建前。

☆北方領土返還要求運動連絡協議会（北連協）

北方領土の返還の実現を目指して全国的な活動を行う民間団体。青年団体、婦人団体、労働団体ほか、各種団体の集合体として組織され、現在、八十数団体が加盟している。北方領土返還要求運動に関する連絡、協議、各種情報交換のほか、北方領土返還要求全国大会の開催、政府に対する要請、国会への署名請願などを行う。

☆児玉泰子

「北方領土返還要求運動連絡協議会」事務局長。歯舞群島志発《しぼつ》島生まれ。長年北方領土返還要求運動に携わり、ビザなし交流、北方墓参、地震救援活動、生態調査などを通じて北方領土を二〇回以上訪問している。

☆「『鈴木宗男』後の日露関係をいかに再構築するか」

青山学院大学の袴田茂樹教授が、雑誌「エコノミスト」（二〇〇二年七月二三日号）に発表した論文。「鈴木宗男衆院議員の介入によって、領土問題を巡る日露関係の混乱に拍車がかかった」とし、「鈴木氏たちが行ったのは日露交流の『私物化』であり、国益を裏切る平和条約交渉の歪曲である。私物化というのは、支援委員会や日露青年交流委員会など公的機関を独占し、ODAや対ロシア支援資金などの使用に関して、排他的な影響力を行使したことだ」と追及している。

先住民の権利に見る外務省の無能

佐藤　北方四島に関して、主に戦前に活動した右翼の理論家・大川周明《おおかわしゅうめい》が一九三九（昭和一四）年に、『日本二千六百年史』という本を出しました。そのなかに、「日本は元々アイヌの地だった」と書いてありますが、これはとてもフェアな歴史認識だと思います。

　考えてみると、北海道だけでなく、千島や樺太、北方四島にもアイヌの人たちが住んでいたのです。そのアイヌの人たちの住んでいる場所に、帝国主義の時代に北からロシア、南から日本が入ってきて分割した。これは、歴史的な事実です。

大川周明

　近年の国際法の世界では、そうした帝国主義時代の歴史をもう一度きちんと検証し、反省しようという動きが強まっています。先住民族というもともとその土地に住んでいた人たちの権利を大切にしていこうという動きですね。

　先住民族の権利の問題、アイヌ民族と日本やロシアの関係について、鈴木さんはどうお考えでしょうか。

鈴木　二〇〇六年の五月、私は数年ぶりの「ビザなし渡航」で色丹島に渡りました。島に着いて三日目の五月二一日、日本人墓地にお参りしましたが、ここにはアイヌ民族の人たちのお墓もあります。斜古丹《しゃこたん》の診療所を視察してから、島民との対話集会に参加しました。その席で、日本側の団員が、「北方領土について、ロシアではどんな教育をしているのですか」と質問したのです。とても刺激を受けたのは、この質問に答えた色丹島アナマ村のセデーフ村長の話でした。

「一八世紀に入って、コサック兵がカムチャツカからクリル（千島）に南下しましたが、その当時の資料で確認できる唯一の民族はアイヌでした。アイヌは当時のロシアと商取引をしていましたが、コサック兵との衝突もあったようです」

嚙み砕いていえば、色丹島の先住民族はアイヌ人だったというのですね。そのアイヌ人をロシア人が追い出したという認識を表明したのです。

佐藤　ロシアは、「色丹島に入ってきたのはロシアのほうが早い」といっていますが、これは事実に反します。そうした議論を脇に置いたとしても、北方四島にアイヌの人たちが住んでいたことを現在のロシア人島民が認識しているとなれば、アイヌ民族の意向は北方領土交渉においても重みを持ちます。

しかし、日本外務省はこれまでアイヌ民族の問題を避けてきました。先住民族であるアイヌ民族の人たちが北方四島を要求するということは、国際社会で支持される言説になると思います。

鈴木　先住民族はロシアやアメリカにもいるので、共通の問題として話ができますね。歴史的事実に基づいて、人権や文化面の国際スタンダードから北方領土問題を議論する道が開けたわけです。

佐藤　北方四島の場合、先にアイヌの人たちがいたことは明白で、学術的にも実証できるので、問題解決のいとぐちになる可能性が高い。

鈴木　アイヌ民族の歴史的事実を、国際社会の場できちんと訴えていくことが、これからの日本の大きな仕事になっていくと思います。具体的には、先住民族の権利を日本とロシアがお互いに認めるということになりますね。そういう時代に入ってきたということです。

北方領土問題は今後、アイヌ民族の先住権、つまり、アイヌ民族が先住民族であることをはっきりさせることで進展するはずです。しかし、残念ながらこうした面からのアプローチに対する日本外務省の認識が低すぎます。たとえば、ビザなし交流に「アイヌ民族枠」があって当然だと思いますが、外務省はかたくなに認めません。外交的戦略観がまったく欠けているのです。

日ロにまたがる世界遺産で生まれるもの

佐藤　先住民族の問題と同様に、これからは「環境」が重要な鍵を握ってくると思います。たとえば、知床《しれとこ》半島が世界遺産に認められましたが、鈴木さんが政策決定ラインにいれば、もっとうまいやり方ができたと思いました。

鈴木　そう思います。というのも、知床半島と国後島、択捉島、そしてウルップ島は、生態系が基本的に同じです。羅臼に行くとよくわかりますが、北を向いて真横を向くと国後島があります。地図を見ればわかりますが、あの一帯はきわめて近い距離にあるのです。

ならば、知床半島から北方四島とウルップ島をまとめて世界遺産に申請すればよかったのです。世界遺産の申請は、日本とロシアの共同提出もできるのですからね。そうなれば、日ロが環境や文化の面での価値観を共有することになる。このことを北方領土問題の解決につなげていくのです。

佐藤　政治的にどちらの領土かという問題は、とりあえず「双方の立場を害さない」と保留にしておけばいいのですね。

世界遺産の登録というのは、いま目の前の環境を守るために行う行為です。政治は関係ありません。そうなれば、ロシアはウルップ島が、日本は知床半島がそれぞれ入っているのですから、五分と五分になります。五分五分なら、密漁問題などを解決することも簡単になる。なぜなら、「世界遺産なのだから、みんなで守らなければならない」という動きになるからです。

また、世界遺産を守る余力がどちらにあるかということになれば、実態としては日本になることは明白です。そうなれば、「世界遺産を守る」という名目で積極的に出ていくことができます。できるだけ積極的に北方四島に進出し、島を日本化するのです。

「石油が流出して大変なことになるかもしれない」といって、パイプラインを敷設し、四島の石油流通を日本の実質的管理下におくこともできます。あるいは、水産加工の汚水による水質汚染が進んでいる「ギドロストロイ（択捉島）」や「オストロリブノイ（色丹島）」といった工場には、富栄養化した海水を浄化するための方策を講じることで、これらの工場の運営に日本が足掛かりをつくることもできたはずです。

「すべての問題は北方領土に通じる」ということを考えて戦略を組み立てる必要性があります。日ロ外交はすべて北方領土の観点から考えるべきです。同様に、北朝鮮問題なら、「すべての問題が拉致問題の解決につながる」という発想でいくべきなのです。このような発想が欠けているのが、いまの外務省の大きな問題点だと思います。

ロシア人島民の率直な発言

佐藤　ところで、数年ぶりに訪れた色丹島の様子はどうでしたか。

鈴木　薄曇《うすぐもり》で肌寒い朝でしたが、予定通り五月一九日午前九時半に根室港を出発した船は、午後一時四五分、古釜布《ふるかまっぷ》沖に到着しました。一時間ほどして国境警備隊の入域手続きが始まり、その後、コーワリ南クリル地区長とスモルチコフ国後日本センター長の懐かしい顔を見たときは、思わず顔がほころんでいましたね。

「『友好の家』はどうなっていますか」と尋ねると、コーワリ地区長が「いい状態で維持しています。去年も火事で五家族が焼け出されましたが、『友好の家』に避難することができて助かりました。ビザなし交流にも使われているんですよ」と答えてくれました。

佐藤　二〇〇二（平成一四）年の「鈴木宗男バッシング」の嵐のなかで、「友好の家」は「ムネオハウス」と揶揄《やゆ》され、「鈴木宗男が無駄なハコモノを造った」と非難されましたが、現地ではきちんと活用されていて、住民の方々にも感謝されていたのですね。

ところで、ロシア政府がクリル諸島に対して、「今後七年間で一〇〇〇億円の予算措置を講じる」とする**朝日新聞の報道**がありましたが、現実に何か動いているのですか。

鈴木　コーワリ地区長にその件を聞いてみたのですが、「南クリル地区の提案、サハリン州の提案をモスクワに出しています。社会経済発展計画は検討中で、いつ決まるかわかりません」ということでしたね。

「友好の家」。2006年の銃撃事件の際には乗組員が拘束された

ちょっと気になったので、「南クリルに外国企業が進出しているのですか」と尋ねてみると、「中国、韓国、ドイツをはじめとしたヨーロッパからお金が入っています。日本の企業も入ってほしい」といわれました。以前と較べ、外国企業の進出が本格化しているのは事実のようです。この流れを放置せず、日本が北方四島に進出するメカニズムをつくらないと、ロシアによる不法占拠が外国によっ

ても既成事実化されてしまいます。

そうそう、その日は、それから船でアナマ沖に向かったのですが、隣の船室でボヤ騒ぎがあって肝を冷やしました。原因は漏電で、エンジンに問題はないという話なのですが、あのあたりの海水は五度ですからね。海に落ちたら二〇～三〇分で死んでしまいますね。

次の日は朝から雨で、七時半に朝食でした。

佐藤　色丹島とは時差があるので、日本時間で五時半ですね。

鈴木　この日（五月二〇日）は、アナマ村のセディーフ村長と会ったんですね。セディーフ村長は、私が一九九五年に日本の国会議員としてはじめて色丹島を訪ねたとき、水産会社オストロリブノイの社長さんでした。当時から強いリーダーシップがありましたね。

お昼にはそのセディーフ村長のお宅におじゃましたのですが、そのとき、「二〇〇二（平成一四）年に鈴木先生が事件に巻き込まれたときは、たくさんのマスコミから島の人に電話取材が入りました。でも、島のなかで誰一人鈴木先生を悪くいう人はいなかった。それは、鈴木先生の島への貢献をよく知っていたからです。鈴木先生、かならず時が解決します。偉大な人は遠くから見ていてもわかりますからね」

と話してくれたんです。嬉しかったですねえ。

佐藤　聞くところによると、島の掲示板には「島が大変苦しいときに、いろいろなことをしてくれた鈴木宗男先生が、今年最初のビザなし訪問で来ます。ディーゼル発電所、学校、診療所をつくってくれました」

と書かれた紙が貼られていたそうですね。

鈴木　そうです。その紙を一枚もらってきました。「困ったときの友人が真の友人」という言葉は、国境、民族を越えて生きているものだなあと実感しましたね。

翌日は桟橋《さんばし》が使えず、艀《はしけ》で色丹島へ向かい、水産加工場を視察しました。細かく見ていくと、冷蔵庫はドイツやデンマークから、機械はアメリカ製でした。日本だけが取り残されていることを目の当たりにしてショックでしたね。

その後、島民集会に参加したのですが、島民のドゥダーエフさんという方の話が心に沁《し》みました。少し気恥ずかしいのですが、聞いたことをそのままいいます。

「友好が深まったのは、一九九四年一〇月の地震後のことです。人道支援、食料のみならず、学校や発電所、診療所といった必要なものを支援してくれた鈴木宗男さんのご尽力《じんりょく》が、どれほど大きかったことか。遠いモスクワより、近い日本が頼りになりました。感謝しています」

金額まであげて話してくれたのには驚きましたが、あらためてお互いの信頼関係が重要だとつくづく思いました。

佐藤　しかし、そうした島民の、率直で正直な発言を外務官僚はどう受け止めるのでしょうか。鈴木さんの今回の北方領土訪問には、陰で外務官僚がいろいろな雑音を発していましたが、彼らはいったいどんな戦略を持っているのか、あるいはまったく持っていないのか、問い質してみる必要があります。

鈴木　色丹島訪問の最後の日、サハリンテレビと国後島の新聞「国境にて」の記者・キセリヨフさんに短いインタビューを受けました。そのときキセリヨフさんは、「鈴木宗男さんのことを国後の島民は心配していましたが、カムバックされてよかったですね。色丹島の皆さんも喜んでいたでしょう。色丹の人たちは鈴木さんを心配していました。サハリンの皆さんも同じです」

と、とても温かい言葉をかけてもらい、感激しました。

☆**朝日新聞の報道**
朝日新聞二〇〇六（平成一八）年八月四日付「ロシア政府は三日、北方領土を含むクリル（千島）諸島の発展計画を承認した。現在約一万九千人の人口を、二〇一五年までに二万八千～三万人に増やす。閣議でイワノフ副首相兼国防相は『クリルの飛行場は日本人がつくり、老朽化している』と述べ、計画を通じて軍民両用の施設を整備する意向も表明した。

計画によると、来年以降に連邦予算などから総額一七九億ルーブルを投入、交通などのインフラ整備のほか、漁業や観光の振興を図る。北方四島でロシアが独自開発を進める意図を含んでいると見られる」

第五章　官僚と政治家のための国益

田中真紀子外相の不幸

佐藤　この章では、外務官僚と政治家の関係について考えたいと思います。まず、鈴木さんの宿敵ともいわれた田中真紀子さんについてお聞きします。

そもそも、田中真紀子さんと鈴木さんの関係はどうだったのでしょうか。昔から悪かったのですか。

鈴木　いえ、けっして悪いことはありませんでしたよ。田中さんのキャラクターは独特だったし、なんといっても国民の人気がとても高かったので、おもしろい存在だなと思って注目していました。

佐藤　外相就任時の田中さんを官僚の目で見ると、行政の仕事に慣れていないなあというのが率直な感想でした。以前、村山富市内閣で、一九九四（平成六）年六月から科学技術庁長官をしたことはありますが、あれは「たまたまなってしまった」という面が強い。事実、「科学技術庁がメチャクチャになった」という声が当時の霞が関で飛び交っていましたからね。

国民の大きな支持を受けた田中さんでしたが、適性のない仕事に就いたのが不幸の始まりでした。当初は、田中さんを悪徳外務官僚と一体になった鈴木宗男が苛め倒したというイメージが植えつけられましたが、これは実態からかけ離れた姿でした。「鈴木宗男vs.田中真紀子」という対決の図式は、ある種の恣意的な狙いを持ってつくり上げられたと見ています。であるならば、なぜそうした図式がつくられたのかということを明らかにしなければなりません。私たちも、そろそろいままで語らなかった真実を語るべきときにきているのではないでしょうか。

ここで重要なのは、鈴木さんが外務官僚によって田中さんと対決するように仕向けられた経緯です。

鈴木　私としては、外務大臣としての田中さんの振る舞いが、北方領土問題で日本の国益を損なう危険性があると感じた。だから、おのれの信念にもとづいていうべきことをいっただけです。外務官僚に頼まれたから田中さんを攻撃する国会質問をしたことなど一度もありません。

田中真紀子

佐藤　鈴木さんの日ロ外交に対する危機感を、外務官僚がうまく利用したということではありませんか。

鈴木　たしかに私が利用された面は否定できません。「鈴木宗男vs.田中真紀子」と騒がれたのは、二〇〇一（平成一三）年の五月から六月にかけて開かれた外務委員会がきっかけでした。当時、複数の外務省幹部が私にこんなことをいってきました。「田中大臣にはホトホト困っています。各国の外相と会談するときもまったく勉強していないし、過去の経緯も頭に入っていません。当然のことながら、会談がかみ合わない。日本が国として約束していることも、『そんなこと約束していません』と平気でいってしまうのですから手に負えません」

たとえば、アメリカとの**ミサイル防衛構想**などがいい例でしょう。この構想は両国で研究をしていくことを合意していたのですが、田中さんは「そんな合意はしていません」といってしまうのですね。

佐藤　ところで、鈴木さんにそんな話をしてきた外務官僚は誰だったのですか。

鈴木　何人もいましたが、中心になっていたのは当時官房長だった**飯村豊**《いいむらゆたか》さんですね。「田中のババアでは外交になりません」と嘆いていました。ちょうど国会会期中でしたが、国会答弁の勉強会にも出てこない、ブリーフィング（説明）にも来ないということでした。

話を聞くと、外務省の人たちがまいってしまうのももっともなことだと思いました。初めに田中さんの言動で私が驚いたのは、外務大臣就任のときの記者会見です。

佐藤　あの記者会見は忘れもしません。深夜でしたが、あの記者会見をテレビで見たあと、私たちは赤坂のラウンジバーに集まりましたね。

鈴木　田中さんの会見をテレビで見た私が、佐藤さんに電話して、来てもらったんですね。

佐藤　電話口で、「たいへんなことになっているから、ちょっと来てくれ」と、かなり深刻な感じだった。じつは、その直前にロシア大使館の幹部から電話がかかってきて、「日本はどうなっているんだ」と問い質《ただ》されたんです。

というのも、記者会見の冒頭で、北方領土問題についての質問が出たんですね。田中さんはそれに対して、

「二島返還とか、いろいろ話が出ているようですが、私は一九七三（昭和四八）年の**田中－ブレジネフ会談**を原点にしてやっていきたいと思います」

と発言した。ロシア大使館の幹部は、この発

飯村豊

言に反応したのです。

鈴木　しかも、念の入ったことに、「私の耳には、田中総理とブレジネフの息遣いまで残っています」と臨場感たっぷりに話していたからたちが悪かった。

そもそも、田中角栄―ブレジネフ会談の場に、田中真紀子さんは入っていないんです。その場にいないのに、なんで二人の「息遣い」が耳に残っているのですか。おかしなことをいうものだなと思いましたね。

佐藤　御本人はそう思い込んでいるのでしょう。私たちがラウンジバーで話していると、しばらくして東郷和彦さんも合流しました。ひとしきり話をすると、「私は田中大臣と親しいので、これから説明してきます」と席を立っていった。そして、外務大臣室に行って、東郷さんは田中さんに対して、かなり熱意を込めて、しかも、身振り手振りを交えて大きな声で話したんです。

東郷さんが大臣室から出たあとに、田中さんは「あ〜怖かった。恫喝《どうかつ》されたわ」とこぼして、「恫喝話」が一人歩きしていきました。しかし、いまになって考えると、このときから田中さんにとって東郷さんの覚えがめでたくなくなったのですね。

鈴木　東郷さんという人はとても情熱的な人です。私の前でも、テーブルを叩いて話すことがよくありましたよ。

テンションが高くなってくると、声も大きくなります。東郷さんの性格を知っていればどうということはないのですが、知らない人が横から見たら、「私をいい含めに来たのか」と誤解するのはありそうな話です。

佐藤　いまでこそわかることですが、「恫喝話」のもとになったのがあの晩の東郷さんのブリーフィングだったとは、当時はまったく気がつきませんでしたね。

鈴木　私との関係でいえば、そのころに田中さんが間違った情報で頭づくりをしてしまったのだと思います。そして、ここから**小寺次郎元ロシア課長人事問題**へと発展していくわけです。

☆**ミサイル防衛構想**

田中真紀子外相は、二〇〇一年五月二五日に北京で開かれたアジア欧州会合（ＡＳＥＭ）外相会合の昼食会の席上、イタリアのディーニ外相に対して、「ミサイル防衛構想については、日本とヨーロッパが協力してアメリカにやりすぎないよう働きかけるべきだ」と提案した。さらに田中外相は、同じ日に行われたドイツのフィッシャー副首相兼外相との会談でも同様の考えを表明。二八日にもオーストラリアのダウナー外相との会談で構想に疑念を示した。しかし、ダウナー外相は「米国の考え方を理解している」と述べ、同盟国として構想を理解する立場を強調した。日本政府の基本方針と食い違う発言は大きな波紋を呼んだが、六月一日の衆院外務委員会で「ミサイル拡散がもたらす深刻な脅威については（米国と）認識を共有している。核兵器削減が米国の目的にあるので、よく理解している」と答弁して、疑念を示していた見解を修正した。

☆**飯村豊**

東京大学中退後、一九六九（昭和四四）年外務省入省。経済協力局長、官房長、官房審議官（外務省改革担当）を経て、二〇〇二（平成一四）年七月インドネシア大使に就任。二〇〇五（平成一七）年八月からフランス大使。

☆田中ーブレジネフ会談

一九七三年一〇月、田中角栄首相とソ連のブレジネフ共産党書記長がモスクワで会談。田中首相が「未解決の問題には北方四島の問題があることを確認した」と述べたのに対し、ブレジネフ書記長は「ダー、ヤーズナース（はい、私はわかっています）」と答えた。ただし、ロシア側は確認した覚えはないとして、「いった」「いわない」という水かけ論になっている。

☆小寺次郎元ロシア課長人事問題

田中真紀子外相が、ロシア課長からイギリス公使に転出した小寺次郎を急遽《きゅうきょ》呼び戻した問題。小寺は二〇〇一年三月末にイギリス公使転出の人事発令を受け、五月七日に英国に出発。ところが、田中外相はその日のうちに帰国を命じた。とんぼ返りした小寺は、外相から直接ロシア課長復帰を命じられた。その後、田中外相は外務省のすべての人事を凍結、省内は大混乱に陥った。

謀略情報を流す勢力

佐藤　それにしても、田中さんは就任記者会見の席上、なんで田中角栄ーブレジネフ会談を持ち出したのでしょうか。

鈴木　ソ連からロシアに変わって以降の日ロ関係の経緯について、まったく勉強していなかったからだと思います。両国の首脳会談やさまざまな約束事、共同声明、宣言などが、何ひとつ頭に入っていなかった。とっさに思いついたのが田中ーブレジネフ会談だったのでしょう。

その結果、あの発言が飛び出して、日ロ関係は時計の針をぐんと戻すことになってしまいました。

佐藤　じつは、同じ時期、私は信頼していた外務省幹部に、「佐藤、当分の間外国に出ていたほうがいいぞ」と耳打ちされました。

このときこの幹部は、こんなことをいっていました。

「真紀子の頭づくりは、ふたつだけだ。究極的には『お父ちゃんは偉い』ということに尽きるのだが、要するに、『尊敬するお父ちゃんがつくった田中派を壊した竹下派経世会は、絶対に許さない』と、『お父ちゃんのやった一九七三年のブレジネフとの会談は絶対に正しい』というふたつなんだ。そして、この頭づくりから『両面で私に歯向かってくるのは鈴木宗男だ』という結論になっている」

鈴木　私は経世会にいたことはないんです。小渕さんの平成研になってから入ったんですがね……。

佐藤　そんなことは田中さんには関係なかったようです。「鈴木はお父ちゃんを裏切ったグループのホープだ」という敵意と、「お父ちゃんがつくった四島一括返還路線を、鈴木は二島で手打ちにしようとしている。しかも、その裏で利権を漁《あさ》っている」

と、いいかげんな情報を基に勝手に解釈していた。

このふたつが重なっているので、「こいつだけはぶっ潰す」ということになったわけです。外務省幹部が私に「早く海外に逃げたほうがいいぞ」といったのは、鈴木さんに近い私も遠からず田中さんのターゲットになるという読みがあったからです。この読みは正確でした。

鈴木　田中さんのところには、間違った情報、意図的に操作された情報が流れていたんですね。まさに、文字通りの情報戦だったわけです。

佐藤　私が信頼する複数の外務省幹部が、「外務省の内部にそういう情報を流す勢力がいるんだぞ」と教えてくれました。

鈴木　ＯＢも含めた外務省関係者のなかに、そうした勢力の人物がいるのは間違いありません。

いずれにしても、田中さんはストレートな人ですから、誤った情報をそのまま受け入れてしまった。しかし、それが北方領土交渉で誤ったシグナルをロシアに送ることになり、日本の国益を損なうことになります。

佐藤　鈴木さんは国会でも質問されましたが、田中真紀子さんが上高地《かみこうち》の別荘にいる小寺さんに電話をかけた。これも外務省内部の誰かが仕掛けたことだと思います。田中さんはその後、記者懇談で、「いろいろ聞いています。それにしても、ひどいことされてきたのですね」と小寺さんに同情した感想を述べている。こうしたこともまた、外務省内部の人間、もしくは、OBによる仕掛けだった。

小寺さんの問題で一番大きかったのは、先ほども少し触れた人事の件ですね。たしか五月七日にイギリス公使として赴任することになりました。ところが、小寺さんが成田を飛び立った瞬間に田中真紀子さんが暴れ出した。そのとき、私はある情報屋さんに「至急会いたい」と赤坂の某所に呼び出され、こんなことをいわれました。

「田中真紀子が小寺を呼び戻すことを決めた。この一件を使って鈴木宗男を挑発するつもりだ。小寺はすぐに戻ってくることになるが、出来レースであることを忘れるな」

杉浦正健

さらに彼は、こう付け加えたのです。

「あんたもターゲットになっているから、気をつけたほうがいい。相手は鈴木宗男を挑発して、全面的な戦争を引き起こそうとしている」

私は、当初この話を真剣に受けとめていませんでした。ところがその日の夜一〇時過ぎ、杉《すぎ》浦正健《うらせいけん》外務副大臣に張り付いている政治部の番記者からこんな内容の電話があった。「佐藤さん、じつは、ついさっき杉浦さんが記者懇で、『田中真紀子が自分の知らないところで小寺課長を勝手にロンドンに行かせた。まったく、けしからん話だと息巻いていた。これから（田中）大臣と（外務省の）事務方でたいへんなことが起きる』といっていました。佐藤さんも巻き込まれるかもしれないので気をつけてください」

鈴木　佐藤さんは、それからすぐ私のところに電話をくれたんですね。

佐藤　鈴木さんは、「まさか、そんな。ウソだべ」と驚いていましたね。ひとしきり話して電話を置くと、三〇分後に今度は鈴木さんから電話があった。「佐藤さん、さっきの話は本当だったよ」とおっしゃってましたね。

謀略を外相に耳打ちしたのは誰か

鈴木　ここで大事なことは、田中さんが、「私に黙って発令するというのはどういうことか。小寺課長を私から遠ざけようとする勢力が、彼を飛ばしたんだ」と思い込んでしまった点です。

小寺さんの発令は、森内閣の外相だった河野洋平さんが行った。つまり、田中さんが外務大臣になるなんて誰も思っていなかった時期になされた人事です。田中さんが外相に就任する前に、小寺さんのイギリス公使転出は決まっていたのですからね。もちろん私もこの人事を事前に知っていました。当時、外務省は主要な人事については事前に幹部が私に連絡してくる体制になっていました。

そもそも、ロシア課長からイギリス公使というのは最高のエリートコースです。悪い人事ではない。

佐藤　オランダ大使になった小町恭士《こまちきょうじ》さんも同じコースですね。しかも、小寺さんは同期で一番早く、**ローカル・ランク**ですが公使になっています。

鈴木　将来的には、ロシア大使になる本流のコースなんです。

佐藤　ロシア課長を終えると一年間イギリスの**戦略研究所**で研修を受ける人がいます。現在の欧州局長である原田親仁さんもそうでした。

鈴木　ところが、田中さんはそうした事情をまったく知らなかった。だから、「小寺さんは鈴木宗男に飛ばされた」と誤解したんです。より正確には、そのような誤解をするように田中さんを情報操作した人が外務省にいるということです。まったくピントのずれた話で、小寺さんは三月二五日にイルクーツクからの帰りの政府専用機のなかで、ロンドン転勤の挨拶をしにきたんです。

「じつは、近々ロンドンに発令されることになりました。ついては、イタリアに留学している娘にこの時期でないと会えそうもないので、明日から家族でイタリアに行ってこようと思っています。先生にはご挨拶ができそうもありませんので、ここでさせていただきます」

私はロンドン行きが栄転だとわかっていたので、「そうか、それはよかったな」といって、それまでの労をねぎらった。彼にとってこの転勤は、間違いなくハッピーだったのです。

佐藤　繰り返しになりますが、その時点で田中さんは外務大臣ではなかった。就任したのは、四月の末です。にもかかわらず、小寺人事を反田中の謀略と考えてしまう。メディアも間違った情報を流すので、真実がまったく見えなくなってしまいました。

鈴木　田中さんは私が外務省の人事に介入し壟断《ろうだん》していると非難していましたが、正規の人事ルールを破り、人事サイクルを捻《ね》じ曲げたのは田中さんなのです。

佐藤　その後、外務省の人事は修復不可能なほど狂っていくことになって現在に至っているのですが、端緒となったのは「田中外相による小寺イギリス公使の呼び戻し」でした。ここで、政治家が恣意的に人事に手を入れることができるという先例をつくってしまったわけです。その意味でこの事件は、外務省にとってきわめて大きな傷跡を残すことになりました。

鈴木　しかし、この筋書きを田中さん一人が考えたとは思えません。謀略を考えた誰かが田中さんに耳打ちしたのは、疑う余地がありませんね。

佐藤　当時、野中広務さんが大きな影響力を持っていました。野中さんの信頼が厚い鈴木さんは、存在感の一番大きな時期だったと思います。

鈴木　私の存在感はさておき、野中さんの影響力は大きかったですね。二〇〇〇（平成一二）年の七月に行った講演で、

「ひとつの前提を解決しなければ友好条約はありえないという考えではなしに、並行して領土問題を考えていくことだ」

原田親仁（在中国日本国大使館ホームページより）

といったことが、日本の一部勢力から北方領土問題と平和条約締結は切り離して進めるべきだという内容と受けとめられ、たいへんな騒ぎになったことがあります。野中さんはロシア側を交渉の土俵に乗せるために柔軟なシグナルを出したのですが、北方四島の日本への帰属が確認されてはじめて平和条約を締結するという基本はいささかも変化していな

い。しかし、一部の勢力は鈴木に加え野中までもが日ロ交渉に関与すると面倒になると危機意識を持った。

佐藤　その野中さんの後ろ盾《だて》によって鈴木さんが力を持てば持つほど、「温かい椅子」を確保できなくなると考える外務官僚たちがいたことも事実です。彼らのなかの一部が、田中真紀子さんに近づき、恣意的で誤った情報を入れていったと私は見ています。

☆**ローカル・ランク**
仕事をやりやすくするために、本来一等書記官である人に参事官を、参事官に公使を名乗ることを認める制度。
☆**戦略研究所**
ロンドンにある国際戦略研究所（IISS）は、一九五八（昭和三三）年に設立された世界の紛争を研究するシンクタンク。

外交上の勝利「イルクーツク声明」

鈴木　ところで、外務省が案文をつくった声明である二〇〇一年三月の「イルクーツク声明」は、五六年共同宣言と東京宣言を共に盛り込んだという点で外交上の勝利でした。これは、日ソ、日ロの北方領土交渉に関する交渉の歴史のなかで、両国の最高首脳がはじめて五六年共同宣言を文書に盛り込んだ声明だったのです。

ここに至るまでの経緯を話せば、前年の二〇〇〇（平成一二）年九月にプーチンが訪日した際、記者会見で五六年共同宣言を認めたのが大きかった。しかもこのとき、森総理は「文書にしてくれ」と頼んでいたのです。プーチンに、「今回はできない。しかし、次の首脳会談のときには必ず文書にすることを約束するから、今回は記者会見にとどめておきたい」といわれ、あの記者会見になったわけです。

佐藤　あのときは、事前に鈴木さんもプーチン大統領に根回しをしましたよね。私が通訳をしたのでよく覚えています。鈴木さんはプーチン大統領に、「五六年共同宣言を認めてくれるのなら、今回文書の形にしてくれませんか」と直談判しました。私は、このときのプーチンの話をいまもよく覚えています。

「この件に関しては、ふたつのやり方があります。ひとつは、いま紙にしてしまうというやり方です。しかし、これが大きなニュースになると、日ロ双方が解釈の問題で食い違うという事態になるリスクがあります。もうひとつのやり方は、五六年共同宣言を確認するという作業を互いにしっかり行い、専門家同士で細部まで詰める。最終的な絵柄を確定させてから文書にするという道。どちらのほうがいいですか」

とプーチン大統領は鈴木さんに問いかけた。

鈴木　「当然、後者の道がベターですね」と私は答えた。
佐藤　プーチン大統領は、五六年共同宣言に関して真剣に考えているということがわかりました。
鈴木　じつは、このときプーチン大統領は、北方領土問題が他の地域に波及することを懸念していたんです。
佐藤　私は森総理から「プーチン大統領が懸念する問題について詳細に調べろ」という指示を受けたのですが、このときじつにおもしろいことがわかりました。プーチンさんが懸念していたのは、**カリーニングラード**と**カレリア**でした。
　カリーニングラードは、もともとはドイツの東プロイセン領で、ケーニヒスベルクと呼ばれていました。ロシアにとって、将来、ドイツに取られるのではないかという不安がある土地ですね。
　もうひとつのカレリアは、戦争でフィンランドから奪った土地。こちらもカリーニングラード同様、奪われるリスクがあります。
　ただし、これらの土地はすでに国境が決まっているので、日ロ両国が係争地域であると認めている北方領土とは基本的な枠組みが違う。この点を正確にロシアに理解させる必要がありました。私は外務省幹部から「とにかく現地要人と親しくなっておけ」と命じられて、カリーニングラードとカレリアに飛んだ。彼の地から要人を招待し、関係をつくっていったのです。

ところが、あとになって思ってもみないことをいわれました。それは、「鈴木宗男にいわれて、佐藤がカリーニングラードやカレリアなど日本との結びつきが薄い地域から代表団を勝手に連れてきているんじゃないか」というのです。事実、私はこの件で外務省内で検察官の取り調べを受けたことがあります。取り調べたのは、外務省に出向している監察担当の検察官でした。

☆**カリーニングラード**
ポーランドとリトアニアに挟まれたロシアの飛び地領。一九四六（昭和二一）年まではケーニヒスベルクと呼ばれていた。冷戦時代は外国人の立ち入りが規制される軍事都市で、不凍港として重要視されるバルト艦隊の拠点だった。冷戦崩壊後は、リトアニアがソ連から独立した結果、ソ連・ロシア連邦の飛び地となるが、経済状況が悪化したことによって治安も悪化。ロシア、ポーランド、リトアニアといった周辺諸国が抱える問題地域となる。プーチン大統領夫人がカリーニングラード出身ということからロシア政府が復興に力を入れている。

☆**カレリア**
カレリア共和国。ロシアの北西に位置し、西はフィンランドと国境を接している。フィン人発祥の地といわれている。フィンランド領であったが、一九三九（昭和一四）年のソ・フィン戦争の結果、ソ連に割譲された。現在はロシア連邦・北西連邦管区に属する共和国。

日本が大きく譲歩した提案

佐藤　ここで、あらためて鈴木さんにお聞きしたいことがあります。まず確認になりますが、鈴木さんはどういう立場で北方領土問題に関わってきたのかということです。

鈴木　前にも述べましたが、私が本格的に北方領土問題に関わるようになったのは、橋本政権で北海道・沖縄開発庁長官に就任したときからです。橋本総理から直接、「ムネちゃん、頼むよ」と指示されました。そして、一九九八（平成一〇）年四月の橋本さんとエリツィン大統領との川奈会談でエポック・メーキングな動きがあった。川奈提案ですね。

川奈提案は極秘とされ、これまで公にされていませんが、日本が大きく譲歩する内容でした。私もこの内容を知っています。読者のみなさんには申し訳ないのですが、川奈提案の内容は明らかにできないのです。状況によっては、川奈提案をロシアが再評価して、平和条約を締結するという方向に歩み寄ってくるかもしれません。ロシアにとっても十分魅力のある提案です。だからここでその内容を明らかにして、川奈提案が今後の外交交渉で使えなくなってしまうことを避けなくてはなりません。

佐藤　のちに小渕さんが総理になり、外務省が川奈提案の中身を説明すると、「俺はこんな話聞いてねえ。なんでこんな提案をしたんだ」と激昂《げっこう》しましたね。

鈴木　でも、小渕さんは川奈提案のときの外務大臣でした。しかし、総理官邸主導で進められていたので、外務官僚は時の外務大臣にていねいな説明をしていなかったのでしょうね。

佐藤　そうなると、川奈提案に基づいて平和条約が締結されても「われわれには何もいいことはないじゃないか」と地元が怒り出す可能性があった。また、橋本総理はよく「右バネは大丈夫か」といっていましたが、右翼団体が暴れるかもしれない。これらを政治的に抑える必要があった。そこで橋本総理が、「ムネちゃん、頼むよ」ということになったのですね。

鈴木　右翼と地元への対応ですね。

佐藤　しかし、こんなことを他の政治家は誰もやりたがりません。この難題を橋本総理は、鈴木さんだけに頼ったというのが真相なんですね。その後、小渕さんが総理になってこの話を聞くと、「これでやるしかない」と腹をくくりました。

鈴木　私は小渕さんから、「おい鈴木、細かいことは全部お前がやれ」といわれたものです。

福田康夫

佐藤　つまり、鈴木さんは国会議員としてこの仕事をしたのではありません。内閣総理大臣の「特命」を受けて、行政府の一員として動いたわけです。ところが、プーチン政権になって川奈提案では交渉が動かなくなってしまった。

鈴木　そこで森総理から、「鈴木君の知恵が必要だからやってくれ」と頼まれたわけです。

佐藤　いわれてもいないのに鈴木さんから動いた、ということは一度もないということですね。事実、小泉政権になったら「やってくれ」と頼まれないから、北方領土交渉では何もしていません。

鈴木　ただし、アメリカで「**9・11同時多発テロ**」が起きた後、「中央アジアのことをやってくれ」と小泉総理に頼まれたのでやりました。当時の官房長官だった福田康夫さんから内閣官房報償費（機密費）ももらって各国を回りました。つまり、私はこれまで総理官邸か外務省などの政府機関から頼まれたことしかやっていないということです。

「鈴木宗男が勝手に動いて外交で利権を漁っていた」などというのは、まったくのつくり話なんです。

佐藤　日本で中央アジアに本格的なパイプを持っているのは、鈴木さんだけですからね。

鈴木　しかも、中央アジアはテロと深い関係があるし、アフガンとの結びつきもある。さらに、タジキスタンという地政学的に重要な国もある。私は、早い時期にユーラシア外交の重要性に気づきました。

佐藤　まさに鈴木さんの戦略眼の鋭いところですね。

鈴木　佐藤さんからの情報によるところも大きいです。

☆「**9・11同時多発テロ**」
二〇〇一（平成一三）年九月一一日にアメリカで同時多発的に起きたテロ事件。オサマ・ビンラディン率いるイスラーム過激派によってハイジャックされた二機の大型ジェット旅客機が、世界貿易センタービルめがけて激突。ほかにも、アメリカ国防総省などが狙われ、最終的な犠牲者は二七四九人にのぼり、テロ事件としては史上最大の被害となった。

組織的なＦＡＸ攻撃

佐藤　ところで、田中真紀子さんが小寺さんをロンドンから呼び戻してから、外務省の空気はずいぶん変わりました。このあたりの機微を鈴木さんはどう感じたのでしょうか。

鈴木　いまでも当時官房長だった飯村さんの言葉を憶えています。「小寺は役人としておかしい。バアさん（田中真紀子氏）にいわれたとはいえ、小寺は帰国を拒否すべきでした。すでに発令を受けているのだから、それに淡々と従えばいいんです。小寺のやったことはルール違反ですよ」

また、飯村さんが私を訪ねてきて、「国会で、田中と合わせて小寺も始末してください」と頼んできたこともあります。

佐藤　じつは、この話には前段があります。田中さんが外務省の人事を壟断して小寺さんが日本に帰ってくると、省内はとても緊張した状態に陥りました。そうしたなかでの五月一一日の昼前、小寺さんの後任のロシア課長だった渡邉正人《わたなべまさと》さんが私に連絡を入れてきて、「あなたと鈴木大臣（外務省では閣僚経験者については現職を離れてからも『大臣』と呼ぶのが習慣）に伝えたいことがあるので、どこかで会えないか」というのです。鈴木さんがパノフ駐日ロシア大使と昼食をとる予定で、私も同席することになっていたので、その少し前に会うことになりました。

鈴木　TBSビル地下のレストラン「ざくろ」ですね。

佐藤　店に入ると、渡邉さんは店の前の椅子に坐っていました。いつもは感情の起伏を表に出さない人ですが、その日は少し違っていましたね。興奮していたようで、直前まで会っていた小寺さんとの話を聞かせてくれました。小寺さんは渡邉さんにこういったそうです。

「空港から田中大臣のところに直行した。田中大臣から、『お疲れさま。荷物はそのままにしておいていいといっておいたのに、なんで出かけちゃったの』といわれたんだ。これまでにあった経緯を全部話して、最後に『私をロシア課長に戻すよりも、佐藤優をなんとかしてください』といった。それに対して、田中大臣は『わかっているわよ』と答えた。

　僕はロシア課長に戻りたいとは思わないけど、田中大臣の意向が強いので戻らざるをえない。君（渡邉氏）には迷惑をかけてすまないと思っている」

　そして、渡邉さんは最後に、私に対して、

「あなたに危険が迫っている。僕に何ができるかわからないが、できるだけのことはしてみる。しかし、小寺はもうあっち側にいっているので、一切の幻想を持たないほうがいい」

　とアドバイスしてくれた。ちょうどそのとき、鈴木さんが店に入ってきたんです。

鈴木　渡邉さんは、かいつまんで同じ話を私にもしてくれました。

佐藤　話を聞いているうちに、鈴木さんの眼が一瞬、猛禽類《もうきん》のように光ったようでした。そんな鈴木さんの眼を、あまり見たことがなかったものですから、一瞬背筋に冷たいものが流れました。

鈴木　いやいや、猛禽類といわれると確かにそうかもしれない。でも、話を聞いているうちに怒りが沸々《ふつふつ》とこみ上げてきましたよ。小寺さんは仕事で、佐藤さんのお世話にあれだけなったのに、何で田中大臣にそんなことをいうのかと。結局、世間的な関心を集めるための、田中さんのパフォーマンスだったということですね。

佐藤　それから一ヵ月ほど経った六月一五日、アメリカ大使館前の「ざくろ」で**川島裕**事務次官と鈴木さんが食事することになり、私も川島さんから同席を命じられました。

鈴木　このとき川島さんは、「田中さんのおかげで外務省のなかはメチャクチャです」と嘆いていた。「ここに至っては、鈴木先生に助けていただくしか道はありません」という。

ただし、国会質問をどうこうしてくれという話ではありませんでした。小泉総理をはじめとして、いろいろな政治家から説得するように働きかけてほしいということでした。「このままでは外交ができなくなります」と、心底困っている顔つきでした。

要するに、田中さんを抑えてほしいということですね。また、「小寺が帰ってきてからというもの、外務省は組織の体をなしていません。なんとかしてください」と頭を下げてきました。私は、「それならば小寺を国会に呼んで話を聞いてみるか」といったんです。

佐藤　このとき川島さんは、「それは待ってください」といいましたね。田中さんについては政治的にきちんとしてもらわないと困るけど、小寺は外務省の役人だから国会に引き出すのは勘弁してくれということだった。ところが飯村官房長は川島さんとは別の動きをした。

川島裕

鈴木　そうです。その数日後、飯村さんがやってきて「小寺も始末してください」と私に頼むわけです。

　当時、田中さんは「飯村憎し」の気持ちが強かった。飯村さんは斎木《さいき》昭隆《あきたか》人事課長とともに田中さんとぶつかっていました。田中さんは飯村さんを一刻も早く飛ばしたかったのでしょう。

佐藤　鈴木さんはこのとき私に、「佐藤さん、飯村も相当なものだな。身内をやっちまってくれと政治家に頼みにくるなんてよっぽどのことだよ」とおっしゃったのが印象的でしたね。

鈴木　さらにその直後の六月二一日、驚くべきことが起きました。田中さんは委員長の土《ど》肥隆一《いりゅういち》さんに電話をかけて、「鈴木宗男が質問できないようにしてください」と要請したんです。国会議員が国会で質問することを閣僚が封じ込めようとしたわけですから、三権分立の原則を踏みにじる行為であり、行政の立法に対する介入以外の何ものでもなかった。

　そもそも、私は小寺さんとぶつかったことなどなかったんです。ましてや、彼の人事に口を挟んだことなどなかった。この点は、**外務委員会**で私が小寺さんに直接質問し、彼も認めています。

佐藤　小寺さんの次にロシア課長になった渡邉正人さんは、能力とモラルの高い役人でした。東郷さんも渡邉さんを買っていて、「小寺は能力がないから替えた」とはっきりいっていました。事実、東郷さんは「小寺は能力がない」という内容の文書を人事課長の斎木さんに出しています。しかも、東郷さんが厳しいのは、小寺さん本人を呼んで、「君も一生懸命やっているのはよくわかるが、平時ならともかく、いまのような重要なときに君では能力が足りない」と直接いい渡すところなんです。

鈴木　東郷さんは一見優しそうに見えるから部下にナメられやすい。私は、東郷さんが条約局長や欧亜局長時代に、「なんで局長のあなたが部下の課長をちゃんと指導できないんだ」といったことがありますよ。しかし、同時に能力主義者なので、人を傷つけることを平気でいってしまう。

佐藤　東郷さんは小寺さんを「君は余人をもって代えがたい人材だ」という調子で、もっとおだて上げて、アメリカなど本人が行きたいところに行かせるべきだったのだと思います。そうでなければ、思い切って「中二階」の欧亜局参事官に上げてしまうやり方もあった。それで難しい仕事から離してしまえばよいのです。そういうことをしないで、「お前は能力がない」という引導の渡し方をするというのは、いかにも東郷さんらしい。厳しいですね。

斎木昭隆

東郷さんは、かりに自分が「能力がない」といわれても、「それはすみませんでした」と受け止められる人なんです。ただ、能力があるからそんなことをいわれたことがないだけです。ですから、「能力がない人間は、そのポジションからはずしたほうが本人のためであり、国家のためだ」と考える。そういうところの思いやりが全然ないんですね。

すごく優しくていい人なんですが、仕事に関してはとても厳しい。それは、「役人は能力だけで評価されなければならない」と信じているからです。

東郷さんに引導を渡された小寺さんは、下を向いて、「ウ〜」と唸《うな》っていたそうです。東郷さんも、小寺さんに本当にかわいそうなことをしました。

このときの委員会質疑が田中さんとのはじめての衝突だったわけですが、鈴木さんは「鈴木宗男の人権にも関わる話だ」といって田中さんを問い詰めるシーンだけがテレビのワイドショーで何度も繰り返し映されました。これが世論からの想像を絶するバッシングを受けるきっかけになりました。ワイドショーが鈴木さんの質問の場面を繰り返し流したことで、鈴木さんの事務所にはたいへんな苦情が寄せられたと聞きます。

鈴木　抗議や非難のＦＡＸやメールが大量に送られてきて、電話は一日中鳴りっ放しでした。そして、いまでも不思議なのですが、同じ文面の抗議文が大量に送られてきたのです。

明らかに組織が動いているとしか考えられません。国民の声が自然発生的に生まれたわけではなくて、意図的な狙いがあったと考えるのが自然です。

それに、文面にはいくつか共通する言葉がありました。そのなかのひとつが「売国奴」だった。時を同じくして、「鈴木宗男は、政府の方針に反する二島返還で動いている」という話が一人歩きしはじめました。

☆**川島裕**

東京大学法学部中退後、一九六四（昭和三九）年外務省入省。英国ケンブリッジ大学留学を経て、北米局北米第一課長、人事課長、アジア局長から一九九五（平成七）年に総合外交政策局長。その後、駐イスラエル大使、事務次官を歴任。外務省退任後、二〇〇三（平成一五）年七月に宮内庁式部官長に就任。

☆**外務委員会**

二〇〇一年六月二〇日の外務委員会での質疑。

○鈴木「……まず、小寺課長にお尋ねしたいのです。私があなたの人事について口を挟んだだとか、あるいは何か関与した、そういった話を聞いたり、何か感ずることがあったかどうか、まずお知らせをいただきたいと思います」

○小寺「私の人事に関しまして、鈴木先生の方から私に直接何かの話があった、こういうことはございません」

○鈴木「東郷当時の局長、東郷局長の見解もお知らせをいただきたいと思います」

○東郷「当時の事実関係についてお答え申し上げます。小寺課長の人事は、通常の外務省の流れのなかで決められたことでございます。それ以上のものはございませんでした」

検察の筋書き

佐藤　いまだから話せることですが、じつは、その後に私たちを逮捕した検察も、「鈴木と佐藤は売国奴だ」と考えていました。私は検察官と話をしはじめるとすぐにそのことに気がついたので、取り調べの初期のころは毎日、日ロ関係についてレクチャーしていました。

そのなかで、前に述べましたが、北方領土をめぐる施政権と潜在主権の関係、および、そこから生まれる四島との関連を紙に書いて、日ロ関係の歴史的経緯を説明するようになった。ちなみに、そのときの話をベースにして、岩波書店が発行する雑誌『世界』二〇〇三年七月号に論文を発表することになりました。

やがて担当検察官の西村尚芳《にしむらひさよし》検事が私の書いたメモを持って、「鈴木宗男や佐藤優のやっていたことは、国際法的な裏付けのあるしっかりとした外交交渉で、ロシアがらみで国を売るようなことはしていない」

と、ほかの検察官に説明するようになったと、あとになって知りました。西村検事は、「いったいどうしたんだ。お前は佐藤に洗脳されたんじゃないのか」といわれたそうです。いずれにしても、取り調べがはじまって二週間で、西村検事の頭づくりは

「鈴木宗男の対ロ外交は、まったく問題ない」というものになっていました。

対ロ外交を切り口にした事件はつくれないと知った西村検事は、**三井物産のディーゼル発電疑惑**に関する取り調べをやりたがらなくなった。

「鈴木さんの金の流れ、あなた方ふたりのロシア外交に対する取り組みを考えると、鈴木さんが三井物産から賄賂を受けたという話にはならないと思う。僕は捜査、取り調べのプロだから、勘でわかる」

と、西村検事は私の目を見てはっきりそういいました。

鈴木　検察官の取り調べでは私も似たようなものでした。担当した谷川副部長から、「三井物産から頼まれたことはないか」「三井物産との金のやり取りはなかったのか」と、しつこいくらい聞かれました。

しかし、「国益の観点から北方領土問題に取り組んでいたし、三井物産とは一円たりとも金のやり取りはなかった」とはっきりいうと、二度とその話題は持ち出さなくなりました。

佐藤　西村検事も、「たしかに、あれほどの難工事は、三井物産クラスでないとできない」といっていました。

鈴木　谷川副部長は、「八木という副部長が特別チームをつくって三井物産で事件をつくろうとしている」と教えてくれましたが、そんなことを聞いてもまったくピンときませんでした。逆立ちしてもそんな事実はないのですからね。

佐藤　谷川副部長も立場上、事件をつくらなければならない。だから、**やまりん事件**で無理やり斡旋収賄《あっせんしゅうわい》事件をつくりましたが、北方領土絡みでつくるのは無理だと思っていたはずです。

そこで検察官も、外務省の連中におかしな情報をつかまされたことにはたと気づくわけです。

鈴木　腑に落ちないのは、怪しい金の使い方をしている外務省の北方四島支援事業などに、なぜ検察のチェックが入らないのかという点です。とくに**ロシア支援委員会**は金の出入りが滅茶苦茶なのに、まったくチェックされていない。

ところが、私が逮捕されると、検察のチェックが入ると考えた外務省は支援委員会の存在自体を消してしまおうと動いた。そして、支援委員会を解体してしまった。これほどあからさまな証拠隠滅は聞いたことがありません。

☆三井物産のディーゼル発電疑惑

三井物産が北方四島のディーゼル発電施設建設工事を受注するために、鈴木宗男に献金するなどして働きかけたとされる疑惑。結局、検察が鈴木宗男を起訴することはなかった。

☆**やまりん事件**

林野庁の行政処分をめぐり、製材会社「やまりん」が鈴木宗男に現金を渡したとされる事件。鈴木宗男は斡旋収賄で起訴され、現在公判中。

☆**ロシア支援委員会**

ロシアの極東地域に人道支援を行うことを決めた、一九九三（平成五）年の渡辺美智雄外相―コズィレフ・ロシア外相の日ロ外相会談での合意をきっかけに組織された。支援委員会は国際機関だが、外務省欧亜局ロシア支援室が実権を握り、支援室長は大きな権限を持った。支援室長は支援委員会の日本政府代表を兼務し、支援委員会で扱う資金の決裁権限を握っていた。この資金は日本政府が全額拠出し、一〇〇億円の予算がつくこともあった。

外務省が共産党に流した秘密文書

佐藤　検察の話から見えてきた疑惑から、その根拠になった情報がどのようなものかという疑問が生まれてきます。当時、私や鈴木さんは猛烈なマスコミのバッシングを受けました。しかし、私は一切マスコミ批判をしなかった。なぜなら、マスコミもある勢力に利用され、騙されていることが私にはわかっていたからです。その勢力とは、もちろん外務省です。

彼らのやり方は、まず「こんな国賊がいる」という情報を流し世論を刺激し、情報操作の土壌ができたところで、「北方領土に絡んでおいしい思いをして、銭を抜いている」名前と数字が入った怪文書を流します。ここで、「領土問題という民族の悲願ともいうべき神聖なテーマを利用して利権をあさっている」という話がつくられるわけです。

鈴木 「鈴木宗男は国民の税金を邪《よこしま》に使っている。それも、領土問題というテーマで。必要のないものまで予算をつけ、キックバックを受けて懐に入れている」ということになる。

佐藤 たとえば、「密漁船に『宗男旗』という旗をあげていれば、いくらでも魚が獲れるんだ」というような話がどんどん流れてくると、マスコミはそのような噂話を検証なしで書き立てることになる。そして、どんどんエスカレートして、国民の怒りを煽《あお》るような報道が続いたという状態が「宗男バッシング」の本質です。

では、その情報を誰が流したのか。

鈴木 佐藤さんが雑誌『正論』（産経新聞社）二〇〇六（平成一八）年七、八月号で対談した元共産党衆議院議員の筆坂秀世《ふでさかひでよ》さんの証言が重いですね。当時、外務省から共産党にさまざまな情報提供があったという衝撃の告白でした。

佐藤 筆坂さんによれば、外務省からの情報提供はとてもタイミングがよかったそうです。共産党に国会で質問してもらいたい事柄に関する外務省の秘密書類が、質問当日の朝、議員会館に届けられたといいます。

手の込んだことに、同じ情報が民主党にも届いている。これは、ある種の「保険」なんですね。「共産党なら絶対に食いつくはずだが、共産党と外務省がつながっていると見られたら困る」というわけです。これで外務省は「正義の告発者」を装うことができる。

共産党だけに流すと、革命政党に手を貸しているということで検察や公安警察が手を突っ込んでくる可能性がある。しかし、民主党にも情報を流せば、「正義の告発者」になることができるというわけです。

筆坂秀世

それにしても、外務省と共産党が手を握るなどということを予想できた人がいたのでしょうか。

鈴木　まったく考えもしませんでした。政府与党一体ですし、外交は国益に直結しますからね。まさか、外務省が革命政党の共産党と手を握るとは夢にも思っていませんでした。

佐藤　共産主義アレルギーの強い役所といえ

ば、警察庁や防衛省と並んで、外務省の名前があがります。経済官庁だとそのあたりが緩くなって、民青同盟員になっている職員がいたりしますが、外務省は違う。

鈴木さんに関して流された文書は、明らかに外務省の秘密文書でした。それを革命政党に流すというのだから、外務官僚のモラル低下ははなはだしい。

村山総理に押し付けられた演習場

佐藤　外務省から流出した秘密文書は、「鈴木宗男が、北方領土の人道支援に関係する経済活動において、根室管内を優遇するように圧力をかけた」というものでした。しかし、根室管内を優遇することは、そもそも外務省が決めたことなのです。

鈴木　北方領土の人道支援が具体的に動きはじめたのは、一九九三年からです。はじめての「ハコモノ」はプレハブ倉庫の建設でしたが、その時点でも「人道支援を具体的に進めるにあたって、北方領土返還運動の原点の地である根室管内には配慮すること」を外務省は約束していたのです。

佐藤　根室管内には、元島民の何割くらいが住んでいるのでしょうか。二〜三割ですか。

鈴木　そうです、三割くらいですね。

佐藤　その人たちは、返還運動を一生懸命やってきたわけですね。そして、その人たちの理解を得ないと北方領土の支援などできないということですか。

鈴木　その通りです。そういうことも踏まえて、外務省は、「鉛筆一本、消しゴム一個、ノート一冊にいたるまで根室のお店を使うことを約束します」と宣言しました。鈴木宗男が地元の選挙区に利益誘導したとかいう話ではないのです。根室の人たちから、「鈴木さん、外務省が約束を守ってくれないから、なんとかしてくれ」と頼まれたから、「約束したのに、どうなっているんだ」と確認しただけです。

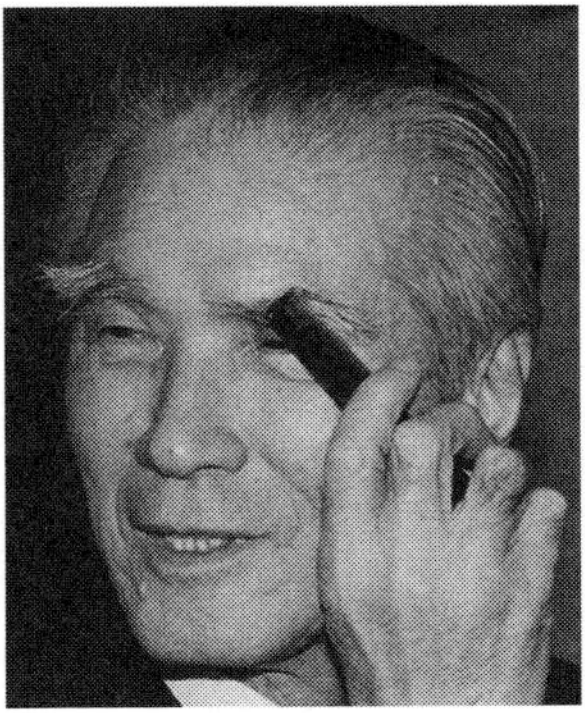

村山富市

佐藤　その後、大きな嵐が起きて、鈴木宗男バッシングに発展していくわけですね。具体的には、繰り返しになりますが、共産党に秘密文書を流し、スキャンダル仕立てに誘導していくということです。

　筆坂さんは、防衛施設庁の秘密書類も共産党に届けられたといっていましたが、私は外務省の仕業だと睨《にら》んでいます。**合議《あいぎ》先《さき》**として外務省も入っているのですから、可能性としては高い。

衛藤征士郎

鈴木　ほかにも、私が地元に便宜を図ったといわれたことがありました。それは、**沖縄米海兵隊の本土移転**です。一九九五（平成七）年の二月の村山富市―クリントン首脳会談で決まったことですが、村山総理は自分で決めたことを人に押し付けようとしたのです。

　というのも、村山さんの地元である大分には日出生台《ひじゅうだい》という立派な演習場がありますが、地元の反発を気にして積極的に動かなかった。大分は村山内閣の防衛庁長官だった衛藤《えとう》征士郎《せいしろう》さんの地元でもありましたが、衛藤さんも同じ理由で動かなかった。当時は、「アメリカの海兵隊が来ると騒音問題が起きる」「婦女暴行事件が激増する」なんてことがいわれて、たいへんなアレルギーがありましたからね。

佐藤　つまり、誰も受けないから鈴木さんが受けたということですね。

鈴木　そうです。場所は、私の選挙区にある矢臼別《やうすべつ》という演習場でした。そのときは、**沖縄県道一〇四号線越え実射訓練**という問題があって、説得するのにたいへんな労力がいりました。

佐藤　とはいえ、さまざまな物資は地元で調達するので、経済的な波及効果は大きかったはずですね。空港の離着陸料も大きな収入になったので、地元の中標津《なかしべつ》空港を使うことで折り合ったと聞いています。

鈴木　そうなんですね。あるいは、根室の港を使って港湾使用料が地元に落ちるようにしたわけです。地元の経済が潤うことと引き換えに演習を引き受けた、という面があるのは事実です。

そして、地元は喜び、私はずいぶん感謝されたものです。

佐藤　しかし、それが「鈴木宗男の利益誘導だ」と糾弾された。しかも、その文書が外務省から共産党に流れているわけですね。

さらに、その流れのなかで、当時の外務大臣である川口順子さんと、外務事務次官の竹内行夫さんが恐るべきことをする。「鈴木宗男に関する文書については、野党も含めてすべて国会に出せ」と指示して、機密文書も何もかも出してしまうことを決めました。その機密文書が公表されたら外交にマイナスになるかどうかとい

川口順子

うチェックもなく、膨大な量の文書を一切合財《いっさいがっさい》表に出してしまったのです。

☆合議先
官庁間でいろいろな協議をするとき、関係する役所にはかならず資料のコピーを渡すことになっている。合議先とは、この関係する役所のこと。

☆沖縄米海兵隊の本土移転
結局、一九九六（平成八）年に沖縄駐留米海兵隊は、北海道の別海《べつかい》、厚岸《あっけし》、浜中の三町にまたがる矢臼別演習場へ実弾砲撃演習場を移転した。

☆沖縄県道一〇四号線越え実射訓練
沖縄海兵隊の本土移転問題の起きる前年、沖縄県道一〇四号線を封鎖して行われていた一五五ミリ榴弾砲《りゅうだんほう》の実弾訓練の本土移転が表面化した。その後、この演習場所は一九九七（平成九）年に本土五カ所に移転された。

野党のために田中外相への質問づくり

佐藤　こうした機密文書は野党の手に渡り、民主党の上田《うえだ》清司《きよし》さん（現埼玉県知事）などが国会でこれをネタに質問しはじめたのです。具体的には、「鈴木さんは北方領土不要論をいいはじめている」という具合に攻撃を仕掛けてきたわけですが、ほとんどの場合、誤った解釈を基にしていました。

鈴木さんが「北方領土はいらない」といったのではなく、「羅臼ではそうした声がある」といっただけですね。しかし、外務省の記録では「羅臼ではそうした声がある」という部分が抜け落ちている。あの時期、いい加減な文書を、よく吟味することなく国会質疑で用いる政治家があとを絶ちませんでした。

じつはあの上田質問にもからくりがあったのだと私は見ています。膨大な資料を渡された上田さんは内容を咀嚼《そしゃく》することができず、どう質問していいかわからなかったのだと思います。そもそも、専門的な外交文書を大量に渡されても、外務官僚が知恵をつけて「こう質問したらいいですよ」と教えないかぎり、知識のない人は国会で質問することなどとうてい無理です。そこで上田さんは外務省の誰かに相談したのではないかと私は見ています。

上田清司

私は根拠なくこういうことをいっているのではありません。これははじめて話すことですが、私は上田さんに頼まれて、外務省の上司の了承を得たうえで田中真紀子さんに対する質問をつくったことがあります。後で上田さんからお礼の電話をもらいました。

上田さんというのは、そういうことを官僚に頼む人なんですね。だから鈴木さんに対する質問についても、外務省幹部の命を受けた外務官僚が上田さんに質問の仕方を教えたと私は見ています。

つまり、外務省あげての謀略だったということです。

止められたテポドン発射

佐藤　一九九七年から二〇〇一年までの日ロの戦略的提携がそのまま進んでいれば、北東アジアにおける日本外交の発言力はもっと重みを持つようになったはずです。いま、とくに残念でならないのが、橋本—小渕—森のラインで日本とロシアの領土問題が進展し、両国の信頼のベースが上がっていれば、北朝鮮がミサイルを発射するということもなかったということです。周りの国々が団結して圧力をかければ、北朝鮮にテポドンなど撃たせる隙を与えなかったと思います。

なぜなら、日本とロシアが組めば、中国もこちら側に引き入れることができるからです。

鈴木　日本とロシアの関係が強固であれば、中国や韓国のスタンスもおのずと変わってきます。

しかし、いまは「中国とロシアの関係はいい」「ロシアと韓国の関係もいい」、さらに、「ロシアはソ連時代から北朝鮮にパイプを持っている」という状況です。こうした状況のなかで日本とロシアの関係が進んでいない。ここが日本の外交が八方ふさがりになっている大きな原因なのですね。

ロシアとの関係がよかったら、絶対にこんな問題は起きていません。

佐藤　日ロ関係がしっかりしていたならば、二〇〇六年七月五日にミサイルを発射する前の段階で、北朝鮮は国際舞台に引きずり出され、周辺の国に封じ込められていたはずです。

よく考えてみると、二〇〇二年の「鈴木宗男バッシング」以来、日本の外交が日ロ関係以外の分野でも弱体化への道をたどっていることがわかります。

外交記事は百パーセント官から

佐藤　ところで、鈴木さんはかつて「売国奴」と呼ばれるほど手ひどいバッシングを受けましたが、ある時期を境にマスコミの鈴木バッシングはピタリと止まりました。それどころか、テレビのバラエティー番組にも出るようになった。これは画期的なことですね。

バラエティー番組に売国奴を出したら、視聴率はかならず落ちるのでテレビ局はそんなことはまずしません。まあ、一度だけ出すというのならあるかもしれませんが、抗議の電話がテレビ局に殺到して二度目の出演は永久にやってこないでしょう。

ところが鈴木さんの場合は、継続的に出演されている。ある意味でおかしなことが起きていると思いますね。

鈴木　二〇〇二年のメディアスクラムによる「鈴木宗男バッシング」は、いってみればマスコミの本質的な役割が生み出した出来事だったと思っています。つまり、マスコミは権力を叩くことで一定の影響力が生まれるという性質を持っていますが、私は当時、ある種の「権力」だったのですね。だからマスコミは私を叩いた。

他方で、マスコミは権力に擦《す》り寄ることを強制されている面があります。この場合の権力とは、官邸であり検察、そして、外務省です。

マスコミは、官邸や検察といった権力の持つ情報が遮断されると命取りになります。情報を遮断されないために、マスコミは、間違った情報や何らかの意図が隠されたリーク、あるいは情報操作に誘導されやすく、裏づけを取ることなく報道してしまう。マスコミのこうした体質は本来は、非難されてしかるべきです。しかし、裏を取れないリーク情報が「すごいスクープだ」と評価されて、報じた記者が社内では出世するといういびつなことがよくあります。

また、その背景には権力側の思惑もあります。たとえば検察の場合なら、情報を流すことで世論を形成できるし、世論を背景に事件を摘発すると、担当した検事も評価されて出世することになります。

佐藤　話をうかがっていると絶望的な気分になってきますが、それが現実なんですね。本来は襟《えり》を正すことを求められる権力者が、個人的な利害で情報を流し、敵対する存在を叩いていく。

しかし、そこには、国民の利益や国家の利益など、まったく存在しません。

鈴木　当時は、間違いなく情報操作がなされていたし、外務省が持つ秘密文書が恣意的に使われ、「鈴木宗男＝悪」というイメージがつくられました。ただ、メディアも被害者だと思います。権力側にうまく使われたんですね。

佐藤　そこでお聞きしたいのですが、メディアが伝える情報のなかで、独自のものと官に与えられる情報の比率はどれくらいなのでしょうか。

鈴木　私の感覚では、たとえば新聞なら独自のものは三割止まりだと思います。文化面や書評欄、バラエティーを除外すると、およそ七割が官からの情報ですね。さらにいえば、外交と検察の情報は百パーセントが官からのものです。

日本の外交史上、最低の結果

佐藤　ところで、二〇〇五（平成一七）年一一月のプーチン訪日は、日本の外交史上、最低の結果に終わりましたが、最大の問題点はどこにあったのでしょうか。

鈴木　外務官僚の不作為に尽きます。

外交の世界では、首脳の公式訪問と非公式訪問はまったく意味が違います。とくに日ロ関係を見ると、ソ連時代も含めて首脳の公式訪問で北方領土と平和条約に関して文書に記載されなかったのは、このときがはじめてだったのです。マイナスの意味で歴史的な出来事だったわけですが、どうして外務省のロシア担当者が処分されないのか不思議でしかたありません。それほどひどい結果だったのです。

佐藤　このときプーチンは一〇〇人以上のビジネスマンを連れてきたので、メディアは「ロシアは経済で美味しいところをさらっていった」と批判し、外務省もとくに反論しなかった。

しかし、実態はまったく違います。プーチン訪日で動いた大規模経済プロジェクトなど、ひとつもなかったのです。たしかに、ロシアのビジネスマンたちは日本の商社やメーカー関係者と会ってはいますが、商談というレベルのものではありませんでした。

鈴木　それでは、彼らはいったい何をしていたのですか。

佐藤　銀座の高級すし屋や赤坂の料亭、六本木の高級ステーキハウスなどを借り切って、豪遊していただけです。一晩で二〇〇万〜三〇〇万円は使っていたでしょうか。メンバーは、政商やクレムリン（大統領府）、政府の役人。私にも連日声がかかり、モスクワの思い出話をしながら、たらふく食べて、ウォトカと赤ワインを相当飲みました。そのとき、一人のロシア人がしてくれた話が印象的でした。

「日本人は、ソ連崩壊前後の混乱で食糧不足に悩むモスクワ市民や、戦後のバラックのような掘っ立て小屋で暮らす北方領土のロシア人などからイメージを喚起しているようだが、そんなのは大嘘だよ。

店の棚に何もなくても、家に帰れば冷蔵庫のなかは食料品で一杯だ。しかも、モスクワ郊外には床面積一五〇平方メートルくらいの別荘があって、そこにも大量の食糧を備蓄していた。それが庶民の生活の実態なんだ。

深刻な燃料不足というけど、シベリアで暖房が止まったり、人々がバタバタ凍死したなどという話は聞いたことがないはずだ。ロシアの庶民はマスコミの前で生活苦を上手に演じて、外国から援助をしたたかにせしめただけなんだ」

ロシアの実業界の大物たちは、庶民の何十倍も狡猾《こうかつ》です。現実問題として、ロシアでは政治と経済は分離していません。実業界の大物たちは例外なく「政商」です。それは、ロシアの基本法則が「国家のトップに権力が集中する」というものだからです。

いまは、プーチンのいかに近くにいるかが、政商としての実力を示すバロメーターになる。大統領公式訪問の同行者名簿に加えられるということは、政商として公認されることと同義なんです。

鈴木 だから、プーチンが日本ではなく中国やヨーロッパなどに公式訪問するときにも、一〇〇人以上の政商がついてくるのですね。

佐藤 そうです。仮にプーチンがパプアニューギニアか中央アフリカを訪問することになっても、一〇〇人以上の政商がついてくるでしょう。しかし、大統領に同行するというだけでは、それほど大した連中ではないということです。

「オリガルヒヤ」と呼ばれる寡占資本家の大物は、政府特別機の狭い座席を嫌って、自家用機で東京にやってきます。その自家用機のなかは、ベッドやソファはもちろんのこと、会議室やシャワールームがついているものもあります。こうした連中は、大統領に同行しなくても誰もが政商として認めています。

ただし、プーチンは寡占資本家の動向には神経をとがらせています。政商の政治介入をどこまで認めるかの線引きは、プーチンだけが決めることができるのです。逆に、最高権力者の意向は天の声であるため、寡占資本家たちはいつも神経を張りつめていなくてはなりません。

鈴木　話を二〇〇五（平成一七）年のプーチン訪日に戻せば、最低の結果に終わったにもかかわらず、一人の外務官僚も処分されなかったとは外務省もうまく立ち回ったものですね。

佐藤　日ロ首脳会談の失敗を舌鋒鋭く指摘している鈴木さんを意識して、「ここで担当者を処分すると、鈴木宗男に苛められたからそうしたといわれるので、それはできない」という論理を使っています。そういうことも含めて、最近の外務省は鈴木さんに対する行動がぶれていますね。鈴木さんが逮捕される前よりも、いまのほうが、外務省官僚は「宗男の影」に怯えていると思います。

たとえば、鈴木さんは二〇〇六（平成一八）年に外務省の了解を得て北方領土を訪れていますが、外務省の立場になればこれほどおかしなことはありません。なぜなら、二〇〇二年に外務省は、「鈴木宗男には問題があり、国益を毀損《きそん》している。日本の外交には不適切な人間だ。とくに北方四島支援を巡って不適切な行動をした」と断じているからです。

「不適切な人間」が国民の税金で北方領土に行くことを、外務省が了承したというのはどういうことなのでしょうか。外務省は、いったい何を考えているのか。事なかれ主義で黙っているのか、あるいは何か大きな謀略を仕組んで、まず鈴木さんを北方領土に行かせ、その後、陥れることを考えているのか、外務省の真意がわかりません。

鈴木　まあ、私も佐藤さん同様、最近の外務省にはわからないところがたくさんあります。その意味でも、二〇〇二年に外務省が出した**園部レポート**を、一度検証する必要がありますね。

佐藤　私は、外務省が鈴木さんの北方領土行きを承認したことによって、園部レポートは無効になったと判断していいと思っています。

鈴木　そう受け止める人もいるでしょうし、それが自然な判断だと思います。

佐藤　もうひとつ重要なことは、外国の受け止め方です。「国家が、国家の代表団のなかに、二〇〇二年に『国益を毀損し、不適切とした人物』を入れる」ということが国際的に通じるはずはありません。

外国から見れば、明らかに二〇〇二年の判断が間違っていることを認めたと映るはずです。外務省もそれがわかっているはずです。

鈴木　私の北方領土訪問は「国会議員枠」というカテゴリーでしたが、この枠組みをつくったのは私なんです。はじめは、外務政務次官のときに「ビザなし渡航」という制度をつくり、民間交流を進めた。その後、「ビザなし渡航」調印五周年をきっかけにして、国会議員も訪問できるようにしました。

当時の私は衆議院の「沖縄及び北方問題に関する特別委員会」の委員長だったので、国会議員の訪問第一号として北方領土の地を踏みました。

佐藤　鈴木さんの二〇〇六年の北方領土訪問は国会からの要請でしたが、それでも外務省は、その気になれば、「鈴木宗男はダメだ」といえる立場にありました。過去の経緯からいえば、外務省は、組織として鈴木さんを批判し、北方領土訪問に反対すべきでした。それが筋というものです。

もちろん鈴木さんは受けて立つと思いますが、外務省は面倒なことには関わりたくないと考えたわけです。私は、これも一種の外務省の不作為だと思っています。

園部逸夫

見方を変えれば、私に対しても同じことがいえるのではないでしょうか。私はこれまで、多くの媒体で外務省を批判し、論文で私自身が関与した事例を含め、外務官僚による犯罪を具体的に指摘しました。ところが、外務省はそれを止めようとしません。

当事者の私がいうのもおかしな話ですが、私の書いた本が誤った外務省批判だというのなら、断固出版差し止めの手続きをすべきです。ところが、そんな動きはまったくありませんでした。外務省の究極の不作為は起訴休職外務事務官の佐藤優を野放しにしていること自体にあると思っています。

他に外務省の不作為がどこにあるのか、それを私なりに考えてみました。おそらく、外務省は鈴木さんを怖がっているのでしょう。怖い対象を避けようというのが、不作為の根源的な原因だと思います。

しかし、外交を担う人間ならば、怖い存在は他にもあるはずです。たとえば、北朝鮮の金正日《キムジョンイル》のほうがもっと怖いはずです。鈴木さんも私も、さすがにミサイルは持っていません。極論といわれるかもしれませんが、このあたりに、いまの外務省が抱える問題の本質があると思います。

☆園部レポート

二〇〇二年三月四日に外務省参与（監察査察担当）の園部逸夫・元最高裁判事によってまとめられた、鈴木宗男と外務省の関係に関する調査報告書。

第六章　隠されていた真実

血の報復の掟

佐藤　鈴木さんと外務省がぶつかった原因をいま考えてみると、根本はチェチェン問題だったことがわかります。そして、じつはチェチェン問題は、北方領土の帰趨《きすう》と密接にからみあっていたのですね。そこで、このチェチェン問題を振り返っておきたいと思います。結論からいえば、チェチェン問題は、ロシアという国にとって、ロシアという国が生き残れるかどうかの深刻な懸案だったのです。

チェチェン人は勇猛果敢な民族ですから、昔からロシア人の支配を黙って受け入れるようなことはしませんでした。たとえば、一八世紀から一九世紀にかけて起きたコーカサス戦争が終わった後、ロシアの支配に服することに反対したチェチェン人たちは、当時のオスマン（トルコ）帝国に逃げていきます。

そして、その末裔《まつえい》たちは、いま、アラブ諸国に一〇〇万人、トルコに一五〇万人いるといわれています。ちなみに、チェチェン本国に残ったチェチェン人の数は、ソ連崩壊の一九九一（平成三）年の時点で一〇〇万人です。

鈴木　それぞれの地域に一〇〇万人とは、たいへんな数ですね。

佐藤　チェチェンの民族には、「血の報復の掟《おきて》」といわれるものがあります。これは、自分の父親が殺された場合、相手側の男の七代まで遡《さかのぼ》って追いかけて殺さなければならないという掟です。つまり、日本での「武士道」の「仇討《あだう》ち」と同じですね。

また、チェチェン人は子どもが生まれると、「おじいさんの名前」「曾《ひい》おじいさんの名前」……という調子で七代まで遡って名前を教えます。どこで生まれて、どこで死んだかを教え、血族の結束を固めるためです。

「仇討ち」などというと前近代的で野蛮な風習のように見えるかもしれませんが、肯定的側面もあります。それは、この掟によって、チェチェンを含むコーカサス地方では、どんなにひどい喧嘩をしても相手を殺すまでのことはしないということです。

鈴木　相手を殺してしまうと自分の七代前まで崇《たた》ってくるので、怖くてそんなことはできないわけですね。「血の報復の掟」が殺人に対する大きな抑止原理になっているというのですから、皮肉な話です。

佐藤　一九一七（大正六）年に起こった**ロシア革命**によって、一九二〇年代初めにはソ連に入ったチェチェン本国と中東のチェチェン人の交流はとだえました。彼らの交流が再開するのは一九八〇年代後半のゴルバチョフ政権でペレストロイカがはじまってからになります。

チェチェン人は勇猛果敢な民族なので、ソ連の共産主義に対する反発が強かった。

一方、第二次大戦中にナチスドイツはコーカサスまで押し寄せてきました。ヒトラーは、カスピ海とチェチェンの石油を狙ってきたのです。このとき、一部のチェチェン人がナチスドイツに協力します。

これに腹を立てたスターリンは、一九四四（昭和一九）年二月にチェチェン人を強制追放する。彼らを貨車に乗せ、わずか数日間で中央アジアに送り出しました。貨車が到着するまでに、病気などで一〇万人以上が死んだといわれていますが、ここからチェチェン人たちの過酷な生活がはじまりました。

チェチェン人はチェチェン・イングーシ自治共和国という故郷を失いました。スターリンはチェチェン・イングーシ自治共和国をロシアとグルジア、そしてオセチアの三国に割譲してしまいます。しかも、故郷に残ったチェチェン人たちは、軍隊と秘密警察による徹底的な掃討作戦によって皆殺しにされていきます。

チェチェン人たちは果敢に戦いました。そして、いまから五〇年ほど前の一九五六（昭和三一）年に開かれたソ連共産党第二〇回大会のときに、フルシチョフが「民族強制移動は間違いだった」と公式に認め、これをきっかけにチェチェン人たちは祖国に戻り、チェチェン・イングーシ自治共和国が復活しました。イングーシ人とチェチェン人は近い民族で、いわば大阪人と京都人のような関係でした。

鈴木 ペレストロイカまでロシア本国と中東にいるチェチェン人の交流はなかったといいましたが、同じ民族とはいえ、長い期間離れていると、すぐに関係が元に戻らないのではありませんか。

佐藤 一般的にはそうです。日本人でも、たとえばブラジルに移住して六〇年連絡がなければ、親戚の感覚はなくなります。ところが、チェチェン人は違った。何十年たっても親戚の感覚を持ち続けたのです。

それができたのは、先ほど述べた「血の報復の掟」があったからです。七代遡って憶えているということは、一世代平均二〇年として一四〇年になります。ソビエト共産主義政権によって断絶されたといっても、わずか六五年ほどにすぎません。世代でいえば、三〜四世代です。お互いに祖先をたどっていくと同じ血筋であることがわかるので、抵抗なく連帯することができたのです。

鈴木 宗教的な軋轢《あつれき》はなかったのですか。

佐藤 もともとチェチェンのイスラム教は穏健です。シャフィーイー学派に所属し、祖先崇拝も大切にします。したがって、世の中の習慣にも折り合いをつけることができました。

ところが中東に行ったチェチェン人たちは、ハンバリー学派というイスラム原理主義の影響を受けました。このハンバリー学派のひとつがサウジアラビア王国の国教であるワッハーブ派です。ワッハーブ派から生まれた過激な武装集団がアルカイダです。ですから、中東のチェチェン人と本国のチェチェン人は同じ民族でも宗教は違うという状態になってしまったのです。

ソ連に残ったチェチェン人にも独自の性格があります。チェチェン人は勇猛果敢な人たちですから、工場や農場で働くことを立派な仕事だと思わないのです。もともとは馬に乗って、通行税を取っていたような人たちです。いわば「追いはぎ」であり「山賊」だったのです。チェチェン人にとっての強い男は「馬を乗りまわす」というイメージが強かったことから、彼らは空軍のパイロットや戦車兵、トラックの運転手として職を得ていきました。馬の代わりに乗り物に乗るようになったというわけです。

☆**ロシア革命**
ロシア帝国で起きた二度の革命のうち、史上最初の社会主義国家樹立につながった一〇月革命を指す。一九一七年一〇月二五日（ユリウス暦）、ボリシェヴィキ指導者ウラジーミル・レーニンは、事実上の無血革命で権力を掌握。五年後には、ソビエト連邦が成立した。

外務大臣を利用した官僚

鈴木　チェチェン人といえば、**ジョハル・ドゥダーエフ**という人の名前が思い浮かびます。カリスマ的な指導者だったはずですが。

佐藤　これまでソ連軍にいたチェチェン人のなかで一番出世したのがドゥダーエフです。ドゥダーエフは、ソ連が崩壊する直前までエストニアの空軍基地の司令官で階級は少将でした。同時に、ソ連を断固維持するという「インターンフロント」という運動の事実上の指導者でした。

ジョハル・ドゥダーエフ

ところが、民族運動の高まりによって沿バルト三国での独立気運が高まり、ソ連は崩壊への道をたどっていく。一九九一年八月のソ連共産党守旧派によるクーデター計画が失敗したのを見たドゥダーエフは、エストニアからチェチェンに戻り、今度は民族主義に身を投じていったのです。

ドゥダーエフの主張は、「俺はエリツィンと対等だ。ソ連の国家体制を刷新し、ロシアと対等の立場で主権国家チェチェンをソ連の一員にする」というものでした。一九九一年一一月にこのような立場を明らかにしましたが、要はドゥダーエフはソ連維持派で、ソ連内でチェチェンがロシアと対等の扱いを受けることを望んだだけ。国家独立を本気で考えたわけではありません。ところが、わずか一ヵ月後の一二月にソ連は崩壊してしまう。その結果、ソ連を維持したいといっていたドゥダーエフは、ソ連という受け皿がなくなってしまったので独立派の先頭になります。

さらにここには、もう一つ裏の話があります。当時、エリツィン政権のナンバー3《スリー》だった**ルスラン・ハズブラートフ**最高会議議長はチェチェン人でした。チェチェンの独立の動きに対して、本来反対するはずのロシアは静観していました。

この謎を解く鍵は、滑走路です。

チェチェンには三〇〇〇メートル級の滑走路があり、そこから輸送機で外国にいろいろなものを輸出できました。また、逆にいろいろなものが外国から入ってきた。ところが、国境の管理ができていないことからすべての物資に関税をかけることができず、無税で密輸されることになった。

鈴木　いったん海外からチェチェンに入れば、チェチェンとロシアの境界は国内ですから、モスクワまで税関を経ずに入ることになるわけですね。

佐藤　その通りです。密輸の利益が、ハズブラートフを通じてクレムリンに還流し、ソ連崩壊の混乱期の政治資金の源泉になっていたのです。ところが、一九九三（平成五）年の一〇月に、ハズブラートフとエリツィンがぶつかって有名な**モスクワ騒擾《そうじょう》事件**が起きた。このとき、エリツィンはホワイトハウス（ロシア最高会議ビル）に大砲を打ち込み、ハズブラートフ派をつぶした。

しかし、政治資金が還流してくるシステムは残っていて、それがエリツィン大統領にとって不都合になった。ここから、チェチェンマフィアとエリツィン政権との闘いは本格化していったわけです。

ルスラン・ハズブラートフ

要するに、チェチェンが無法地帯であるかぎり、エリツィンに反対する勢力にチェチェンマフィアを通じて政治資金が流れていくことになります。これを止めなければいけないということで起きたのが、一九九四（平成六）年の第一次チェチェン戦争でした。

この戦争は、ひと言でいうと、「政権上層部の内輪もめ」「マフィアの利権争い」です。国民はまったく戦う気にならず、金持ちの子供は徴兵逃れに走り、貧しい家の子供だけが命を奪われていった。こうした状況から、反戦運動が盛り上がり、結局、一九九六（平成八）年に停戦協定が結ばれました。これは事実上、ロシアの敗北でした。なぜならば、チェチェンの独立を事実上認めたからです。

鈴木　しかし、独立したチェチェンでは、チェチェン民族独立派の人たちよりも、アルカイダとつながり、イスラム原理主義帝国をつくろうとする人たちの影響力のほうが強くなってしまったのでしたね。

佐藤　そうです。「ロシアよりもこっちのほうがタチが悪いじゃないか」となったチェチェンの民族独立派と、イスラム原理主義過激派との間に内戦が起きた。そして、一九九九（平成一一）年の秋にはイスラム原理主義過激派が圧倒的な力を持つようになり、隣のダゲスタン共和国に攻めてきました。すると、ダゲスタンのいくつかの村では「イスラムの土地（国家）」であることが宣言され、その後、アルカイダの動きがチェチェン、ダゲスタンから北コーカサス全域にまで広がっていく勢いを示した。

ただし、その時点はアメリカの「9・11同時多発テロ」が起きる二年前だったので、国際社会は「イスラム原理主義勢力が大きな国際テロを起こす」とか、「イスラム国家を建設する動きがある」ということを自覚していませんでした。逆に、西側では、「ロシアは国際テロリズムを口実に人権弾圧を行っている。ロシアに対する牽制を強くしたほうがいい」という声が大きくなっていったのです。

☆ジョハル・ドゥダーエフ

ドゥダーエフは一九四四年チェチェン・イングーシ自治共和国のペルヴォマイスコエ村で生まれた。一家は第二次大戦中の強制移住でカザフスタンに追放される。その後、ガガーリン空軍大学を卒業し、空軍少将まで昇進。一九九一年一〇月三〇日にチェチェン・イングーシ自治共和国で行われた大統領選挙で当選し、一一月に独立を宣言した。一九九四年一二月にロシア大統領ボリス・エリツィンは連邦軍をチェチェン共和国に投入、第一次チェチェン紛争が勃発した。ドゥダーエフは紛争中の一九九六年四月にロシア軍のロケット弾攻撃で死亡した。

☆ルスラン・ハズブラートフ

エリツィン時代前期にロシア最高会議議長を務めたチェチェン人。経済学博士。一九九〇（平成二）年、ロシア連邦共和国人民代議員に選出され、翌年六月にエリツィンが大統領選挙に勝利すると、九月に後任の最高会議議長に就任。同年八月にクーデターが起きると、エリツィンらとともにロシア最高会議ビル（ホワイトハウス）に立てこもり、クーデター側と対峙《たいじ》。

☆モスクワ騒擾事件

エリツィンと距離を置きはじめたハズブラートフは、やがて経済改革をめぐって、エリツィン側近の急進改革派と一線を画すようになる。こうしたなか、一九九二（平成四）年六月、ロシア中道三派は「市民同盟」を結成して、エリツィン政権の急進改革派を辞任に追い込む。ハズブラートフは、中道派の自由ロシア人民党党首、アレクサンドル・ルツコイ副大統領とともに反エリツィンの立場で提携、これによってエリツィンはロシア議会との対立を強めた。一九九三年九月、エリツィンはロシア人民代議員大会と最高会議の解散を指示する大統領令を発布、反エリツィン陣営の切り崩しにかかった。これに対してハズブラートフは最高会議の緊急会議を召集、ルツコイに大統領全権を付与。一〇月三日、最高会議ビルに立てこもって抵抗した。しかし、一〇月四日、ロシア政府軍の圧倒的な攻撃によって抵抗は失敗に終わった。

インテリジェンスの常識を知らぬ外務省

鈴木　前にも述べましたが、ちょうど同じ時期に、小渕改造内閣で河野洋平さんが外務大臣に就任しました。外務省の総合外交政策局長は竹内行夫さんでしたが、一九九九年一一月一五日の自民党の外交部会で、総務局長になって間もない私は竹内さんと激しくぶつかりました。

原因は、「G8《エイト》（日本、アメリカ、イギリス、フランス、ドイツ、イタリア、カナダ、ロシア）の外相会談で、日本はアメリカやイギリスと組み、チェチェン問題に絡んでロシアの人権問題を取り上げるべきだ」という動きを竹内さんが画策していたからです。

先に触れた通り、チェチェン問題については、橋本内閣も小渕総理も「ロシアの国内問題」という認識で一致していました。したがって、これが政府の考えであり、日本の国策だった。つまり、ロシアの努力によって解決する問題であり、外国が人権を持ち出して干渉すべき問題ではないというのが日本の方針でした。

ところが、小渕内閣が政策変更をしていないにもかかわらず、一部の外務官僚が対ロ外交の路線を変えようとしてチェチェン問題に目をつけ、人権派である河野外務大臣を利用したというわけです。

佐藤　しかも、事態が竹内さんたちの思惑通りに進めば、小渕総理の顔に泥を塗ることになった。これはすでに触れていますが、鈴木さんが内閣官房副長官として小渕総理に同行してニュージーランドのＡＰＥＣに出席したときのこと、すなわち、プーチンさんがロシア首相として、外交デビューをしたときの出来事をもう一度おさらいしておきましょう。

鈴木　ちょうど同じころ、キルギスで**日本人人質事件**が起こっていました。そういうこともあって、首脳会談の席上でプーチンはとても熱のこもった説明をしてくれた。それはダゲスタン情勢にはじまり、「世界はいまテロとの闘いに直面している」と力説していました。

また、「テロリストたちはチェチェンで訓練されている」「アフガンのテロリスト勢力と関係がある」と教えてくれたのです。

佐藤　私もよく覚えていますが、チェチェンとダゲスタン、とくにダゲスタンにイスラム原理主義国家を建設しようという動きがあり、プーチンは非常に憂慮していました。

ところが、同行した総理秘書官の**海老原紳**さんはこのダゲスタン情勢について、小渕総理の発言要領から削除しようとしましたね。すでに決裁を終え、勉強会で小渕さんに説明したあとであるにもかかわらずです。

鈴木　勝手に赤鉛筆で線を引いていたので、私は「ちょっと待て」といったのです。

佐藤　鈴木さんが厳しく指摘したので発言要領はもと通りになったのですが、会談の席上、そのダゲスタン情勢に関する部分を読み上げるとプーチンはとても乗ってきましたね。

鈴木　ちょうどその頃、**モスクワアパート連続爆破事件**がありました。住宅地区での連続爆破事件です。

この事件はテロリストの仕業《しわざ》で、チェチェンが絡んでいるというのがロシアの見方であり、世界のインテリジェンスの間では共通認識だった。しかし、それを信用しなかったのは日本の外務省の一部だけです。

佐藤　外務省にあきれてしまったのは、「これは、エリツィン政権を浮揚させるための自作自演だ」という人たちがいたことです。権力の工作には限界があります。自作自演でそんなことをすれば、開かれた社会ならかならず露見します。ロシアも開かれた社会です。すなわち、権力維持のために、自国民を殺すことを目的とした爆弾テロを仕掛けるような国家は、間違いなく根っこから崩れる。ロシア国民はそのような謀略国家を許容するほど民度が低くありません。

ただし、「9・11同時多発テロ」の前だったので、国際社会はテロに対する認識が鈍かったのが悲劇でした。

鈴木　たとえば、サイバーテロといった技術的な問題にばかり目が向いてしまっていましたね。

佐藤　人間爆弾になって突っ込む、ということに関心が向かなかったわけですね。

海老原紳

鈴木　アメリカも「9・11同時多発テロ」以降、自分たちが勘違いしていたことを認めました。事実、チェチェン問題に関連してロシアを叩いていたことを、「我々の判断は間違っていた」と認めました。

佐藤　そのときアメリカは、ロシアに「助けてください」とお願いしています。そして、ロシアはアルカイダやアフガニスタンのタリバンに関する情報をアメリカに提供しています。

☆**日本人人質事件**

一九九九年八月、中央アジアのキルギス共和国南西部に隣国タジキスタンからイスラム武装勢力が侵入、日本人鉱山技師四人や通訳などを拉致し、身代金が請求された。二ヵ月後の一〇月二五日、事件は人質の無事解放という結末で幕を閉じた。

☆**海老原紳**

一九七一（昭和四六）年外務省入省。内閣官房長官秘書官、中近東一課長、駐米公使などを経て、一九九八（平成一〇）年に小渕総理秘書官となる。その後、条約局長、北米局長を経て、現在駐インドネシア大使。

☆**モスクワアパート連続爆破事件**

一九九九年八月三一日にモスクワ中心部のショッピングモール「マネージュ」で起きた爆破を皮切りに、モスクワのアパートやチェチェンの隣にあるダゲスタン共和国のトラックを狙った爆破事件が、九月にかけて連続して三件起こった。あわせて三〇〇人近い死者と多数の負傷者を出した。

中央アジアから動かす北方領土問題

佐藤　話は飛びますが、タジキスタンを使ってアメリカとロシアを結びつけるのは鈴木さんのパイプがあったからこそ実現したのではないでしょうか。

鈴木　私は以前から、アフガニスタンと隣接している中央アジアのタジキスタンを最重要視していました。

タジキスタンは、一〇年近く続いた内戦によってイスラム原理主義勢力が台頭し、現在の連立政権はこの原理主義勢力を取り込んでいます。しかし、権力基盤は弱く、タジキスタンの安定を支えているのは駐留ロシア軍です。

佐藤　こうした情勢から、**エモマリ・ラフモノフ**大統領は親ロ政策を基調としていたのですが、隣国ウズベキスタンのイスラーム・カリモフ大統領はアメリカの支持を権力基盤としていて、反ロ政策をとっていた。しかも、過去の**民族境界線画定問題**によってタジキスタンとウズベキスタンの関係はよくありません。ここでタジキスタン情勢が混乱し、過激派が中央アジアで権力基盤を握れば、ユーラシア地域の秩序が極端に不安定になってしまいます。

鈴木さんは、そうした中央アジアの政治情勢に通暁《つうぎょう》していたこともあって、その頃小泉総理に詳しく説明していますね。

鈴木　小泉総理もタジキスタンの重要性はよくわかってくれました。私に総理親書を持って、タジキスタンとウズベキスタンに行けというのです。ここに日本がうまく嚙んでいけば、北方領土問題を動かすことができるかもしれないと私は思った。

ロシアにとって安全保障上最大の脅威は中央アジアやコーカサスのイスラム原理主義過激派である。この封じ込めに日本と提携するためには、冷戦時代の負の遺産である北方領土問題を解決したほうがロシアの国益だという考え方をプーチン政権に示せば、効果があると思った。

佐藤　その点が、鈴木さんの戦略のダイナミックなところでした。

アメリカが、アフガニスタンのタリバン政権を軍事的に叩くために中央アジアに進駐することは必至でした。しかし、ウズベキスタンはこれまでも親米路線をとっていたので問題ありませんが、タジキスタンはそうはいかない。

タジキスタンにはロシア軍が駐留していたこともあって、アメリカは旧共産政権の残党が支配している非民主主義国家という認識をし、冷たい対応をしていましたね。

鈴木　私は、「9・11同時多発テロ」のあと、アメリカが札束でタジキスタンの頬を叩くと読んでいたんです。そして、タジキスタンもそれに応じるだろうと。しかし、中央アジアは一九世紀からロシアの裏庭のようなもので、アメリカが露骨に出てくることをロシアが面白く思うはずはありません。

かといって、現在のロシアにタリバン政権を叩きつぶす能力はないので、とりあえずアメリカの力を借りてイスラム過激派を排除するはずです。

佐藤　問題はそのあとです。タジキスタンをめぐってアメリカとロシアの緊張が高まることは世界秩序の安定を乱す原因になります。そのため、日本、タジキスタン、アメリカ、ロシアの四ヵ国が、反テロ国際協力のメカニズムをタジキスタンでつくる必要があった。

　そこで鈴木さんの登場となります。アメリカの同盟国である日本の与党政治家で、かつ個人的にタジキスタン、ロシアの双方から信頼されている鈴木さんにしかできない役割があるというわけです。

鈴木　私は、二〇〇一（平成一三）年一〇月八日にラフモノフ・タジキスタン大統領と会見することになりました。現地時間の前日の深夜、アメリカ軍がアフガニスタンに空爆を開始し、戦争は始まっていました。

エモマリ・ラフモノフ

　アメリカ軍にとって対アフガニスタン戦争遂行上、タジキスタンの領空通過と基地使用は死活的に重要な問題でした。そのため、ラフモノフ大統領の一挙手一投足に世界中の関心が集まっていました。ラフモノフ大統領は私に、「はじめて明らかにすることだが、米軍に対するタジキスタンの領空通過と基地使用を認めた」と語ってくれた。

そして、私が「このことを記者たちに話してもよいですか」と尋ねると、ラフモノフは「どうぞ」と答えました。

大統領執務室から出ると、二〇名以上の記者に囲まれて即席の記者会見になりました。私がラフモノフの決断を伝えると、日本のマスコミだけでなく、CNN、AP、イタルタス、ロイターなども大至急で報じたのです。

佐藤　いまになって考えると、こちらもうまく使われたということですね。ラフモノフ大統領が一枚上手《うわて》だった。アメリカとロシアのバランスをとっていたのです。

鈴木　ラフモノフさんは、プーチンさんといい関係にありました。大使館をつくってやるなど、アメリカもタジキスタンに入っていった。このとき、プーチンさんに先に話をしてしまうとアメリカがヘソを曲げてしまう可能性があります。逆に、アメリカに先に話をするとプーチンさんが嫌な顔をする。

そこでユーラシア外交を進める日本の役割が生まれます。その日本の政府特使で来ている私に白羽の矢が立ったというわけですね。

佐藤　わかりやすくいえば、アメリカの同盟国の政府特使で、なおかつ、プーチン大統領との信頼関係のある鈴木さんが適任だということですね。シルクロードというのはいろいろな民族がぶつかる地域ですから、指導者はしたたかな人が多い。ラフモノフ大統領も例外ではありませんでした。

鈴木　しかも、タジキスタンという国は小さな国ですが、交通の要衝にあるため、たえず生きのびることを考えなければならない運命にあった。その意味では、ラフモノフさんの判断は絶妙でしたね。

☆**エモマリ・ラフモノフ**
一九九二（平成四）年一一月一九日、タジキスタン共和国最高会議議長に就任、二年後に大統領に選出される。

☆**民族境界線画定問題**
一九二〇年代〜三〇年代にかけて中央アジアに共和国を創設する際に生じた境界問題で、歴史的にタジク人が多く住んでいたサマルカンド、ブハラなどがウズベキスタンに編入された。

北方領土を失うチェチェンへの対応

佐藤　ここで、もう一度、一九九九年一一月一五日の自民党の外交部会の話に戻りたいと思います。鈴木さんはあのとき、竹内行夫総合外交政策局長にどんなことを話したのでしょうか。

鈴木　竹内さんに対して私はこういったのです。

「日本の総理大臣が『チェチェンについてはロシアの国内問題である』といっている

ときに、替わったばかりの外務大臣がアメリカやイギリスの動きに乗るというのはどういうことですか」

するると、竹内さんは何もしゃべらず黙り込んでしまったので、私はそれから一時間あまり、自説を述べました。

九月一三日、オークランドAPECで、当時は首相だったプーチンさんがダゲスタン情勢から国際テロの状況を切々と語ってくれたこと。さらに、詳細な現状認識を日本に説明してくれたこと。キルギスの人質問題についても、「私は犯人を知っている」と耳打ちしてくれたこと。モスクワでの爆破事件もチェチェンに絡んだ事件であること……。「にもかかわらず、外務省は正反対の対応をするのか」と強い調子でいったのです。

佐藤　私はその日のことをよく憶えています。その日、私は鈴木さんから電話をもらいましたね。初めは何のことだかわからなかったのですが、

「チェチェン問題に関して日本の政府はロシアの国内問題であるといっているが、これを変更して、人権問題として取り上げ、アメリカやイギリスとともにロシアを叩くことになったらどうなるのか。佐藤さんの率直な見解を教えてほしい」

と鈴木さんから聞かれました。また、より具体的に「チェチェン問題が人権問題で

あるという認識は正しいのか」「チェチェン問題でロシアを日本が叩けば、北方領土交渉にどのような影響があるのか」という質問もありました。

私は、こう答えました。

「チェチェン問題はロシアにとっては死活的に重要な問題であり、エリツィンがプーチンを首相代行に据えたのもチェチェン問題解決のためです。日本がこの問題をロシアの国内問題としていることは、ロシアが力を使ってチェチェンを抑え込むことを認めることを意味します。ここで人権問題だといえば、欧米が人権を理由に介入するので、ロシアのチェチェン平定作戦に支障をきたします。ロシアが大反発してくるのは間違いありません。

そもそも西側の理屈というのは、ロシアが恣意的な人権弾圧を隠すために、ありもしない国際テロリズムを口実にしているというものです。私はイスラエルからも情報を得ていますが、専門家の情報を総合してみると、国際テロリズムは存在します。ロシアでは**ワッハーブ派**と呼ばれている流れですが、要するに、中東でのアルカイダの影響がチェチェンからタジキスタンに及んでいるのは事実で、その脅威は存在します。

したがって、『テロの脅威は存在しない』『ロシアのでっち上げだ』というのは事実に反している。また、この問題はロシアという国家が立つか倒れるかという、死活的な大問題をはらんでいるため、チェチェン問題にへたなさわり方をするとロシアが大変な反発をすることは必至です。もし日本がここで、人権干渉という方向に舵を切ったら、北方領土問題は進まなくなる」

私はこう答えたのです。

鈴木 私はすぐに東郷さんのところに電話をして、事の次第を話しました。外務省幹部の一部に政府の方針を無視する輩がいる、ということです。

佐藤 そうだったのですか。鈴木さんと話したあと、それほど時間をおかずに東郷さんからも連絡がありました。

東郷さんは、「あなたはいったい、鈴木さんに何を振り付けたのだ」と興奮していました。私は、「振り付けたというのは人聞きが悪いですね」と、鈴木さんに伝えた話を東郷さんにしました。

すると東郷さんは、

「じつは、あなたには話していなかったのだが、省内で方針を変えようという話がある。河野大臣の意向もあるので、人権干渉という方向に変えようとしているところだった。ところが、鈴木さんが大暴れして困っている。どうしたんだろう」

というのですね。私は、

「前もってそういうことがあるといっていただければ、別の説明の仕方がありましたよ。ストレートに聞かれたので、ストレートに答えただけです。第一、人権干渉に切り替えたら、北方領土交渉は止まってしまいますよ」

といいました。

鈴木　筋論としても情勢分析としても私のほうが正しいわけですよ。なぜなら、日本政府つまり、内閣総理大臣は政策変更をしていないのですから。

佐藤　当時、外務省の幹部たちは政策変更の方向に動こうとしていましたが、私は情報分析のプロとして、「それは違う」とほんとうのことをいっただけです。そして、いまでも私はこの分析と評価は間違っていないと思っています。

☆**ワッハーブ派**
一八世紀にアラビア半島で起こったイスラム教の改革運動。サウジアラビアの国教で、宗教警察が国民を厳しく監視している。オサマ・ビンラディンもこの派に属する。

プーチン大統領が称賛した分析力

鈴木　結果として二年後の二〇〇一年九月一一日に、アメリカで「9・11同時多発テロ」が起き、だれもが国際テロの脅威を認識することになりました。加えて、テロの温床になったのがチェチェンであることにみんなが気づいた。そこでアメリカも、プーチン大統領に対して「我々は勘違いしていた」と謝罪したのです。

さらにアメリカはもう一歩踏み込んで、「これからは国際テロに対してお互いに手を結んでいこう」と提案しました。

佐藤　「9・11同時多発テロ」以降も日本の外務省は、何かあるとかならず、「チェチェンに対して日本は、他のG7《セブン》諸国とは違うスタンスだった。日本はこの問題に関して、ロシアの国内問題だといい続けていた」

などと、さんざんロシアに売り込んでいましたね。

鈴木　外務省の豹変《ひょうへん》にはあきれてものがいえませんが、プーチン大統領の反応に外務省は喜んでいました。

プーチンさんは、「G8のなかで、チェチェン問題に関するスタンスがぶれなかったのは日本だけだ」といっていますからね。さらに、「我々は日本の専門家の分析力を高く評価しているし、感謝している」と持ち上げてくれるのだから外務官僚にとっては悪くありません。

佐藤　プーチン大統領はそのとき、「日本人は優秀だ」ともいっていましたね。日本人の情報収集能力や分析力が優れているから、何が起きても惑わされずに物事の本質が見えているのだと。

たしかに、その後「9・11同時多発テロ」が起きたときも、私たち専門家に意外感はなかったですね。

鈴木　たしかにその通りです。あれほどの規模かどうかは別にして、何かが起こるという懸念はつねに持っていましたからね。四月の段階で、近くアメリカかその同盟国で大規模テロが起こるのではないかという話を佐藤さんから聞いたことをよく覚えています。

佐藤　私も、アメリカ本国で何かものすごく大きな事件が起こる、同時に、外国のアメリカ軍基地で何か起こるのではないかと懸念していました。じつは、アメリカ以外の国からも情報が入ってきていたんです。

鈴木宗男とプーチン大統領

「9・11同時多発テロ」の本当の原因

佐藤　「9・11同時多発テロ」が起きたのは、日本時間で午後一〇時過ぎでした。外務省分析第一課の部屋でNHKのニュースを見ていると、「ニューヨークの世界貿易センタービルに飛行機が衝突したようだ」という臨時ニュースが流れました。このビルは以前、アルカイダに狙われたことがあるので不吉な予感がしたのですが、しばらくするともう一機が衝突する映像が眼に飛び込んできました。

鈴木　私は釧路《くしろ》でテレビを見ていたのですが、すぐに佐藤さんに電話を入れました。すると、佐藤さんは、「アフガニスタンで北部連合の**マスード将軍**が殺された件と連動しているかもしれません」というので驚きました。

　というのも、その日の早朝、「アフガニスタンの北部連合の指導者マスードが暗殺されたという確度の高い情報が入ってきた。タリバンの攻勢が始まり、アフガニスタン、タジキスタン、ウズベキスタンの国境地帯で紛争が発生するかもしれないので注意してほしい」と佐藤さんに連絡していたからです。

佐藤　鈴木さんは、アフガニスタン問題についても知識の蓄積があって、その分野でも最高水準の情報源を持っていましたからね。マスード暗殺の件と連動しているなら、イスラム原理主義者のはずです。

また、アメリカでは白人至上主義のテロリストがオクラホマシティーの連邦政府ビルを爆破したことがあるので、その線も探る必要がありました。

鈴木　しばらくすると、NHKが「パレスチナ解放民主戦線（PFDP）が犯行声明を出した」と報じましたが、佐藤さんの調査によれば、パレスチナ解放民主戦線は弱小組織で、こうしたテロをしたいという意思はあるが、能力がないということでしたね。そして、常識的にはアルカイダの線だと話してくれた。

☆**マスード将軍**
アフマド・シャー・マスード。アフガニスタン北部同盟の軍部指導者の一人。一九九二年に成立したラッバーニー政権で国防相、政府軍司令官を歴任。その後、政権が崩壊してタリバンが勢力を拡大すると、反タリバン勢力が結集した北部同盟の副大統領、軍総司令官、国防相に就任。「9・11同時多発テロ」の二日前である二〇〇一年九月九日、自爆テロによって暗殺された。

事務次官になってから逆恨み

佐藤　話をチェチェンの一件に戻せば、外務省はその後鈴木さんにずいぶんいじめられたといっていますが、本当にいじめたのですか？

鈴木　いやいや、私はあくまで自分の信じる国益論を話しただけです。しかしそのとき、竹内さんはすでにアメリカと話を進めていた。局長レベルでは、G8外相会議でアメリカと一緒にロシアを人権問題で叩くと、水面下で協議していたのですね。

佐藤　はっきりいいますが、それこそまさに日本の国益に反する行為ではありませんか――。

そんなことをすれば北方領土交渉はストップし、テロとの闘いにおいても日本は舐《な》められていたはずです。

鈴木　情報（インテリジェンス）の面からも、外交の面からも、日本は論外という評価を下されていたでしょうね。

佐藤　「9・11同時多発テロ」が起きた直後、日本は中央アジアでの外交に大きな成果を出していました。中央アジアでのテロを防止するという点から、アメリカとロシアの間に入って汗を流していたわけです。

具体的には、鈴木さんと**中山恭子**《なかやまきょうこ》ウズベキスタン大使、森総理などが現地を訪れ、日本の存在感を示していた。そうした日本外交の存在感が消えてしまったのは、翌年からはじまった「鈴木宗男バッシング」による鈴木さんの失脚からです。

鈴木　私は自民党の外交部会で、竹内さんに強い調子で一時間ほど自説をぶったわけですが、私は「日ロ関係をよくしたい」「平和条約を結びたい」「領土問題を解決したい」「次につながるエネルギー問題でロシアの協力を得たい」という、いつも考えていることを話しただけです。明確なグランドビジョンがあり、見識としても間違っていなかったと、いまでも自信を持っています。

佐藤　それで外務省は軌道修正をするわけですね。

鈴木　そうです。そして、当時の外務次官の川島裕さんが、「筋論からいっても鈴木さんのほうが通っている」と引き取るわけです。

佐藤　いまから考えてみれば、竹内さんの暴走でした。

中山恭子

鈴木　加えて、アメリカにすり寄りすぎた。いまの状況と、とてもよく似ていますね。

佐藤　対米追随一辺倒で、自分の頭で考える能力に欠ける竹内さんの総合外交政策局長としての資質に問題があった。東郷和彦さんは人がいいから、竹内さんの暴走を抑えきれなかったということです。

鈴木　その外交部会には東郷さんも同席してい

たのですね。竹内さんにとって大きな屈辱だったのでしょう。理屈からいえば、私のいっていたことのほうが外務省の立場を代弁していたのですからね。このことで侮辱されたと、竹内さんは私のことを恨むようになる。

佐藤　逆恨《さかうら》みというやつですね。

鈴木　その逆恨みが、竹内さんが事務次官になってから私に向いてきた。

佐藤　しかし、河野外相は結局、G8の外相会議で「チェチェン問題がロシアの国内問題である」ということを口にしませんでした。

それは河野さん流のやり方だったと思います。河野さんは外務大臣が二回目だったので、自分のやり方があった。だから、外務官僚のつくった「紙」を読まなかった。私もずいぶん往生しましたが、「わかっているからいい」という具合に、自分の考えで決めてしまうのです。

率直にいって、高村さんや小渕さんは官僚のつくった「紙」は徹底的に読むし、根本的に違うことをいうときは官僚と相談します。その点、河野さんは「イニシアチブ」を発揮することが、ときどきありました。

鈴木　ただ、その「イニシアチブ」が勘違いだったというところが困りものでした。

佐藤　よく憶えていますが、その後、ロシアのイワノフ外相と話をしているときも、イスラム世界を重視する必要があるので、これからはイランが重要だ、というようなことをいい出すので驚いていました。ロシアはイランを重視していますが、日本の外務大臣からそんな話を聞くとは思わなかったはずです。

☆**中山恭子**
東大文学部卒業後、一年間の研究生活を経て外務省に入省。その後、東大法学部に学士入学して国家公務員上級職試験を受け直し、大蔵省(現財務省)に入る。一九八九(平成元)年六月、大蔵省初の女性課長(理財局国有財産第二課長)に就任。さらに女性初の局長として四国財務局長になり、一九九三(平成五)年退官。一九九九(平成一一)年七月、ウズベキスタン共和国兼タジキスタン共和国大使に就任、直後にウズベキスタンで日本人技師四人が武装勢力に拉致されるという事件が発生し、救出劇の先頭に立つ。大使退官直後の二〇〇二(平成一四)年九月、内閣官房参与に就任。その翌月、北朝鮮に渡り拉致被害者五人を出迎え、以降、拉致問題に尽力した。夫は、元文部科学大臣の中山成彬氏。安倍晋三内閣では拉致問題担当首相補佐官。

亀井静香との対決

佐藤 話を一九九九年一一月一五日の外交部会に戻しますが、鈴木さんはその後も一度外務省とぶつかりましたね。

鈴木 G8外相会談に出発する日の夕方、河野さんは飛行機の時間があるからといって部会を途中で退席しました。その後、川島次官から、「鈴木先生のおっしゃる通りですから、省内の調整はそのラインで行っております」という報告を受けました。

ところが、佐藤さんがいったように、河野さんはG8外相会議で「チェチェン問題はロシアの国内問題である」とはいわなかった。人権干渉の問題については、黙って聞いているだけでした。ロシアを叩く側には回らなかったが、擁護もしなかったということで、第三者的な態度で終始したのです。

そこで私は、外務官僚に対して、少しおかしいのではないかと、若干厳しく指導しました。政府の方針は微動だにしていないのですから、政府の決めた通りにしろということをいっただけです。そのとき外務官僚たちは押し黙って聞いていましたが、腹のなかでは相当面白くなかったにちがいない。そこから面従腹背が始まります。

予算の時期だったということもあって、「ロシアのことをまじめにやるつもりがないなら、ロシア関係の予算はいらないということだな」ぐらいのジャブは飛ばしていましたけどね。

佐藤　とはいっても、現実には当初の予算通りになりました。

鈴木　このとき問題になったのが、亀井静香政調会長の「三〇パーセント問題」でした。これは、予算内示の二週間ほど前に、突如亀井さんが、「ODAには無駄が多すぎる。三〇パーセント削減を考えたい」と発言して大ニュースになりました。

佐藤 予算を三〇パーセント削減すると、事実上、八割から九割の事業ができなくなります。ほとんどすべての事業は予算を見込んで進めているので、三〇パーセントカットされると中断せざるを得なくなります。

鈴木 たとえば、無償資金援助などは完全になくなってしまいますね。ODAは、無償資金援助、技術協力、そして、借款《しゃっかん》で構成されていますが、新規の借款はゼロになります。ウエートのいちばん低い無償資金援助は、事実上消えてなくなる。日本の外交のカードは、ほとんどなくなるということです。

亀井静香

当時の亀井さんは、いまの亀井さんと違って一番勢いのあるころでした。誰もモノがいえない雰囲気があった。そこで、私が亀井さんとの交渉役になったのです。

佐藤 当時、元外相の中山太郎さんが外交調査会長でした。外交部会では、みんな「大変だ、大変だ」と騒いでいるのですが、誰も亀井さんのところに説得にいかない。

鈴木 中山さんに、「外交調査会長としてきちんとやってくれ」といっても、一向に動こうとはしませんでした。触らぬ神にたたりなし、なんですね。みんな、「ヒエ〜」という感じでしたよ。当時、私は自民党総務局長でしたが、一人で亀井さんのいる自民党政調会長室に行き、「三〇パーセントカットするなら、その根拠を示してください」と詰め寄りました。

「すでに亀井さんは、政調会長として概算要求をしています。政府案原案があと二週間で出てくるといういま、事務的なすり合わせはすべて終わっていますよ」

私は亀井さんにこう迫った。外務省も私に頼るしかなかったし、事実、官房長の浦《うら》部《べ》和好《かずよし》さんが「何とかしてください」といってきました。

浦部さんも「参りました」という顔をしていましたが、そういえば佐藤さんも、川島次官にいわれて一緒に来ていましたね。

外務省というところは、何か困ったことがあると佐藤さんを使ったのです。なにも、私と佐藤さんが特別な関係にあったのではなく、外務省の幹部が佐藤さんを私のところにさし向けただけなのです。

佐藤　結局、この三〇パーセント問題は、外務省とはまったく関係のないところで解決することになりました。

鈴木　そうですね。借款の部分で、国際協力銀行に三パーセントを背負わせて、外務省はまったくの無傷でした。

佐藤 割を食ったのは財務省ということになります。

鈴木 じつは、それも人間関係が絡んでいます。たまたまそのときの財務省の主査は、かつて私の秘書官でした。というので、亀井さんもかたちだけはつけたかったので、「少しは削減して協力してくれ」といいました。要するに、一割の三パーセントではどうですか」といいました。要するに、一パーセントでも二パーセントでもいいからかたちをつけさせてくれ、ということだったのですね。

とにかく亀井さんは、私と喧嘩するつもりなど毛頭ありませんでしたよ。

佐藤 過去の経緯を考えるならば亀井さんがあえて鈴木さんとぶつかるはずはありませんね。

鈴木 亀井さんが選挙に出た一九七九（昭和五四）年、当時中川先生の秘書だった私が一番汗を流したんです。亀井さんは、そのことをよく覚えています。

幼稚園児並みの局長

佐藤 しかし、いまになって考えてみると、そこでODAの金についてメスを入れておくべきでしたね。外務省のいうことを信用すべきではありませんでした。

鈴木　まったく先見性がありませんでした。お恥ずかしいばかりです。
しかし、私は当時、外務官僚たちは日本の国益のためにがんばって働いていると思っていたんです。同時に、世界第二位の経済大国としての国際的な役割を果たしていないという思いがあった。国際社会のなかで責任を果たすことのできる日本にしたかったのです。

佐藤　外務省にも志のある官僚はいたし、彼らは寝食を忘れて働いていました。

鈴木　だから私のところには、局長よりも課長、他省庁の筆頭課長補佐、課長代理に相当する首席事務官クラスがよく来ていました。

佐藤　別の見方をすると、これはとても賢明なことです。局長などは歩留まりが悪い。なぜなら、あとは外務審議官と事務次官のポストしか残っていない。この先外務省に残る歩留まりは、一人か二人だけということ。しかも、在外大使館に出たら直接の関係はなくなります。
課長や首席事務官クラスの面倒をみておけば、筋のいい役人だったらその後も長い期間、政策決定のラインのなかにいるので、有効に使うことができます。
優れた政治家、派閥の領袖、影響力のある人は、各省の課長クラスくらいからピンポイントで大切にしていきますね。

鈴木　霞が関の中央官庁で実質的な政策を決めるのは課長ですからね。課長補佐くらいから付き合いはじめることが重要です。課長補佐としての仕事振りを見ていると、その人間が将来どれくらいのものになるかがわかります。

佐藤　たしかに、入省一〇年を超えたあたりからわかってきますね。そこでダメなら、ダメです。その時点でダメな人間が、その後突然よくなったというケースは皆無です。

鈴木　先述の通り、外務省の首席事務官というポストは、他の役所でいう筆頭課長補佐です。四〇歳の少し前くらいになりますが、外務政務次官をしていたときなど、首席事務官クラスやその下のクラスの役人がよく来ていたし、私もよく面倒をみていました。

局長にジョニーウォーカーを持っていくなら、役付きでない若手に焼酎を持っていくほうが効果がある。貰い慣れしている人間より、そうでない人間のほうがいいですよ。私の気性としても、がんばっている人は応援したい。

だから湾岸戦争のときは毎日オペレーションルームに差し入れに行っていたし、ペルーの人質事件のときなど、大晦日《おおみそか》、元旦にも行っていました。うな重、カレーライス、ときには有名店「砂場」の蕎麦《そば》を持っていったので、若い人から「鈴木さんは今

末松義規

度何を持ってきてくれるかな」と心待ちにされたものです。

佐藤　「砂場」の蕎麦は一人前二〇〇〇～三〇〇〇円するでしょう。おにぎりも「古母里《こぼり》」という有名な料理屋で握らせていたと聞きました。すべてポケットマネーですから、たいへんだったのではありませんか？

鈴木　一回で何万円という単位ですが、私の政治資金のなかから出していたので、外務省の金は一円も使っていません。

民主党の末松義規《すえまつよしのり》さんは当時外務省に勤めていて、『ボクが外交官を棄てた理由』という本のなかで、鈴木外務政務次官が湾岸戦争のときに毎晩のように激励に来てくれた。はじめのうちは三日坊主で終わるのではないかと思っていたが、四二日間続いた。自分たちが評価されているのだ、ということが伝わってきてとても励みになったというふうに書いています。

佐藤　若手にとって、「評価されている」と実感できることは大きなやりがいになりますからね。しかし、外務省の幹部たちはひどかったですね。鈴木さんが来る時間になると部屋にやってきて待っている。いかにも仕事をしてます、というような顔をしているのだからタチが悪い。若手が徹夜で仕事をしているのに、幹部はテレビのバラエティー番組かなにかを見ていて、鈴木さんがやってくると、いかにも徹夜で仕事をしているというようなパフォーマンスをやるものだから、「勘弁してくれ」という声が多かったですね。

局長級の幹部になると、「鈴木さんが来たら起こしてくれ」と部下たちにいって、仮眠室でいびきをかいて寝ているのだから、パフォーマンスの水準も幼稚園児並みです。

領土は国家の名誉と尊厳の問題

鈴木　領土は経済とちがって、国家の名誉と尊厳の問題です。その意味では、近年、国会で竹島問題についてきちんと扱った国会議員がいないのは残念でしかたありません。

私は政府に**質問主意書**を提出して、その回答も得ましたが、まったく納得できませんでした。そもそも、竹島に新聞記者が上陸したときに外務省は抗議しましたが、竹島問題解決の交渉をしていない外務省に文句をいう資格はないのです。

以下、その際の質問主意書とそれに対する政府の答弁書を見てください。

《竹島問題に関する質問主意書》

一　竹島が我が国固有の領土である歴史的、法的根拠を明らかにされたい。

二　これまでの日本政府と韓国政府の間の外交交渉において、韓国側が竹島問題が領土問題であるということを公に認めた事例があるか。

三　一九六五年の日韓基本条約交渉において、竹島問題について両国間でどのような合意がなされたか。

四　日本は韓国に対して竹島の返還を要求しているか。

五　北方領土問題に関して、外務省は広報用冊子『われらの北方領土』を作成、配布しているが、我が国固有の領土である竹島に関しても同様の広報用冊子を作成し、配布することが適当と思料するが、政府の見解如何。

《衆議院議員鈴木宗男君提出竹島問題に関する質問に対する答弁書》

一及び四について

我が国は、遅くとも十七世紀半ばには、竹島の領有権を確立していたと考えられ、明治三十八年以降も、同年一月二十八日の閣議決定に基づき竹島を島根県に編入して竹島を領有する意思を再確認した上で、竹島を実効的に支配してきた。

昭和二十九年以降の大韓民国による竹島の占拠は不法占拠であり、政府は、大韓民国政府に対して、累次にわたり抗議を行うとともに、竹島の領有権に関する我が国の立場を申し入れている。

二及び三について

御指摘の「領土問題であるということを公に認めた」の趣旨が必ずしも明らかではないが、竹島に関して大韓民国との間で解決すべき領有権の問題が存在することは客観的な事実であると考える。いずれにせよ、政府としては、昭和四十年に締結された日本国と大韓民国との間の紛争の解決に関する交換公文（昭和四十年条約第三十号）にいう「両国間の紛争」には、竹島をめぐる問題も含まれると認識している。

五について

政府としては、竹島の領有権の問題に関する我が国の立場を主張し、問題の平和的解決を図る上で、有効な方策を不断に検討していく考えである。

《竹島問題に関する再質問主意書》

標記案件については、平成十八年四月二十四日に質問主意書を提出し、内閣から同年五月十二日に答弁書を受領した（以下、「前回答弁書」という）。しかし、「前回答弁書」においては、明示的な理由を説明することなく、答弁を回避している部分があるところ、再質問する。

一 「前回答弁書」においては、「北方領土問題に関して、外務省は広報用冊子『われらの北方領土』を作成、配布しているが、我が国固有の領土である竹島に関しても同様の広報用冊子を作成し、配布することが適当と思料するが、政府の見解如何」との質問に対し、答弁がなされていない。明確な答弁を求める。

二 平成十五年四月一日以降、政府が竹島問題に関して行った国民に対する啓発事業にどのようなものがあるかを明らかにされたい。

三 平成十七年四月一日以降、竹島問題に関して韓国側と具体的に外交交渉をしたことがあるか否か明らかにされたい。また、過去において、首脳会談、外相会談等で竹島問題を協議した例について、協議した年月日等と併せて明らかにされたい。

《衆議院議員鈴木宗男君提出竹島問題に関する再質問に対する答弁書》

一について

政府としては、御指摘の方法も含め、竹島の領有権の問題に関する我が国の立場を主張し、問題の平和的解決を図る上で、有効な方策を不断に検討していく考えである。

二について

お尋ねの「啓発事業」の意味が必ずしも明らかではないが、例えば、竹島問題に関する我が国の立場等について外務省ホームページに掲載しているところである。

三について

例えば、平成十七年四月七日にイスラマバードで行われた日韓外相会談において、竹島問題が取り上げられている。

☆質問主意書
内閣に対して「書面」で行う国会質問。提出できるのは国会開会中に限られ、質問に対して内閣は七日以内に回答することが義務づけられている。質問内容と答弁内容は、国会議員に配布される。

北方領土と竹島の関係

佐藤 ここで領土問題の大原則をおさえておく必要があります。「日本の領土問題はいくつあるのか」という設問に対して、多くの人が、北方領土問題、竹島問題、尖閣《せんかく》諸島問題の三つだと答えるはずですが、これは間違いです。

　結論から先にいえば、尖閣諸島をめぐる領土問題は存在しません。なぜなら、尖閣は日本が実効支配しているからです。実効支配している自国の領土に関して「領土問題がある」と認めてしまうのは、相手への大きな譲歩の第一歩になります。したがって、「領土問題は存在しない」といい続けなければなりません。

　ところが、これら「三つの領土」に関する切手をつくろうという話が国会議員のなかから出ています。もちろん、そんなことはもってのほかです。政治家の基礎体力も相当弱っているといっていいでしょう。

鈴木　島根県が「竹島の日」を制定しましたが、たいへん立派なことですね。日韓の友好に反するという人がいますが、国家の原理原則に関わることです。日韓の真の友好関係は竹島問題を解決することで増進されるのです。こういう理屈を組み立てなくてはならない。

佐藤　私もそう思います。竹島の問題を考えるときに参考にすべきなのは、北方領土問題がどのような経緯で解決を目指してきたかという点です。「ミスター・ニエット（ノー）」と呼ばれたグロムイコ外相が交渉相手で、日本の提案をことごとく拒絶したブレジネフ時代、「そんな問題は存在しない」といい続けるソ連とどのように交渉してきたかという実例が、竹島交渉に生きてくると思います。

北方領土問題で外務省は、**『われらの北方領土』**という小冊子をつくりましたが、竹島問題に関して『われらの竹島』をつくっているのでしょうか。これからつくる気があるのかということも含めて、外務省に厳しく聞いてみる必要があります。

鈴木　北方領土問題を通じてロシアと交渉するなかで実感したことは、領土問題が進めば経済も進み、経済が進めば領土問題も進むということです。しかし、自分の利益だけを考えていては前に進むことはありません。お互いに折り合いがつく範囲で落としどころを探ることが大切だと思います。

レオニード・ブレジネフ

北方領土交渉でいえば、橋本政権時代に合意した安全操業協定が双方がうまく折り合いをつけたいい例です。北方四島は日本固有の領土ですから、その周辺の一二カイリも日本の領海です。しかし、実際にはロシアに占拠された状態にあるので、日本漁船がそこで操業することはできません。

日本の漁民は「日本の領海で操業して何が悪い」となりますが、ロシアからすれば、「ここはロシアの領海なのだから、日本の漁船が領海侵犯するなら、拿捕するし、銃撃もする」となります。これでは、いつまでたっても平行線のままです。

佐藤　そこで鈴木さんは、安全操業協定を一日も早くワークさせ、川奈会談の席に北方領土の領海内で獲れたスケトウダラを使った鍋を出したいと思ったわけですね。日ロの首脳が領土問題で係争中の海で獲れた魚を食べるというパフォーマンスに、象徴的な意味があったということです。

鈴木　ところが、スケトウダラを獲ることのできる出漁日は残り少なく、その年の二月四日までだったために、二月一日までに安全操業に関する協定に調印しなければなりませんでした。

　調印にはロシアのチェルノムイルジン首相のサインが必要だったが、これがなかなか取れない。チェルノムイルジンさんが反対しているのではなく、外国出張が続いて書類がたまっているので、安全操業協定の書類になかなか目を通すことができないということがわかりました。そこで、私がモスクワの空港に乗り込んで、外国から帰ってくるチェルノムイルジン首相を待ちかまえて、文書に署名をもらってくるという作戦を考えたわけです。

佐藤　突撃レポーターの「アポなし取材」のようなやり方ですね。でも、鈴木さんはセルゲイ・コレスニコフ首相補佐官と昵懇《じっこん》でしたから、モスクワに行けば、かならずチェルノムイルジンと会えた。

鈴木　一方で、モスクワ行きの下準備として、外務省内の調整と農水省への根回しを西村六善欧亜局長に頼みました。西村さんから水産庁長官の了解を取ってもらおうと思ったわけですが、ここで横槍を入れてきたのが、当時農水相だった島村宜伸《しまむらよしのぶ》さんです。

目立つと思ったのか、島村さんは、「水産案件はこちらの仕事だから、俺がやる」といい出したんですね。要するに、「うまそうな話だから俺にも食わせろ」ということなんです。

島村宜伸

佐藤　しかし、これはチェルノムイルジン首相にかならず会うことができる鈴木さんにしかできないオペレーションでした。段取りの悪かった西村さんに対して、当時の小渕外相は激怒しましたね。

鈴木　小渕さんに怒られると、西村さんは床に倒れこんで、アルマジロのように丸くなって、動かなくなったんですよ。あれには驚いた。

佐藤　結局、島村さんを説得することができず、官房審議官だった東郷さんから、夜遅く、私も外務省飯倉公館に呼ばれました。東郷さんは、「島村さんと鈴木さんの二人でモスクワにいっていただくというのはどうか」というので、

「それは駄目です。島村さんはクソで鈴木さんは味噌ですから、クソと味噌を一緒にしても、それは合わせ味噌ではなくてクソです。ロシア人もクソ汁は飲みません。橋本総理に決めてもらいましょう」

といったことをよく覚えています。

鈴木　途中、いろいろありましたが、日ロ関係でいえば、この安全操業の協定調印は、両国の立場を害することなく、互いの利益になるという結果になりました。竹島問題も、同様の考え方でやれば、打開のいとぐちはかならず見つかるはずです。

佐藤　基本的に私も同じ考えです。ただし、二〇〇六（平成一八）年八月一六日の漁船銃撃・拿捕事件で安全操業協定の枠組みが崩れてしまうと、すべてが振り出しに戻ってしまう。ですから、今回の漁船銃撃・拿捕問題の処理は、北方領土問題、さらには竹島問題にも影響を与えることを、政治家もマスコミももっと意識しなくてはなり

ません。

鈴木　まったくその通りです。とにかく安全操業の枠組みを維持することです。

☆**『われらの北方領土』**
北方領土問題に関して、国民の正しい認識を深めることを目的に、外務省がほぼ毎年発行してきた小冊子。北方領土問題に関する日本の立場、北方領土の歴史、戦前・戦後の諸宣言・諸条約における北方領土の取り扱い、ソ連及びロシアとの外交交渉を解説し、関連する諸宣言を「資料編」として掲載している。

「悪のサンタ」の歴史的大失態

佐藤　最後になりましたが、二〇〇六（平成一八）年一〇月は「日ソ共同宣言五〇周年」という節目の年に当たります。これからの日ロ関係は、どんな方向に進むと考えればいいのでしょうか。

鈴木　前年の二〇〇五（平成一七）年も「日ロ通交条約一五〇周年」で、これに合わせるかのようにプーチン大統領が五年ぶりに訪日しました。しかし、北方領土問題について言及した合意文書をまとめることができなかった。

旧ソ連時代を含め、日ロ公式首脳会談で平和条約や北方領土について言及した文書ができなかったのは歴史に残る大失態です。プーチン訪日を担当したラインである西《にし》権力の執行人』(講談社)でも紹介しましたが、この三人は不正蓄財、不作為、公務に影響を与えるだらしない私生活など外務省の病理を体現した人たちです。三人とも田《た》がついているから、私は**「悪のサンタ」**と呼んでいます。

佐藤　そういえば、「文藝春秋」の「霞が関コンフィデンシャル」にも「外務省の『サンタ』」と書かれていたので、「サンタ」さんは、業界では有名人になっています。

真面目な話に戻して、二〇〇五年一一月のプーチン訪日で北方領土問題に関する合意文書ができなかったことは、今後の日ロ関係の「ゲームのルール」の変更につながりかねない重大な事態です。これまでは公式訪日で北方領土問題に関する合意文書を出すということがロシア側にとって大きなプレッシャーになっていた。合意文書ができないと失敗になるという意識をロシアに持たせたから、ロシア側は首脳会談のたびに北方領土問題で何らかの譲歩をしたのです。

しかし、今回の「悪のサンタ」の不作為でハードルが下がってしまった。これで公式首脳会談を領土問題の突破口として利用することが難しくなります。「悪のサンタ」は少なくとも進退伺いを提出するくらいの失敗をしたと思います。

鈴木　進退伺いじゃ甘い。辞表を提出すべきです。本来ならば国益を損ねた外交をした外務官僚は全員クビですよ。西田恒夫外務審議官、原田親仁欧州局長、松田邦紀ロシア課長の「悪のサンタ」は、直ちに処分されてしかるべきです。

佐藤　しかし、「悪のサンタ」は、合意文書ができなかった責任をロシア側に全面的に転嫁しようとしている。外交官として責任を相手国に転嫁するのは「禁じ手」と私は考えています。

鈴木　佐藤さんのようなモラルの外交官が少なくなったのはとても残念です。「悪のサンタ」は責任なんかまったく感じていないでしょう。自らの能力が低いことを自覚できないほど能力低下が進み、自分の姿が見えなくなっているのでしょう。

西田恒夫

たとえば、松田さんに関しては、森喜朗前総理に文字通り涙を流して、

「サンクトペテルブルク・サミットまではぜひ私にロシア課長をやらせてください。いま課長職を外されると鈴木宗男の攻撃に負けたことになり、私の将来がなくなる」

と頼み込んできた。私はこの話を森さんから直接聞きました。こうした自己保身に汲々《きゅうきゅう》とする人物にまともな外交ができるはずがないのです。事実、このときの首脳会談でも、外務官僚が裂帛《れっぱく》の気合を入れて北方領土問題の突破口を開こうとした形跡はまったく見あたりませんでした。

彼らに代表される外務官僚の不作為が、現在の日本の外交を八方ふさがりにしているのです。目を転じて、ロシア、中国、韓国、北朝鮮と日本の関係を考えてみるとよくわかります。残念ながら、いまの日本はこれらの国々との関係がことごとくよくありません。中国とは尖閣問題と靖国問題、韓国とは竹島問題と歴史認識問題、北朝鮮とは拉致問題があります。

こうした八方ふさがりの外交を抜け出すためのカギとなるのが、ロシアです。ロシアとの信頼関係が強化されれば、中国と韓国の出方が変わってきます。この二国の態度が変わると、北朝鮮の動きはかならず変化するはずです。

北方領土問題を現実的な手法で解決しようとすれば、ロシアはかならずテーブルについてくる。日本が世界第二位の経済大国であることを忘れてはなりません。経済的な体力がある日本を、ロシアは絶対に無視することはないのです。

佐藤　現在の北方領土交渉が行き詰まっているのは、外交技法が低下しているだけでなく、日ロ外交の基本哲学を外務官僚が持っていないからですよ。

　鈴木さんも述べていましたが、エリツィンの知恵袋だったブルブリス元国務長官は、「日本人がいらないといっても、ロシアは北方四島を日本に返還しなくてはならない」という基本哲学を持っていました。スターリン主義を脱却することがロシアの国益だから、スターリンの過ちである北方四島の奪取については謝罪し、日本に返還するという考え方ならば、北方領土問題の解決とロシアの国益の間に矛盾が生じません。

　スターリン主義の暴挙という点で、北方領土問題とシベリア抑留問題は同根です。ブルブリスさんはこのこともエリツィン大統領に進言しました。そして、一九九三年の一〇月の公式訪日でエリツィン大統領は、天皇陛下、総理大臣、抑留者団体代表者の前で日本式に頭を下げて謝罪したのです。

　また、択捉島、国後島、色丹島、歯舞群島の名をあげて、これら四島の帰属に関する問題を解決して平和条約を締結するという「ゲームのルール」を定めた「東京宣言」に署名しました。こうした背景には、ブルブリスの哲学があったということです。

　ブルブリスのような知恵袋はプーチン大統領の周辺にもいるはずです。そのキーパーソンを見つけ出し、日本の味方にすることが日本の国益のためにはどうしても必要であるのだし、それが外務官僚の最優先すべき仕事ではないでしょうか。

鈴木 しかし、いまの外務省には人材がいない。二〇〇六年七月一五日に行われた日ロ公式首脳会談は、小泉・プーチン時代の五年余りに及ぶ北方領土交渉を締めくくるという点で注目されていましたが、「平和条約の締結を前提に北方領土交渉を加速することで一致した」というだけの、まったく内容がない結果に終わった。

いったい、この五年間はなんだったのかという思いを持っているのは、私だけではないはずです。

佐藤 それはわかります。しかし、人材がいないのではなく、優秀な人材が伸び伸びと活躍できる環境が現在の外務省にないのです。それは田中真紀子さん、川口順子さんの両外相時代に政治家を小馬鹿にする外務官僚が台頭し、外務省が極端に内向きの組織になってしまったからです。

その結果、外務省を改革する処方箋《しょほうせん》を書くことができないほど現在の外務省は腐っています。まずは外務省の現状を白日の下にさらし、「われわれはこういう国に生きているのだ」ということを国民の前に明らかにすることです。そうすれば国民のなかから「これじゃまずい」という声が自ずから起きてくると思います。

そして、国民の声を背景に、政治家が外務省のなかに徹底的に手を突っ込んだ大手術をすることです。それこそが国益に適うと思います。

鈴木　私も、国民の知る権利に応え、外務省の実態と外務官僚の素顔を国民の前に明らかにしていくことが真の外務省改革につながると信じています。

☆**「悪のサンタ」**

「文藝春秋」二〇〇六（平成一八）年五月号「霞が関コンフィデンシャル」より。「外務省の『サンタ』――外務省の今夏の幹部人事で『サンタ』の処遇に密かに関心が集まっている。『サンタ』とは西田恒夫外務審議官（四十五年）、原田親仁欧州局長（四十九年）、松田邦紀ロシア課長（五十七年）の三人。いずれも苗字に『田』がつくことから省内では通称『サンタ』の隠語で呼ばれる」

エピローグ「北方領土交渉を阻む勢力」――佐藤優

鈴木宗男氏の北方領土問題、対ロシア外交について、きちんとした形で世に問わなくてはいけないと思ったのは、二〇〇二年、東京拘置所のカビ臭い独房においてのことだった。

私は、当時の外務事務次官、欧亜局長、条約局長らの決裁を文書でとったうえで、二〇〇〇年四月、イスラエルのテルアビブ大学が主催した国際学会「東と西の間のロシア」に袴田茂樹青山学院大学教授、末次一郎安全保障問題研究会代表（故人、陸軍中野学校出身）らの学者を派遣した。このことが背任にあたるとして二〇〇二年五月一四日に東京地方検察庁特別捜査部に逮捕された。しかし、この背任事件はいわば別件逮捕で、検察は北方領土絡みで鈴木宗男氏と外務省の間に事件をつくる機会を虎視《こし》眈々《たんたん》と狙っていた。初めから鈴木宗男氏をターゲットにし、なにがなんでも犯罪を見つけ出し、もし見つけ出すことができないならば「つくり出す」という典型的な国策捜査である。

そこで検察が目をつけたのは、国後島のディーゼル発電施設建設事業だった。検察は、鈴木氏と私が結託して三井物産に便宜を図り、その見返りにカネをもらったという贈収賄事件をつくり上げようとした。しかし、北方領土支援事業への鈴木氏の関与は、政策にかかわる問題なのであり、それは内閣総理大臣官邸と外務省の依頼を受けてのことなので、三井物産からカネはびた一文たりとも渡っていないと私は確信していた。その詳細は本書に書いたとおりだ。また、三井物産で北方四島支援事業を担当していた商社マンたちも、ビジネスと北方領土返還に向けた環境整備の折り合いを真剣に考えていたモラルの高い人たちだったので、賄賂を渡して鈴木氏に請託《せいたく》することなど絶対にないとも私は確信していた。いまから考えても鈴木氏、三井物産に対する私の確信は間違っていなかった。

犯罪のシナリオを描くことを「検察業界」では「筋読み」というが、「鬼の東京地検特捜部」は筋読みを間違えたのだ。なぜか。筋読みを描く副部長クラスの特捜検事の能力が劣化しているからだ。筋読みを間違えたならば、率直にそれを認め、立件をあきらめるのが本来「ゲームのルール」だと思うのだが、世の中は「ゲームのルール」通りには進まない。外務省から私と中堅キャリア職員一人、三井物産から三人

(後に一人は起訴猶予)を逮捕した以上、無罪放免というわけにはいかない。そこで、検察はキャリア職員が三井物産の社員にディーゼル発電施設事業の(入札予定価格の基礎となる)積算価格を漏洩したという話をがっちり組み立てた。外務省キャリア職員は、「佐藤優から、鈴木先生の意向なので三井物産に入札価格を教えろといわれた」と供述し、それが「事実」ということになってしまったのである。もちろん私が入札価格や積算価格を漏洩しろとこのキャリア職員にいったことなどない。私が三井物産からカネや物、あるいは接待を受けたことがないということは検察の調べでも明らかになっている。検察のシナリオが真実ならば、私の動機は何か。入札価格を漏洩するという文字通り国家公務員としての首をかけるようなリスクをなぜ私が冒す必要があるのか。一種の不条理犯罪というしかない。

もっとも私は東京地検特捜部に、私と三井物産と鈴木氏をからめる贈収賄事件をつくらなかったことについて感謝しなくてはならないのかもしれない。「鬼の東京地検特捜部」は、その気になれば何でもできる。テレビドラマの刑事物で「おい! しらばっくれるんじゃない。証拠はあがっているんだぞ」というと、何か拳銃や麻薬などの物証《ブツ》が出てくるのが相場だが、特捜案件の場合、証拠とは供述調書のことである。調書には警察がつくるものと検察がつくるものがあるが、特に業界用語で「検面調書」と呼ばれる検察官面前調書の内容を、よほどのことがないかぎり、裁判所は事実とみなす。私も事件に巻き込まれるまでは夢にも思っていなかったのだが、この検面調書はほとんど検察官の作文で、被疑者の役割はそれに署名し、指印《しいん》(左手人差し指の先を黒い印肉につけ判をつく)することだけなのである。「検察官のいいなりになるフニャフニャの証人を三〜四人つくれば、どんな事件だってつくることができる」と、取り調べを担当した西村尚芳特捜検事(現最高検察庁検事)は率直にいった。それだからこそ、日本の裁判所で起訴された事件の九九・九パーセントが有罪になるのである。

日本の裁判所は有罪無罪を決める場ではない。江戸時代の「お白洲」と同じで、連行されたときには有罪が決まっているのである。

もっとも同じ有罪でも「市中引き回しの上、磔《はりつけ》、獄門」というのと「江戸所払い」ではだいぶ違う。犯罪者用語で「弁当」と呼ばれる執行猶予がつくと、懲役をいい渡されても執行猶予期間に犯罪を犯さずに暮らせば、塀のなかに行かなくてもすむ。ここから検察官と被疑者の間に取引の余地が生まれる。

裁判で被告人が無罪になれば、その事件を担当した検察官の汚点になり、出世に悪影響を与える。官僚の主たる仕事は出世で、これは行政官僚だけでなく司法官僚にもあてはまる。したがって、念力でも眼力でも駆使して有罪をとろうとするのが検察官の理屈になる。拙著『国家の罠』(新潮社)で紹介した西村検事と私のやりとりが、特捜検察の内在的論理を端的に示しているので紹介したい。

「これは国策捜査なんだから。あなたが捕まった理由は簡単。あなたと鈴木宗男をつなげる事件を作るため。国策捜査は『時代のけじめ』をつけるために必要なんです。時代を転換するために、何か象徴的な事件を作り出して、それを断罪するのです」

「見事僕はそれに当たってしまったわけだ」

「そういうこと。運が悪かったとしかいえない」

(佐藤優『国家の罠―外務省のラスプーチンと呼ばれて』新潮社、二〇〇五年、二八七頁)

「アハハハ。そうそう運が悪い。ただね、国策捜査の犠牲になった人に対する礼儀というものがあるんだ」

「どういうこと」

「罪をできるだけ軽くすることだ。形だけ責任をとってもらうんだ」
「よくわからない。どういうこと」
「被告が実刑になるような事件はよい国策捜査じゃないんだよ。うまく執行猶予をつけなくてはならない。国策捜査は、逮捕がいちばん大きいニュースで、初公判はそこそこの大きさで扱われるが、判決は小さい扱いで、少し経てばみんな国策捜査で摘発された人々のことは忘れてしまうというのが、いい形なんだ。国策捜査で捕まる人たちはみんなたいへんな能力があるので、今後もそれを社会で生かしてもらわなければならない。うまい形で再出発できるように配慮するのが特捜検事の腕なんだよ。だからいたずらに実刑判決を追求するのはよくない国策捜査なんだ」

（同書、三〇一頁）

特捜検察の内在的論理は私にもわかるが、それは彼らの都合なので、私には付き合うつもりはないとはっきり検事にいった。このとき西村検事は無理をしなかった。いま振り返っても西村検事は職業的良心と真実のあいだでぎりぎりの折り合いをつけたのだと思う。しかし、それは浪花節《なにわぶし》的な心情によるものではなく、西村検事が私の供述をもとに北方領土交渉について徹底的に調べた結果とった決断なのである。

西村氏には、鈴木氏の対露外交についてはかなりきちんとしたブリーフィング（説明）をし、西村氏も外務省から秘密情報を取り寄せて私の情報の検証をしているので、鈴木外交が国是に反する利権追求を動機としていたとは考えていない。

西村氏が「鈴木先生の対露外交はしっかりとしているという話をしたら、うち（特捜部）の連中から『西村は佐藤に洗脳されている。大丈夫か』と言われた」と冗談を言っていた。ロシア語の諺《ことわざ》で「冗談には必ずある程度の真理がある」というが、外交問題を猛勉強する西村氏の姿に若干の危惧をおぼえた同僚検察官がいても不思議ではない。

（同書、二七一頁）

西村検事が鈴木氏の北方領土交渉への関与について正確な認識を持ち、無理な事件をつくることに反対したため、検察は当初の筋読みを断念せざるをえなくなったと私は見ている。西村氏のような、有能ではあるが上司の意向のままに動かない職人型の検察官をエリート部局の最高検察庁に赴任させるという検察庁幹部の判断は、検察組織の強さを示すものだ。強い組織は、幅広い人材を抱えることができるからだ。そしてそれが組織力を一層強化する。『国家の罠』が世間に広く受け入れられて、唯一気がかりだったのが、西村尚芳検事が「本音をしゃべりすぎた」と検察組織で人事的に不利な取り扱いを受けることだったが、文字通りの栄転人事を知って、私はほっとした。

利害関係が敵対し、猟犬のごとく鈴木宗男氏を狙っていた検察官でも、日ロ平和条約交渉（北方領土交渉）に関する客観的事実を知ることで認識を改めた。しかし、いまになって思えば、表に出た場合にロシアとの交渉がほんとうに困難になる外交機密を除いて、外務省が北方領土交渉の真実についてすべてを明らかにしていれば、私たちに対するバッシングは起きず、北方領土もいま頃はもっと日本に近づいていたはずである。「国民の知る権利」に対する日本政府、外務省の認識が不十分だったことが鈴木宗男事件という悲喜劇を生み出し、日ロ平和条約交渉の後退という形で日本の国益を毀損《きそん》したのだ。

当初、二〇〇六年が、日本とソ連（ロシア）が一九五六年に日ソ共同宣言に調印し外交関係を回復して半世紀にあたる節目の年なので、二〇〇六年中に私がインタビュアーの役割をつとめ、橋本龍太郎、小渕恵三、森喜朗の三総理から「特命」を受けた鈴木宗男氏がどのような活動をしていたのかについての証言集を出版することを考え、本書を準備していた。しかし、八月一六日に北方領土・貝殻島周辺においてロシア国境警備庁が日本漁船を銃撃し、乗組員一人を殺した事件以後、日ロ関係が急速に悪化しつつある現状に鑑みて、作業を急ぎ、緊急出版することにした。

原稿整理をしている段階で、私の役割はインタビュアーというより対談者としたほうが実態に即しているとの指摘が編集者からあり、僭越《せんえつ》ではあるが、共著の対論という体裁に改めた。

本書で鈴木宗男氏は、一九九二年の「クナッゼ提案」、一九九八年の「川奈提案」、さらにプーチン政権発足後の日本政府の対北方領土戦略転換について、外交機密が外部に出ることで国益を毀損しないぎりぎりのところまで踏み込んだ話をしている。そこでは、先述の歴代総理の「極秘指令」ともいえる「特命」にも言及している。

また、ロシアの政治エリートに対するロビー活動についても、ブルブリス氏が根室で元島民と率直な意見交換をした結果、「北方四島を日本に返還すべきだ」という決断をしたなど、はじめて明らかにされた証言がいくつもある。

現役時代にあえて黙っていたが、今回、意を決して私たちがはじめて真実について述べたのは、北方領土問題を自らの「メシの種」とする「北方領土ビジネス」に従事する者たちの実態があるからだ。その代表的人物が袴田茂樹青山学院大学教授である。

鈴木宗男氏が指摘するように、こうした人々にとって北方領土問題が解決することは「失業」につながるので、「日本政府は毅然たる態度をとれ」「国家百年の計で取り組め」などといって、「右バネ」をきかせた勇ましいスローガンを掲げ、日本外交の選択の幅を狭めようとする。私も現役時代にこの勢力を懐柔する必要があると考え、カネ、情報を含むさまざまな便宜を与えたことをいまでは深く反省している。

八月一六日の漁船銃撃・拿捕事件を契機に、袴田氏は論壇で精力的に活動しはじめた。二〇〇六年八月二六日付の産経新聞に袴田氏が寄稿しているが、このテキストから典型的な領土ビジネスマンの本領を読み取ることができる。批判はできるだけフェアに行いたいので袴田氏の寄稿全文を正確に引用する。

〈【正論】青山学院大学教授・袴田茂樹

拿捕事件に二島返還論を絡ますな

■一貫せぬ日本の対露政策にも問題

《環境厳しい北方領土問題》

北方領土の海域で日本漁船が銃撃、拿捕《だほ》され、漁船員一人の犠牲が出た。事件の根本原因が北方領土問題の未解決にあることは言うまでもない。これに関連して、歯舞、色丹の2島返還の可能性はあるし、それらが返還されていたなら、この事件は起きなかったとの見解がある。

報道によると、自民党関係者もそのことを指摘して対露政策を考え直せと述べている（8月20日付読売新聞）。民主党の鳩山幹事長も、4島の主権は日本にあることを主張しながら、最初の段階として2島を返還してもらう2島先行論（段階論）を有力な選択肢と述べた（TBS19日放送）。この論に現実性や論理性があるのか、検討したい。

北方領土問題をめぐる雰囲気は近年より厳しくなっている。その原因は日露双方にある。ロシア側の主な原因としては①オイルマネーで経済に自信をつけ、大国主義が強まり、日本への期待が後退した②欧米との関係冷却化で対日関係重視の民主派勢力も後退し、シロビキといわれる治安関係者の影響力が強まった――の2点が挙げられよう。その結果、領土問題への姿勢も硬化し国境警備も強化された。今回の事件も、これと無関係ではない。最近のロシアは、歯舞、色丹の返還合意さえ反故《ほご》にしようとしている。

日本側にも深刻な問題がある。最大の問題は対露政策が一貫していないことだ。橋本、小渕、森の各政権の頃は、国家の「操」を軽んじて「援助外交」に熱を上げる動きがあった。実はロシアの術中に嵌《はま》っていたのであり、当時は領土交渉が進展していたというのは能天気な錯覚である。

《先行返還論の致命的欠陥》

小泉政権は、基本的にロシア問題、領土問題に無関心であった。一昨年の北方領土の首相視察もパフォーマンスに終わった。その後、小泉政権は少なくとも次の四つの誤った対応を行った。

ひとつは、一昨年11月にラブロフ外相、プーチン大統領が日本との平和条約締結の重要性をテレビで国民にアピールしたとき、政府は「新味なし、考慮に値せず」と切り捨てて交渉のきっかけを失ったことである。

二つ目は、昨年5月、モスクワでの対独戦勝50周年記念式典に小泉首相が出席しながら、日露間では戦後処理が終わっていないことについて、何のメッセージも発しなかったことだ。ちなみにブッシュ大統領はモスクワへの途上、リガで、東欧や千島などのソ連支配を認めたヤルタ合意は米国史上最大の過ちだったと自己批判している。

三つ目は、領土問題をめぐるロシアの最近の不合理な強硬論に、公然かつ断固たる反論を怠ったことであり、四つ目は、北方領土返還要求全国大会に首相は連続して欠席し、日本は問題解決に本気ではないとの間違ったメッセージを送ったことだ。

プーチン大統領は「日ソ共同宣言」の有効性を認めている。この宣言では平和条約締結後に歯舞、色丹の2島（北方領土の7％）を日本に引き渡すことに合意している。冒頭で述べたように、ならばとりあえず2島を返還させよとの主張も生まれるが、この論には致命的な欠陥がある。それは、平和条約を締結しないとロシアは2島といえども返還しないし、しかも宣言のロシア側解釈は、「2島で最終決着」だからだ。

《国家百年の計で取り組め》

「日ソ共同宣言」をロシア側が強調したのは、歯舞、色丹でケリをつけ、国後、択捉を放棄させるためだ。だからこそ、国後、択捉の交渉に合意した「東京宣言」をロシアは無視、否定しようとしているのである。歯舞、色丹を返還させるために平和条約を締結したら、他の2島の継続交渉はあり得ない。平和条約締結は領土問題など戦後処理が最終的に終わったことを意味するからだ。

2島先行論者は、このことにあえて口を噤《つぐ》んでいる。もちろん、とりあえず2島を返還させ、最終的に4島の帰属問題が解決して平和条約を締結する可能性があるなら、私は2島先行論に大賛成だが、その可能性は皆無だ。

今後、拿捕事件を起こさないためには、安全操業を確保し拡大する交渉に国として本腰を入れるべきだ。また、漁民は不本意でも協定や規則を守り危険を冒さないことだ。それで生じる損害は、国が補償しなくてはならない。

北方領土交渉は、ロシアの政治状況や国際関係からみて今は日本に有利な状況ではない。ここで焦りや拙速は禁物だ。漁業や地方利害で国としての節を曲げるべきでなく、国家百年の計としてより真剣に取り組む以外にない。〉

産経の寄稿では、名指しこそ避けているが、ここでいう「2島先行論者」とは、過去の経緯、それから私の耳に入ってくる袴田氏の裏での言動から、鈴木宗男氏、東郷和彦氏、私を指していると思われる。少なくとも私はそう受け止めている。であるなら私も、袴田氏の言説にある、排外主義を煽る「北方領土ビジネス」について、国民の関心を広く惹起《じゃっき》する責任がある。そして、どちらが真に北方領土返還を願うアプローチであるかを、国民に判断してもらいたいのである。

私は次のように考える。

先述の通り、二〇〇六年八月一六日未明、北方領土・貝殻島周辺海域で北海道根室市のカニかご漁船「第31吉進丸《きっしんまる》」（四・九トン、四人乗り）がロシアの国境警備艇に銃撃され、乗員一名が死亡した。北方四島周辺海域でロシア側の銃撃により日本人が死亡したのは一九五六年一〇月一九日に日ソ共同宣言が署名され、同年一二月一二日に日ソ間の戦争状態が終結し、外交関係が回復してからはじめての出来事だ。

歯舞群島、色丹島、国後島、択捉島の北方四島がわが国固有の領土であるというのは、日本の原理原則、すなわち国家神話、国民の物語である。国家神話は人知を超えた領域の話であるので、状況はよくわからないが、北方領土は絶対に日本のものなのである。

現在のロシアでは、北方四島を巡る神話は確立していない。だからこそ、北方領土を日本に奪還できる可能性があるのだ。ちなみに一九七〇年代後半、ブレジネフ書記長の権力が絶頂期にあった頃は、ソ連にも北方四島を巡る神話があった。それは、「状況はよくわからないがクリル列島（北方四島＋千島列島）は絶対にソ連のものである。こっちだって大祖国戦争（第二次世界大戦）で身体を張ったんだからな」というものであった。

ある民族や国家が、国家神話や国民の物語をつくることを別の民族や国家が禁止することはできない。もっとも、気にくわない国家神話や国民の物語をつくる国家や民族を武力で叩き潰してしまうことも図上演習の上では可能だが、現実としては容易でないことは、アメリカの本格的軍事介入後もアフガニスタンやイラクでアルカイダにつらなるイスラーム武装集団が十分な影響力を持っていることからも明らかだ。

日ロ関係について、プーチンのロシアに、ブレジネフ時代のような「状況はよくわからないがクリル列島は絶対にソ連のものである。こっちだって大祖国戦争で身体を張ったんだからな」といった類の国家神話をつくらせないことが日本の国益に適うと私は確信している。

ところが、わが外務省は、ロシア担当の外務官僚がロシアの秘密警察に握られている弱みを暴露される可能性が怖いからなのだろうか、政治家を前面に出し、やたら高く拳を振り上げさせて、「ロスケを撃つべし」との世論を煽り、排外主義感情に訴えることで自らの不作為を隠蔽しようとしている。この辺の事情について、たとえば二〇〇六年八月二三日発売の『週刊新潮』「外務省『赤ちゃんプレイ』が招いたロシア『漁船拿捕』の悲劇」は、外務省による不作為の集積が今回の悲劇を招いたことを描いており、説得力がある。ちなみに「赤ちゃんプレイ」とは、かつて赤坂の料亭で酩酊して芸者に「おしめを替えてくれ」というような格好をして駄々をこね、そのあげく遊び代と宿泊費を鈴木宗男衆議院議員の事務所につけ回した松田邦紀ロシア課長の「趣味」である。このあたりの事情は、鈴木宗男氏の著書『闇権力の執行人』（講談社、二〇〇五年）にも詳しい。

また私も、二〇〇六年八月二四日付、フジサンケイビジネスアイ紙の連載コラム「佐藤優の地球を斬る（第三二回）：ロシアによる日本漁船銃撃」（同紙のＨＰで無料閲覧可）や、八月二五日発売『週刊金曜日』の「北方領土の拿捕事件で逃げる松田ロシア課長」で、外務官僚の不作為について解説した。

北方領土でこのような悲劇を繰り返さないためにも、北方四島は日本固有の領土であるというわが国家神話を前提に、現実的解決策を模索しなくてはならないという動きが政治家、マスコミに出てきたことを私は歓迎する。しかし、このような現実的解決策を是が非でも阻止しようと画策する人物こそが、内閣情報調査室ロシア研究会の正式メンバーで、陸軍中野学校出身の末次一郎氏（故人）が初代事務局長をつとめた安全保障問題研究会のメンバーでもある袴田茂樹青山学院大学教授なのである。

袴田教授の前記の産経新聞記事で、「領土問題をめぐるロシアの最近の不合理な強硬論に、公然かつ断固たる反論を怠った」「北方領土返還要求全国大会に首相は連続して欠席し、日本は問題解決に本気ではないとの間違ったメッセージを送った」と小泉純一郎総理を含む日本政府の姿勢を、右からのスタンスで厳しく批判する。私は産経新聞の愛読者であるが（同時に朝日新聞の愛読者でもある）、少なくとも過去一年半、北方領土問題を巡る袴田教授の論壇への露出はほとんどなかった。北方領土に対する小泉氏の姿勢に批判があるならば、なぜ袴田教授は現実の外交に影響を与えるタイミングで発信しなかったのだろうか。理解に苦しむ。

ちなみに、このエピローグをつづっている一年半前、二〇〇五年三月に私は、『国家の罠―外務省のラスプーチンと呼ばれて』(新潮社)を上梓し、そのなかで袴田教授の検察庁への協力ぶりについて、袴田氏の署名、捺印がある検察官面前調書からの引用を中心に、実証的に明らかにした経緯がある。その後、袴田氏は陰でコソコソとメモをまいたりしていると承知するが(写しは私の手許にある)、文句があるならば正々堂々と私にいってくればよい。私にはいつでも公開の場で対決する用意がある。

一般論として、勇ましい言辞を吐く人物が、ほんとうに勇ましい行動をとるかというと必ずしもそうではない。私は袴田氏が今後、ロシア側、日本外務省に対してどのような発信をするか、注意深く見守っていきたい。そして、袴田氏の言説が、排外主義を煽り、結果としてロシアにつまらない国家神話を形成させる働きをしないように、私としても言論の場でできるだけの努力をしたいと考えている。

袴田氏の言説に危険を感じるのは私だけではない。二〇〇六年八月二六日午後、私は本書の共著者である鈴木宗男氏から「青山学院大学の袴田茂樹先生に内容証明郵便で質問書を送付する」との連絡を受けた。私は、「国民の知る権利に貢献する内容なので、手紙のやりとりはすべてＨＰに掲載したほうがよいですよ」と自分の意見を伝えた。

以下、八月二六日夜に更新された鈴木宗男氏の公式ＨＰから袴田氏関連部分を引用しておく。

〈今日（佐藤注：八月二六日）の産経新聞に、袴田茂樹青山学院大学教授が「拿捕事件に二島返還論を絡ますな」という見出しで、政府の日ロ政策決定、政策遂行について難癖をつける様な記事を書かれている。橋本、小渕、森政権における日ロ政策に関わりを持ってきた一人として正確を期す為、本日付で内容証明の通知書を出す事にする。内容は以下の通りである。

《通知書》

平成18年8月26日付産経新聞に、貴教授が寄稿された「拿捕事件に二島返還論を絡ますな」という論文を拝読致しました。貴教授もご案内のとおり、私は橋本龍太郎、小渕恵三、森喜朗歴代三総理の指示を受け、日ロ平和条約交渉に従事した経緯があります。貴教授の寄稿の内容には、私の政治家としての名誉と尊厳に抵触すると思われる重大な記述がございます。ご多忙中のところ誠に恐縮ですが、本書簡受領後、96時間以内に以下の4点につき、ご回答頂ければ幸甚です。

1．貴教授の寄稿に於いて、「日本側にも深刻な問題がある。最大の問題は対露政策が一貫していないことだ。橋本、小渕、森の各政権の頃は、国家の『操』を軽んじて『援助外交』に熱を上げる動きがあった。実はロシアの術中に嵌っていたのであり、当時は領土交渉が進展していたというのは能天気な錯覚である。」との記述があります。「橋本、小渕、森の各政権の頃は、国家の『操』を軽んじた」と貴教授が評価される具体的根拠を明らかにして下さい。それから私は当時、領土交渉は進展していたと認識しております。その根拠は、1997年11月のクラスノヤルスク合意、1998年2月のいわゆる安全操業協定（日本国政府とロシア連邦政府との間の海洋生物資源についての操業の分野における協力の若干の事項に関する協定）、2001年3月のクラスノヤルスク声明などです。貴教授がこれらの政府間合意を「能天気な錯覚」であるとする根拠を明らかにして下さい。

2．貴教授が言うところの「二島先行論者」の定義を明確にして下さい。

3．貴教授が言うところの二島先行論者に、私鈴木宗男が含まれるか否かを明確にして下さい。

4．貴教授の寄稿に於いて、「今後、拿捕事件を起こさないためには、安全操業を確保し拡大する交渉に国として本腰を入れるべきだ。また、漁民は不本意でも協定や規則を守り危険を冒さないことだ。それで生じる損害は、国が補償しなくてはならない。」と主張しておられます。「それで生じる損害」というのは、具体的に何を意味するのでしょうか。どれ位の金額を想定しておられるのでしょうか。国が補償しなくてはならない根拠、並びにその財源についてどうお考えになられているのでしょうか。国に補償しろと口先で言うのは簡単です。しかし、その財源は国民の税金によって担保されるのですが、その点について貴教授はどの様な認識をもっておられるのかお知らせ下さい。

なお、本書簡の内容は、私のＨＰに公表致します。

平成18年8月26日

［通告人］

東京都千代田区永田町２―２―１

衆議院第一議員会館２２４号室

新党大地代表

衆議院議員

鈴木宗男
袴田茂樹　様

いい加減な、思いこみの話はいけない。特に「自分だけがいいものだ」「間違いないんだ」的な話を、新聞を使ってアピールしているので、「これは国民に真実を知らせなければならない」と考えてのアクションである。袴田教授からどんな返事が来るのか、楽しみに待つ事にしよう。〉

私も袴田教授がどのような対応をするか、また、外務省の原田親仁欧州局長、松田邦紀ロシア課長が本件に関してどのような反応をするかについて、注意深く観察していきたい。そして、「北方領土ビジネス」の利権を白日の下に晒すため、今後とも国民に対して発信を続けていきたい。ちなみに上記の論考は、同様なものを二〇〇六年八月三〇日付で講談社のウエブサイトマガジン『直言』(宮崎学《みやざきまなぶ》責任編集)で明らかにしている。こうした活動にも、これからいっそう力を入れていくつもりだ。

領土問題は国民の愛国心を刺激する。外交やインテリジェンスの世界では、一九世紀から、自嘲の意味を込めて、「愛国心は悪人の最後の逃げ場」とよくいわれる。しかし、それは現代にも当てはまる。袴田氏は鈴木氏に回答しようとしない。北方四島問題を現実的に解決し、日ロの戦略的提携を探究し、国益を増進しようと考える勢力と、空想的スローガンを掲げ、「北方領土ビジネス」による利権を維持しようとする勢力の間で、激しい闘いがすでに始まっているのだ――。

北方領土交渉を空想から現実に引き戻すために本書が活用されることを望む。

佐藤《さとう》　優《まさる》

文庫版対論　外務官僚の謀略

逃げ回る腰抜け外務官僚

鈴木　二〇〇六年八月一六日、北方領土の貝殻島付近で、日本の漁船「第31吉進丸」が銃撃拿捕されて、日本人青年、盛田光広さんというかけがえのない命が奪われました。しかも、坂下船長はじめ乗組員の人たちも、長期抑留を余儀なくされた。

あれから一年、外務省は、北方領土をロシアに不法に占拠された土地といいながら、人道的な観点から熱心に活動したという動きはまったく見られませんね。

私は、日本の国家主権にかかわる話、すなわちロシアによって不法占拠されている北方四島で、わが国の前途ある青年の命が失われたという事実を、外務省、外務官僚がもっともっと重く受けとめなければならないと思います。それがまったく感じられない。日本にはまともな外交が存在しないとしか思えませんね。

佐藤　それと同時に、この件は、直ちに外務省が、氏名不詳のロシア人による日本人の殺人事件であるとして刑事告発して、検察庁もちゃんと訴状を受け、そのうえで外交ルートを通じて、正式に捜査協力と犯罪人の引き渡しを要求するべきだと思うのですよ。

鈴木　私もそのとおりだと思います。丸腰の漁民を至近距離から撃ったのですから。

しかも、誰が銃撃したのかも特定できるわけですから。不法占拠されている土地、すなわち北方四島で銃撃されたということならば、日本国政府として、強く出るのが外交の基本だと思うのです。

佐藤　私もそう思います。ところで、ロシアとの交渉において、たとえば「五六年宣言」をロシアが認めて、プーチン大統領が、「歯舞群島、色丹島の返還は義務的である」というようなことをいって、ロシアが譲歩したときがありますね。

鈴木　はい。

佐藤　ロシアが譲歩しているのは、これは弱い証拠だろうという感じが強く出て、せっかく島を取り返すチャンスがあったのに、それを逃してしまう。逆に、「第31吉進丸」事件のように、ロシアがおかしなことをして開き直っているときは、「僕、怖いよ。さわりたくないです」みたいに逃げ回っている。外務官僚は、少なくとも税金で給料をもらって仕事をしているのですから、こんな対応はふざけていますよ。

鈴木　そうですね。これでは腰抜け外務省といわれても仕方ありません。私はこの問題で、外務官僚、ロシア担当者の基礎体力のなさを痛感しました。あるいは、彼らは国益や国家をどう考えているのか。これでは交渉にならないなと、非常に残念な気持ちになりました。

バルダイ会議の怪

佐藤　それで、「第31吉進丸」事件のあと、奇妙な動きがありましたね。ロシア国営ノーボスチ通信社が主催するバルダイ会議という行事があります。これは、プーチン大統領と外国の有識者の非公式協議です。そして、二〇〇六年九月九日に行われたバルダイ会議には、日本の外務省と非常に関係の深い袴田茂樹さんが参加して、「プーチン大統領から何か肯定的なシグナルがあった」と発言。こんな話から、日ロ関係が一時動きかけたことがありましたよね。

鈴木　はい。

佐藤　あれについて、先生はどう評価されますか。

鈴木　私は、小泉政権以後、日ロ関係が停滞しているというか、逆に後退しているものですから、とにかく前向きに、一歩でも前進すればいいと思っていました。そこに袴田さんの発言です。何かプーチン大統領が肯定的な話をしたということで、かなり期待をしました。

佐藤　いや、ところが事実はこうです。バルダイ会議は、当初、非公開、すなわち内容を外に公表しないということだったのです。ところが、ヨーロッパから来たある人が、プーチン大統領の民主主義観は欧米と違うなどということをいったものだから、ロシアの大統領府はへそを曲げてしまった。そして、「大統領がいってもいないことを吹聴している輩がいる。そういうことならば、すべて表に出してやる」といって、参加した人全員のリストと肩書、それに発言をすべて表に出したのですよ。ロシア大統領府のホームページに。そうしたら、袴田さんの肩書は、日本政府顧問になっていたのです。

鈴木　これについても、私は、質問主意書を政府に提出しました。そうしたら、「日本政府顧問などという役職はない」という回答がきました。

佐藤　不思議ですね。常識で考えて、ロシア大統領府が「日本政府顧問」などという役職を勝手に袴田さんにつけますか。

鈴木　誰かがロシア大統領府に、袴田教授は日本政府顧問だといっているのですね。

佐藤　そう思います。私の過去の経験からしても、ロシア人は、その辺で嘘はつかないと思うのですよ。

鈴木　つかない。要するに、袴田さんが自分を高く売っている。領土問題をまさにビジネスにしている学者の典型だと思っています。

佐藤　そこで、作家の上坂冬子さんが、産経新聞編集局長の斎藤勉さん、同モスクワ支局長の内藤泰朗さんの共編著『北方領土は泣いている　国を売る平成の「国賊」を糺す』（産経新聞出版、二〇〇七年）の中で、実に興味深い指摘をしています。〈根室の漁師が殺された直後、私は袴田教授がプーチン大統領主催の「バルダイ会議」に出席するというニュースを新聞でちらっと読んで胸躍らせました。袴田教授はロシア語も自由だし、外務省を差しおいてモノが言える立場の人だから、安保研の立場からして当然、この漁船銃撃事件のことをプーチン大統領に抗議するだろうと思ったの。なのに何ですか。あのざまは。半世紀ぶりに日本を侮辱する大事件が起きた直後だというのに、事件の当事者のロシア側から渡航費用はもちろん一切の経費を出してもらったとご自分で公言しておられますよね。そもそもあの時期に、招待で行った態度が私には信じられない。

《袴田教授は東京財団が発行する月刊機関誌『日本人のちから』二〇〇六年十二月号への寄稿論文「プーチン大統領の伝達力と大統領の日本への伝達力」の中で「（バルダイ会議は）事実上ロシア政府の主催で、交通費も含めた費用もすべてロシア持ちである。ロシアはオイルマネーで潤ったために、このようなことができるようになったのだ」と書いている》

結局、漁師殺人事件のことには触れなかったというじゃないですか。四島返還をあれだけ叫んできて、末次（筆者註：故・末次一郎安全保障問題研究会代表。陸軍中野学校出身の社会活動家）さんの志を持っている人だったら、あの場で言うべきことは唯一つだったんじゃありませんか。事件からまだ三週間後ぐらいの段階で、国後に連行された坂下船長も帰ってきていなかったころですよね。私、袴田さんはロシアで事件対処の糸口となる交渉をするためにバルダイ会議に行ったとばかり思っていましたので、ガク然としました。

《バルダイ会議＝二〇〇四年から毎年一回開催。ロシア大統領と外国からの招待の約四十人のロシア問題専門家・ジャーナリストとの懇談会で、国営ノーボスチ通信が主催し、資金は全額ロシア政府が負担。日本からは昨年と一昨年、袴田茂樹青山学院大学教授が招かれた。約三時間の懇談会は大統領の演説抜きで、大統領が最初から参加者の質問を受ける。

「バルダイ」はモスクワ北西六百キロにあるボルガ川水源域の地名》（『北方領土は泣いている』七〇〜七一頁）

鈴木　上坂さんのいうとおりですね。これは一番日本としては屈辱的な話なのですから。しかも、丸腰の漁民が命を取られたということですから、看過できませんね。

佐藤　そこのところで、たとえば袴田さんは、「ここでは村上春樹が読まれています」

みたいな文学談義をしようとしたら、プーチンはぜんぜん乗ってこないのですよね。それで領土の話をしたら、「それはあなたとする話ではない。両国の専門家とのあいだで行う話だ」といわれて、入り口で蹴られている。鈴木さんの質問主意書による追及で、袴田さんがバルダイ会議の報告をモスクワの日本大使館に対して行い、それが公電《こうでん》(外務省が公務で使用する電報)で外務大臣に報告された事実が明らかになった。当時の外務大臣は麻生太郎さんです。

いったい袴田さんは、どういう内容をモスクワの日本大使館に報告したのでしょうか。少なくとも、袴田さんが日本に帰ってから、持って回っているバルダイ会議におけるプーチンの前向きのシグナルなるものとロシア大統領府が公表した議事録の乖離が著しい。

しかも、そのときの公電は秘密が指定されていない。要するに、「取扱注意」の文書だったということが明らかになったにもかかわらず、外務省は公電を出してこないのですよね。これは国民に知られたくない「何か」が、この公電の中にあるからです。外務官僚は必死になって公電の内容が表に出ないようにしています。

鈴木　そうですね。しかし、これはおかしな話です。だいたい、二〇〇六年のバルダイ会議の議事録が、さっき佐藤さんがいったように、ロシア大統領公式ホームページにオープンになっている。それにもかかわらず、秘密指定がなされていない公電を外務省が出してこないというのは、ほんとに不思議ですね。

佐藤　そこで、鈴木さんはいま、質問主意書と情報公開法に基づく情報公開請求での両方で外務省を攻めていますね。外務省の非開示決定に対する異議申し立てをして、最終的な判断を待っているところですよね。

鈴木　そういうことですよ。もしこれでも開示されないならば、行政訴訟を起こします。国民の知る権利のために、司法の場でも外務省を追及します。

「三島返還論」という下手くそなシグナル

佐藤　おそらく、このバルダイ会議での袴田さんの報告に関する公電を暴けば、二〇〇六年から出てきた、ロシアから何らかの肯定的シグナルがあったという話は本当だったかどうなのかという謎が解けると思うのです。それから、袴田さんと外務省の関係が、日本の国益にどのような影響を与えているかということも、明らかになると思います。

鈴木　しかも、本人は、日本政府顧問という肩書でロシア側に受け入れられたわけですから、袴田さんご本人は自分がどのような役割を果たしているか十分自覚していると思うのです。

佐藤 そのあと、不思議なことに、例の「三島返還論」の話が出てきたのですね。

鈴木 そうですね。この点についても『北方領土は泣いている』で斎藤勉さんが的確な指摘をしています。

〈〝異変〟が表面化したのは、安倍晋三内閣が発足した直後の二〇〇六年九月二十八日。再任された麻生太郎外相が毎日新聞紙上で行ったインタビュー記事だった。北方領土問題で実質的な進展がなく、誤ったメッセージばかりをクレムリンに送り続けて「対露外交・空白の五年間」といわれた小泉純一郎首相時代の殻を破るかのように、外相自身が奇妙な発言を始めたのだ。

インタビューでは記者が唐突な質問をぶつけた。「北方領土問題の解決策として、四島を面積で分割する案はどうですか」と。

麻生外相はこう答えた。「二つの考え方ですね。二島じゃこっちがだめで、四島じゃ向こうがだめ。間をとって三島とかいう話だろ。それで双方が納得するかですよ。これは役人で決めることはできません。どこかで政治的な決断を下さない限り、下から積み上げてどうにかなる話ではない。この問題への解決（への意欲）は、プーチン露大統領の頭の中にすごくあるように見えますけどね」。いわゆる「三島返還論」である。
しかし、日本の外相が「四島一括返還」の原則、換言すれば国家主権と国益に関わる代表的懸案である領土問題の原点から逸脱した「譲歩案」を公然と述べたことは過去にない。果たして、外相の頭の中に重大な国家主権・国益からの逸脱認識はなかったのだろうか。それとも外務省やロシア専門の学者らが裏で外相を操っているのか。「何かが日露の舞台裏で蠢き始めている」。記者（斎藤勉）はこの時から何となく不気味な胸騒ぎに囚われ始めた〉（同書一二一～一二三頁）

佐藤　斎藤さんのいうとおりです。北方領土交渉は、「バナナの叩き売り」ではありません。島の数が動く交渉なんて、論外です。それから、こういうことをいう人はロシア人の内在的論理をわかっていません。四島の日本への帰属確認が日本国家の原理原則といっているのならば、ロシア人もその土俵で外交ゲームをします。しかし、島の数が三島に減少することは、四島が原理原則ではないということなので、逆に五島、六島と増えることも可能になります。

鈴木　現に日本共産党は、歯舞群島から占守島までの二二島の返還を要求していますからね。

佐藤　ロシア人は疑り深い。三島ということで、逆に日本が今後、領土要求を四島より拡大していくと考えますよ。まったく下手くそなシグナルを出したものです。

外務官僚が外相に知恵を付けた「面積二分割論」

鈴木 それから、しばらくして、今度は「面積二分割論」が出てきた。

佐藤 注意深く見てみると、麻生さん自身が、面積二分割とか三島返還ということはいってないのですが、非常に不思議な出方ですよね。

鈴木 実に奇妙です。この点についても斎藤勉さんが問題の本質を的確に示しています。

〈麻生外相が十二月十三日の衆議院外務委員会で民主党の前原誠司・前代表の質問に答え、初めて「北方領土二等分案」に言及したのである。前原氏は外相が毎日新聞に事実上の「三島返還のアイデア」を話したことをまず引き合いに出し、質疑応答に入った。その内容を吟味すると今後の北方領土問題の行方を占う上で極めて重要な示唆に富んでいる。二人の言葉に忠実に、そのやりとりを再現してみると—。

(要約)

前原「二島先行返還(論)の時もそうだったが、大臣は島の大きさをちゃんとわかっておられるか。……四島あって(その)半分は二島ではない」

麻生「半分にしようじゃないかというと、択捉島の二五パーセントを残り三島にくっつけると、ちょうど五〇パーセントぐらいの比率になる」

前原「歯舞・色丹で七パーセント、国後を入れて三島で三六パーセント。択捉は六四パーセントもありすごく大きい。……中国とロシアが（〇四年十月に）国境線の画定をした時に、互いに半々にした。それに倣えということではなく、原則は四島だが、この問題を本当に解決するんだという意識があれば、三島と言い切ってはだめ。仮に半分にまけたとしても、私はまけるつもりはないが、まけたとしても四島は入るんだというところの認識を持ってこの話はしておかなくてはいけない」

麻生「ご指摘の通りで、基本的には、この話をこのまま二島だ、四島だ、ゼロだ、一だと引っ張ったままかれこれ六十年きたわけだが、この状況をこのまま放置しておくのが（日露）双方にとっていいかといえば、これは何らかの方法を考えるべきではないか。これがプライオリティー（優先順位）の一番だ。二番目は双方が納得するような話でないといかぬのであって、こっちが勝ってこっちが負けだという話みたいになって双方ともなかなか合意が得られない。例の中国とロシアの間のダマンスキー島（中国名は珍宝島）の（国境画定の）時も、いわゆるあれ（二等分を指す）で話をつけたという例もある。……半分だった場合というのを頭に入れていたので、択捉島の西半分というか、南のところはもらって初めてそれで半分よという話になる。幸いにして、右というか東方、東北の方に人口は集中しているので、そこらのところの人口比が圧倒的に多いのも事実だが、今いろいろ交渉していくに当たって、現実問題を踏まえた上で双方どうするか、十分に腹に含んだ上で交渉に当たらねばならぬと思っている」

前原「周辺環境も含めて日露関係は相当テコ入れしなければいけない時期だと思う。この辺で政治がリーダーシップとしてやる時期、そしてまた、プーチン大統領というのはそういう求心力のある大統領だと思っている」

麻生「これは事務レベルで話がつくとは思わない。政治決着以外に方法はないと思う。プーチンという人は、これはどう考えてもかなりの力、圧倒的な力と言ってもいいぐらいのものをロシアで持っていると思っている。従って、この人のいる間に話の決着をここで見るべき。……何らかの形で解決する方法の時期としてはいい時期に来ているのではないかというご指摘は、私もそのように思う」（かっこ内は記者注）

「麻生外相殿、ご乱心か」と思わず叫びたくなるような発言である〉（同書一四～一六頁）

佐藤　この民主党の前原誠司さんの質問に対して、麻生さんが答えるという組み立てが実にクサイ。私は、出来レース的なものを考えているのですよ。要するに、外務官僚が麻生さんに知恵をつけた。

《袴田先生も行かれて、ロシアから肯定的なシグナルが出ています。ここでこういうふうな表現で、三島返還であるとか、面積二分割だったら、三島に加えて択捉の一部がかかる。こんな感じのシグナルを出してくると、ロシアは乗るかもしれませんよ。これで北方領土交渉が大きく動くかもしれません》というような知恵をつけたのではないかと、私は見ているのですよ。

外務官僚の謀略に気づいた外相

鈴木　私も、そんな浅知恵をつけたのではないかなという感じがします。そうでもなければ、時の外務大臣が、このようなリスクのあることはいわない。ところが、また不思議なことに、これを三日後に撤回してしまうのですね。

これまた私は、逆に、そこで麻生大臣が外務官僚の謀略に気がついたのかなという感じもしますね。下手な話に乗っちゃいかんという別の外務官僚がいて。外務省内部の意思統一ができていない証拠です。

佐藤　鈴木さんが失脚した後、当初、松田邦紀ロシア課長（当時、現イスラエル大使館公使）は、「四島一括返還だ」などということを裏で新聞記者に流して、強硬路線に出ました。それなのに、同じ人物がロシア課長職にとどまっているにもかかわらず、今度は北方領土交渉の原点さえ揺るがしかねない、「三島返還論」や「面積二分割論」のようなおかしなシグナルが外務省内部から出てきている。ロシア担当の外務官僚に魂が入っていないのではないでしょうか。

鈴木　そう思いますね。数年前の「鈴木バッシング」のとき、外務省は、「鈴木宗男は北方領土不要論をいっている」などという話まで出したのですよ。

佐藤　ひどい話です。これは大嘘です。

鈴木　これは、ほんとに大嘘ですね。たとえば外務省は、私にとって都合が悪くなるような改竄を、一九九五年六月一三日に西田恒夫欧州局参事官が私のところを尋ねたときの会談記録（報告・供覧）に対して行っている。

そのとき私は、「羅臼では、北方領土問題というのは、国の面子から領土返還を主張しているに過ぎず、実際には島が返還されても地元としては何の利益にもならないという声がある。北方領土返還よりも、四島との経済協力を進めていくべきとの声が強い。国後を目の前にして。しかも最大の漁場だ。それでまた、銃撃だとか拿捕がある。それより、安心して漁をさせてもらったほうがいい。漁業の発展だといって、羅臼の漁民は領土よりも経済なんだ。根室は逆に、外務省のいうとおり、領土問題にこだわってやってきた」といったんです。

そしたら、羅臼という主語をとって、「鈴木宗男は、領土はどうでもよくて、経済優先なんだ」というような作り話を、外務省は意図的に行ったのですよね。改竄後の文書はこうなっている。

〈そもそも、北方領土問題というのは、国の面子から領土返還を主張しているに過ぎず、実際には島が返還されても国としては何の利益にもならない。そうであれば、……わが国は北方領土返還要求を打ち切って、四島との経済協力を進めていくべきと考える〉（鈴木宗男『闇権力の執行人』講談社＋α文庫、二〇〇七年、一八四頁）

佐藤　無茶苦茶な話ですね。

鈴木　そんな連中ですから、麻生さんに対して、「面積二分割にすれば三島に加え択捉島の一部も返還になる。中国とロシアの国境を決めたときも、中間で手を打つのです」くらいの仕掛けをしても不思議ではないなという感じがしますね。

佐藤　これは、日本の外務官僚の特質なのです。そういうような形で、とりあえず、リスクを負うような提案を政治主導でやらせる。そこで、世論の反応がよければ、「外務官僚が考えたのです」といって、成果を基本的に自分たちで食う。もちろん、切り身のひとかけらくらいは政治家のほうに渡す。
反応が悪かったら、「政治家が勝手にやりました。とんでもない政治家です」といって、責任を全部、政治家に負わせる。この病気はまったく治っていないようですね。

鈴木 治っていませんね。うまくいったときは、手柄は自分たちで。うまくいかないときは、「それは政治家の責任です」という、従来からの外務官僚の姿を、また見せつけられた思いです。

佐藤 そこがやっぱり勘違い、思い違いなのですよね。

鈴木 外務官僚の典型。蝶ネクタイをして体裁ばかりを整え、内部報告にしか関心を向けない外務省文化です。

佐藤 外務官僚がけしからんのは、たとえば「面積二分割論」のときでも、鈴木さんや私と麻生さんがぶつかることを狙った、おかしな情報操作ばかり行うのですよね。
こちらは国家の基本という観点から、きちんと話をしている。麻生さんを叩くつもりなどまったくないし、事実、一度も叩いていない。麻生さんにおかしな振り付けをしている外務官僚の姿が私には見えるので、それを指摘しただけです。

鈴木 そのとおりですね。

佐藤　だから、二〇〇二年の「鈴木宗男事件」について、政治家、特に外務大臣になった政治家には、「もう一回よくおさらいしておかないと、明日はわが身ですよ」といいたい。

鈴木　そうです。政治家はもっと緊張感を持ってもらいたい。私の件なども他人事とは思わないで、外務官僚はありとあらゆる手法を使ってはめてくる、ということを忘れないでほしいと思います。

歯舞群島、色丹島は返還直前だった

佐藤　さて、この交渉停滞のもと、北方四島から引き揚げてきた元島民たちが多い根室市、そして根室管区の現状はどうなっているのでしょうか。

鈴木　小泉元総理が「改革」などというものですから、元島民の人たちも、北方領土外交で何か新しい一歩があるのではないかと思って期待しました。けれども、ものの見事に裏切られた。失敗は、小泉さんが田中真紀子さんを外相に使ったときから始まりました。まったくトンチンカンな起用だからです。

外交というのは積み重ねですから、過去の宣言や協定、あるいは首脳会談や外相会談のときの記者会見等、すべてを受けて、その積み重ねのうえにまた前進していくわけです。ところが田中真紀子さんは、「北方領土の原点は一九七二年の田中・ブレジネフ会談だ」などといってしまった。さらに、「四島一括返還」などということもいい出した。

そのつい一ヵ月前に、森・プーチン会談で、森さんがとてもいい提案をしました。それは、車の両輪のような並行協議、つまり歯舞群島と色丹島については、具体的に日本にどうやって返還するかについて協議をしましょう、国後島、択捉島については、日ロのいずれに帰属するかについて協議しましょう、という提案でした。

佐藤　ここで重要なのは、森さんとプーチンさんが署名した「イルクーツク声明」では、「東京宣言」を認めたうえで、択捉島、国後島、色丹島、歯舞群島の名称をあげて、この四島が係争地域だということを認めているという点です。

鈴木　そうですね。森さんは、四島が係争地であることを前提としたうえでの並行協議に関する提案をしました。歯舞群島、色丹島は返還直前でした。それに、日本が国後島、択捉島を失うことにもならない。

佐藤　歯舞群島、色丹島の二島はもう日本に返すので、具体的な話をします。残りの国後島、択捉島の二島の帰属について話をしましょうということですから、二〇〇一年の春が、北方領土が日本にいちばん近づいたときなのですね。

鈴木　確かに島が日本にいちばん近づいたときです。プーチン大統領も、「それ（森提案）を私が持ち帰らせていただきたい」といった。その会談に私も同席していましたが、非常に雰囲気はよかったですよ。

佐藤　しかし、このことに関しても、当時の欧州局長で、この交渉の戦略を立てた東郷和彦さんが『北方領土交渉秘録　失われた五度の機会』（新潮社、二〇〇七年）を上梓して、実際は何があったのかということを明らかにしています。たとえば、同時並行協議の戦略についてこう述べています。

〈今回、イルクーツクにおける最大の問題は、すでに実質的合意ができ上っていた共同声明の文言ではなかった。五六年宣言の有効性を確認したプーチン大統領が、宣言に基づいて歯舞・色丹の引き渡しを言って来た時、日本側がいかにしてそれを国後・択捉の討議につなげるか、そこにこそ交渉の成否がかかっていた。

この点をロシア人のロジックと心情に最も受け入れられやすい文書で、森総理がプーチン大統領に伝えるにはどうしたらよいか。そのための表現を見出すことに、日本側事務方のすべての知恵を結集することが求められた。

その結果、総理の発言案として考えだされたのが「歯舞・色丹の引き渡しの問題と、国後・択捉の主権の問題を並行的に、車の両輪のごとく協議する。そして歯舞・

色丹の問題の協議の進展と国後・択捉の問題の協議の進展が相互に良い影響を与えるようなダイナミックな話し合いを行う」という「並行協議」の提案であり、さらにそれを補完するものとしての「日本が国後・択捉を放棄することは、過去・現在・未来にわたって、無い」という表現だった〉（『北方領土交渉秘録』三五六頁）

鈴木　重要な証言です。東郷さんはまさに外務省幹部の立場、外交の事務方責任者の立場から、勇気を持った証言をしています。退官後の今も国家公務員の守秘義務がある。それを踏まえた、まさに法律に触れないぎりぎりのところまで真実を明らかにしていますね。東郷さんのこの本は、私は、日ロ関係を考えるうえでは貴重な教科書だと思っています。

佐藤　現役外交官時代、私は東郷さんの最側近だったと思うのですが、その私ですら知らなかった話が『北方領土交渉秘録』にはいくつもあります。たとえば、二〇〇一年四月、東郷さんが単身モスクワに乗り込んで行った交渉の内容です。

〈今回も私のモスクワ到着に合うタイミングで、四日付のインタファクス通信にロシュコフ次官のインタビューが掲載されたのである。大使館の担当者から夕刻インタビューを入手した私は、ホテルの部屋でこれを読んで熟考した。

ひじょうに重要なインタビューだった。表現は誠に微妙であり、その真意を把握するのは簡単ではなかったが、そこには、イルクーツク会談をロシアの事務方がどのように受けとめ、どういう論理構成によって森総理が提起した並行協議に応じるかが浮かび上がっていた。

問題は国後・択捉の議論に関連して、次官が何を語ったかであった。そのことについてロシュコフ次官は、「日本は他の残りの二島即ち国後・択捉に関する交渉を継続する必要があると見なしている。五六年宣言の後、四島すべての帰属の確定に基づき問題を解決することを盛り込んだ東京宣言をはじめとする一連の文書が採択され、これは我々の立場と乖離するものではない。何故ならば、帰属の問題は特定の方法によらずとも解決できるからである」と述べていた。

次官はこれまでのマスコミに対するインタビューで、このような言い方をしたことは一度も無かった。だが、今回は「国後・択捉について議論することは出来る。何故なら議論した結果はいろいろな可能性が考えられ、議論を始めたからといって引き渡しを認めたことにはならないからである」という単純明瞭な事実が、歯舞・色丹の引き渡しの確認とともに、初めてロシア当局からロシアの世論に対して発信されたのである〉（同書三六一頁）

ここまでは私も知っていました。このインタファクスのインタビューに注目して分析したのは私です。問題はこの先です。ロシュコフ次官と東郷さんは相当突っ込んだ話をしているのです。

〈五日午後三時、外務省にロシュコフ次官を訪問した。モスクワ市内は堆積した残雪が春の陽気で溶けだし、ところどころに足の踏み場も無い泥と水たまりをつくり、歩くのに骨がおれた。しかし、外務省に向かう一歩一歩の足取りに、いやがおうでも力が入った。

イルクーツク会談を、ともかく無事に終了させたロシュコフ次官は元気いっぱいだった。私は単刀直入に、イルクーツクの首脳会談において森総理が提起した考え方をもう一度説明したうえで、「これからの交渉が、二〇〇〇年九月から始めた七ヵ月と同じような密度で続くと考えてよいか」ということだけを聞いた。

ロシュコフ次官は暫し考えている風だったが、言葉を選びつつ、「トーゴーさん、あなたがそう考えることには根拠があると思います。しかし、残念ですが、貴方との間でこの協議を行うのは無理でしょう」と答えた。

唐突にそう言われて、私としてはいささか面食らったが、すぐに相手が言わんとすることを理解した。私は四月の末には欧州局長を退任することが決まっており、先方もそのことを知っていたのだ。確かに、今後の交渉をいくら速いテンポですすめるといっても、四月末までに次回の会合を開くというのは、早急な観は否めない。

ロシュコフ次官はこう続けた。

「次の話し合いをするためには、ロシア側としても一定の準備が必要です。自分の意見では、一ヵ月、一ヵ月半、あるいは二ヵ月程度の準備期間がいると思います」

それは当然のことだと思った。しかし、この時私たちは、この準備期間が終われば、間違いなく七ヵ月間交渉と同じように、またはそれを上回るスピードで交渉が続くことを疑っていなかった。

私は、交渉が天王山にさしかかろうとしていることを確信した。あとは日本側でいかに迅速に準備を整え、この急速なロシア側の展開を受けて立ち、国後・択捉についてどこまでロシアを説得できるかであった〉（同書三六二～三六三頁）

この内容は外務省の金庫の中に極秘電報かあるいは、極秘のメモで保管されている情報だと思います。東郷さんは、外務省から守秘義務違反で刑事告発されてもいいと腹を括って、真実を国民の前に明らかにしたのでしょう。

東郷さんの本は、官僚サイドから冷戦後の北方領土交渉について書いた最良の本です。東郷さんは、〈二〇〇一年四月五日。確かにそのような状況ではあったが、それでも、それは島が一番近づいた日だったと言えるだろう――〉（同書三六四頁）と回顧していますが、この証言を額面通りに受け入れていいと思います。

東郷さんの本と、それに、政治サイドから同じ時期を考察したわれわれの『北方領土 特命交渉』をあわせて読むと、北方領土交渉の実態が立体的にわかると思います。

鈴木 とにかく真実を国民に伝えることが何よりも重要です。

「ムネオハウス」を撤去せよ

佐藤 最近、根室の新聞記者、あるいは根室の返還運動関係者からいわれるのですが、二〇〇二年の「鈴木宗男バッシング」という、あの大きな嵐の中で、「鈴木宗男はとんでもないことをしているのではないか」という情報を、自分の頭で考えないで、受け入れてしまった。その結果、公共事業は減らされ、北方領土関係のハコモノ事業もなくなって、根室は自分で自分たちの首を絞めてしまった。いま根室は、ほんとうに疲弊している。あのとき、「鈴木さんは地域のために重要な政治家だった」と、きちんと主張すべきだった。こういう話を何件も聞きました。

鈴木 とにかく、私は年に何回も根室に行くのですが、住民と会うたびに、声ではなく、悲鳴が聞こえますね。そして、叫びではなく、うめきが耳に残るのです。

佐藤　ここも何とかしないと……。

鈴木　特に元島民の皆さん方はもう、七〇歳、八〇歳、九〇歳ですよ。残された人生は長くないですね、残念ながら。そういうことを思うと、北方領土問題に関する質問主意書に対して外務官僚が木で鼻を括ったような答弁をする、このようなことはあってはならないことだと思いますね。鈴木宗男に対する無礼はかまいません。

しかし、私の後ろには、選挙民はもちろん、国民がいるのですよ。その国民に外務官僚が、無礼な、そして横着な対応をとっては、絶対にいけないと思いますね。

佐藤　その通りです。しかし、逆に考えるならば、鈴木さんが国会に戻ってきて、いま、こういった形で質問主意書を出さなければ、国会において北方領土問題は完全に風化してしまいましたよ。

鈴木　残念なことですが、確かにそうかもしれません。

佐藤　はらわたが腐った外務官僚の狙いは、この問題を風化させて、この問題を動かさなくても出世のマイナスにならないようにする——それだけですよ。

鈴木　佐藤さん、ほんとに外務官僚というのは不思議なものですね。プーチンさんが日本に来ましたね、二〇〇〇年九月。このとき、森さんは頑張って、記者会見でプーチンさんに五六年の「日ソ共同宣言」の効力を確認させましたね。しかし、領土問題については具体的に大きな前進がなかったものですから、外務省はまた浅知恵を使ったのですよ。すなわち、「いまロシアは経済が大変だ。だから、領土問題は譲れないのだ」、こういういい方ですよ。

五年後、二〇〇五年になりますね、またプーチンさんが来たとき、外務省はこういいましたよ。「いま、ロシアは経済がいいから、領土は譲る必要はないのだ」。経済が悪くても譲らない、よくても譲らない、こんな使い分けがありますかね。

佐藤　ですから、そこのところは政治家がびしっと厳しい指導をしなければならないと思います。ロシアの経済が悪いときに、この本でまさに書いたわけですけれども、「友好の家」、いわゆる「ムネオハウス」を建てたのです。あれはいわば、あえて飯場みたいなものをつくった。ということは、おかしな使い方をしたときには撤収して持って帰る、という意味です。

鈴木　そうなのです。だから、取り壊し可能なプレハブでやったのですね。それがホテルに使われているという報道が出たわけでしょう。ロシア側に、「こんな使い方をしているならば、解体して日本に持って帰る」というべきではないでしょうか。

佐藤　なぜ強いことがいえないのか。筋が通らないことをロシアがやっているときには、こっちのほうから筋の通ったことをきちんというべきでしょう。

鈴木　そういう毅然とした対応をしないと、今後の交渉でロシア人になめられます。

佐藤　また、北方領土のディーゼル発電のために供与した重油も、「テロ特措法」によってインド洋で供給していた重油に比べて、ほんの少ない量でよかったわけですよね。ざっくりいうと、一〇〇分の一くらいでやっていたわけですか。

鈴木　いま、インド洋に二二〇億円相当の重油が行っているのですね。その一〇〇分の一で二億円、そんなものですね。この程度の支出で北方四島のロシア人に喜ばれた。しかし、これはもう表に出してもいいと思いますが、実はこちらは匕首を突きつけたのですよ。当時、北方領土には、ロシアから油は来ませんでした。私たちが油を止めたら、連中、しばれて凍っちゃうのですから。

佐藤　中国と北朝鮮の間にあるパイプラインみたいなものですね。

鈴木　そうです。北朝鮮だって、こういう仕掛けがあるから、中国に対して譲歩してきているのですから。こういうことを、当時は佐藤さんが考えて、ロシア側を上手に締め上げていったのですよ。

しかし、ロシアがいまこれだけ力を持ってきて、七年間に一〇〇〇億円も北方四島に投資する。年間一二〇億くらいですよ。日本の一二〇億と価値が違いますよ、生活レベルから見た価値というのは。

佐藤　少なく見積もっても、年間五〇〇億～六〇〇億くらいの価値がありますよ。

鈴木　しかもいま、択捉島の水産加工会社「キドロストロイ」が色丹島まで出てきていますが、政府がインフラから何から全部面倒見ています。

佐藤　汚水なども処理していますか。

鈴木　現在は汚水もきちんと処理しています。そういう面も含めて、相当レベルが上がっている。環境を破壊して、魚がとれなくなったらだめだということもわかっている。昔は、ロシアで魚はゴミだ、みたいな話だったのですが、ロシアでもいま、日本食が非常に人気があるのです。

佐藤　ロシア人も魚が金になるということがわかったということですね。

鈴木　そうです。魚は金なのです。魚でも、現地で開いて冷凍にして、すぐに送ることができる。釧路の技術と変わりません。色丹の工場を私が二〇〇六年に見たところの印象では、まちがいありません。

佐藤　そういう現状の変化を考慮に入れて戦略を組み立てる必要がありますね。

鈴木　その通りです。しかし、現在の日本外務省には戦略がない。たとえば、対ロ支援の窓口だった支援委員会を二〇〇三年につぶしてしまった。国際機関なのに、その過程でロシアとまともな協議もしていない。日本側が一方的な通告をしただけです。

佐藤　支援委員会がないのだったら、それに対応する外務省の組織であるロシア支援室もつぶしてしまうのが筋です。

鈴木　そういうことです。

佐藤　ばさっと無駄な部署や人員を切らないといけません。しかも、外務省ロシア課の中に北海道連絡室などという組織が最近できましたが、そんなものはいらないでしょう。

鈴木　まったく、いらないですね。

佐藤　全部つぶせばいいんですよ。外務官僚の権益保全にだけは役立つが、国民の利益にならない組織などは。

鈴木　以前、領土問題があるからといって、たとえば北海道大使をつくりましたね。しかしこれも、行革だ、むだをなくすといったので、北海道大使は廃止してしまったのですよ。

佐藤　それで北海道連絡室が新しくできるなんて、おかしな話ですよね。

鈴木　おかしいです。しかも、ロシア課の中につくったのですからね。

佐藤　これは奴らが、外務官僚の生き残りしか考えていないということですよね。

鈴木　そうだとしか考えられません。

諸悪の根源は新自由主義

佐藤 外務官僚に北方領土問題を解決する力はありません。政治の大きな力を出さない限りは、領土は動かない。もう一回ここで考えないといけないことは、領土というのは国家の基本だということです。経済合理性だけで考えるのだったら、違う答えも出るでしょう。北海道は日本のGDP（国内総生産）に占める比率はどれくらいでしょうか。北海道の企業から上がっている実態だけで計算するならば。

鈴木 これは残念ながら、五パーセントくらいですね。

佐藤 人口は？

鈴木 人口は五七〇万ですから、二一分の一ですね。

佐藤 二一分の一というと、五パーセント弱ですね。ということになると、経済合理性だけから考えれば、あってもなくてもいいということになってしまうのですね。

しかし、そういう計算だけをしていくと、沖縄でも四国でも、あってもなくてもいいというような話になってしまうのですよ。

鈴木 たしかに、そういうことになってしまいますね。

佐藤 国家というのは経済合理性と違うところで成り立つものです。北海道大学大学院教授の山口二郎さんがおもしろいことをいっていました。ちなみに山口二郎さんというのは、かつて鈴木宗男批判の中心だったけれども、いまは鈴木さんに対する見方を完全に変えています。その山口先生は、はっきりといっているのですよ。「政治の機能というのは再分配だ。政治が手を突っ込んで、富者のところに集まっている富を、社会的に弱いところに再分配することだ」。これは私も正しい見解だと思うのです。

鈴木　公平配分というのは、あるいは公正・公平というのは、政治の原点ですよね。真のフェアという意味でね。そのために、強い者の力を弱い人に回すというのは、バランスをとる、溝をなくす、差をなくすということです。

佐藤　そのうえで競争する。

鈴木　もちろんです。競争を完全に否定するのはよくない。

佐藤　競争で上のほうに立った人間は、それを世のため人のために使うことによって、名誉をもらう。また、そういった人たちに、みんなが感謝する、「よくやってくれた」と。こういうのが僕は日本の伝統だと思うのです。

鈴木　それと、日本は節度や道義を重んじる国です。そういった意味でも公平の原則は重要です。終身雇用制というのも、日本の伝統を体現する一つのモデルだったわけですね。

佐藤　新自由主義になって、社会が殺伐となる。それで日本人が、自らの同胞という観念に広がりを感じられなくなってきている。そのため、一方においては、たとえば北朝鮮による日本人拉致問題解決に関しては、国民的な意識が低下しています。

また、沖縄戦における集団自決の記述を巡る文部科学省による教科書検定問題に関しては、沖縄県とそれ以外の温度差が、かつてなく高まっています。ついに沖縄では、二〇〇七年九月二九日に、主催者側発表で一一万人の県民集会が起きるようになった。それを見てはじめて文部科学省も、問題の深刻さを認識して動くようになるわけですね。

一見、沖縄の教科書問題は左派の専管事項で、北方領土問題や拉致問題というと右派の話、みたいにとらえられていますが、実はそうではない。なぜ、北方領土問題、拉致問題、沖縄問題に関する国民的関心が薄れているかについて、もっと真剣に考える必要があります。

私は、これは新自由主義が進みすぎたからだと思うのですよ。それによって、「自分一人だけがよければいいのだ」という自分中心主義が広がるので、どこまでが同胞であるかという意識が非常に狭くなってきている。

鈴木　特に政治家に、この新自由主義が蔓延していることが問題です。小泉政権誕生後、身勝手というか、自分だけよければいい、自分だけがポストにつければいいんだという感じの政治家がのし上がるようになった。「偉大なるイエスマン」という言葉も出てきましたね。これははっきりいって、ゴマすって、自分だけいい思いをすればいいいんだということ。公《こう》の部分よりも私《し》の部分で動く。こんな社会をつくった政治家の責任は重いと思いますね。

佐藤　官僚の側にもおかしな変化が起こりました。たとえば、公務を遂行しているにもかかわらず、自分の名前を名乗らない官僚がいる。名なしの権兵衛さんなんていう官僚というのは、滅茶苦茶な話ですよ。初めから責任を逃れているわけですからね。

鈴木　これはやっぱり、世の中、三すくみなんですね。国民が政治家を選ぶのです。その政治家はまた、役人をコントロールする義務がある。人事権を持っているのですから。一方、役人は、国民に対する行政指導をします。

いま、役人の行政指導は、新自由主義で、とにかく規制緩和だということになり、まるで役人は、自分の職務を放棄している。規制緩和で、結果として弱い者いじめになるような状況を作り出しているのが、いまの役人のやり方ですよ。

そして、政治家自身の基礎体力がないものですから、政治家が持っている正しい権利の活用というものがない。特に、中央官庁の人事に関してです。いま、いい思いをしているのは役人ですよ。特に権力者に取り入っている役人ですね。これもやっぱり、新自由主義の行きすぎだと思います。

佐藤　それと同時に、役人の中にも、逆に閉塞感が強まっていると思うのです。かつては、長時間労働をして、にもかかわらず決して給料はよくなくても、やっぱり、「世のため人のため、日本国家のために仕事をしているのだ」という矜持がありましたよね。

鈴木　確かにそうですね。

佐藤　私たちが北方領土返還に向けて特別なチームをつくったときには、ノンキャリアの連中だけでなく、キャリアの連中も、ノンキャリのこちらの下に入ってくるわけですからね。

それから、そのチームの中では、高校卒の職員が会計を担当したりしていた。このように、いろいろな職種の外務省職員がいたわけですが、北方領土を動かすということになったら、みな心をひとつにして、本気でやっていたではないですか。

鈴木　佐藤さんのチームの人たちは、きちんとした国家観を持ち、私生活よりも国益を優先していましたよね。いまは、国家観や国益論というものを持たないで、要は、自分のときだけはエラーやミスをしなければいいというような、非常に狭い判断をする外務官僚ばかりになってきましたね。

私たちの反省

佐藤　ですから、佐藤ラスプーチンを叩きつぶし、つまり、インテリジェンスチームを解体し、鈴木宗男を放逐し、その結果、外務省がよくなったのかということを、もう一度よく考えてみなくてはならないと思うのです。

この本の中でも強調したのですが、私たちにも間違いがあったわけですよ。反省しています。ほんとうのことをもっときちんと説明して、国民の理解を得ながら北方領土交渉を進めないといけなかった。説明責任に対する認識というものが不十分だった。しかし、それはむしろ外務省の官僚側の問題なのですね。鈴木さんとしては、国民に説明してもよかったのですけれども、外務省が「話さないでくれ」というから話さなかったのですから。

鈴木　そうなんですね。「外交交渉中のものについて、ここは伏せてほしい。あるいは絶対にオープンにしないでくれ」というのが外務省の役人の要望だったわけですから。私も国益のためにはそうだと思って、黙っていた。しかし、「何を鈴木はやっているんだ。奴のやっていることは二元外交だ」などという流れができると、逆に、そっちのほうに外務官僚が乗って……。

佐藤　どんどんどんどん情報を流す。

鈴木　ロシアのほうは間違った情報を流しますね。

佐藤　そうです。外務省が真実を国民に説明しない。それだから、私たちがリスクを負って、国民に対し真実を説明しているのです。私たちのやっていることに外務官僚が文句あるならば、陰口ではなく、正々堂々と表に出てくればよい。いつでも相手をします。あるいは本書『北方領土　特命交渉』や東郷さんの『北方領土交渉秘録』を守秘義務違反で刑事告発しろという話ですね。

鈴木　そういうことですね。

佐藤　つまり、私と東郷さんは国家公務員法違反、鈴木さんはそのそのかしで刑事告発しろという話です。

　私は東郷さんの思いがよくわかるんですよ。私と鈴木さんの書いたものというのは、やはり、ぎりぎりのところで外交秘密について公開することは抑えているのです。ところが、東郷さんは自分の判断があって、もっと踏み込んで書いている部分がある。それがいいのかどうかについて、僕は歴史が判断する問題だと思うのです。

鈴木　まさに、その通りですね。

佐藤　しかし外務省が、それに対して文句をつけるか、あるいは刑事告発をするかというと、何もしていない。あるいは、「東郷さんがそこまで明らかにしているのだから、われわれも文書を公開します」といって、真実を国民の前で明らかにすることだってできます。私は後者、すなわち東郷さんが明らかにしたのと同じ水準の情報開示をすべきだと思いますよ。

鈴木　私もそう思います。少なくとも、私たちの『北方領土　特命交渉』、東郷さんの『北方領土交渉秘録』が出て、外務省が「いつか嵐は過ぎ去る」というような姿勢で黙っているのはおかしいですね。本来ならば、たとえば、「これは認識が同じだ。しかし、これはまったく認識が違う」などというレベルでもいいから、なにがしかのことを国民に説明すべきですよ。

佐藤　ただ、私たちが胸を張っていえるのは、われわれが明らかにしたことで、日本の国益を棄損する内容は一つもないということです。

鈴木　そうです、それには自信があります。

佐藤　むしろ国民の知る権利に奉仕した、と思っているくらいです。

鈴木　とにかく、これからも、国益という観点だけは忘れずに、政治を動かしていきたいと思います。

今後の北方領土戦略とは

佐藤　さて、今後、北方領土交渉を動かしていくためには、鈴木先生はどのようなアプローチを具体的に考えていますか。

鈴木　一つは、政治家の外交情報に関する感度を上げることです。過去二〜三年、ロシア側は再三メッセージを出している。シグナルは送っているのです。しかし残念ながら、日本側がそれにまったく答えていない。

佐藤　特にロシュコフ（現ロシア外務次官）さんが駐日大使として在勤していた時期は、大きなチャンスだったのに、それをほとんど生かせなかった。本当に残念です。

鈴木　ロシュコフさんというのは、日本に来る前は外務次官で、しかも北方領土を担当していたのですから。それで、東郷さんはじめ佐藤さんとも、非常に信頼関係が厚かった。せっかく日本に来ていたこの三年間……。

佐藤　ロシュコフ大使が来たのは、二〇〇三年のことですよね。

鈴木　三年半いましたかね。外務次官で、いまは六者協議のロシア代表なのですからね。つまり、日ロ関係がよくなれば、拉致問題でもまた突破口をつくれるのですよ。

そうした戦略をたてられず、あるいは頭づくりができないのが、いまの外務官僚です。ほんとうに基礎体力がなくなってしまったと思いますね。

佐藤　また、新党大地の多原香里副代表はアイヌ民族出身の研究者で、二〇〇七年七月の参議院選挙では、当選は逃しましたが、六二万票以上を獲得しましたね。普通、民主主義社会の選挙において、少数民族出身の候補は、非常に不利なんです。にもかかわらず、北海道で多原さんは六二万票もとった。このことをどう分析していますか。

鈴木　知名度のまったくない多原さんでした。それでいろいろ知恵を出して、名前を浸透させるのが先だと思ってやりましたね。しかし、新党大地の政策は明らかでした。

北海道の先住民族はアイヌ民族です。北方四島の先住民族もアイヌ民族。サハリンもアイヌ民族です。アイヌ民族の多原さんが出ることによって、領土問題の解決、あるいは、日本のウイークポイントであるエネルギー問題の解決に、必ずや資する、と訴えました。

佐藤　私は、そこは非常に重要だと思うのです。先般、国連でも、先住民族の権利保護に関する決議というのが採択されましたね。

鈴木　そう。二〇〇七年九月に採択されましたね。

佐藤　これで、日本政府がアイヌ民族を先住民族と認めれば、北方領土交渉を加速することができます。北方四島はわれわれアイヌ民族の土地なのだから、戻してほしい。そういったことを主張することもできるわけですよね。

鈴木　ロシアもアメリカも、先住民族の権利は認めているのですから。しかし、当の日本政府がアイヌ民族を先住民族と認めていない……。

佐藤　しかも、サハリン大陸棚の石油・天然ガス開発に関しても、もう一回、アイヌの土地だという形で、日本が関与を深めることができると思うんですよね。

鈴木　そう思います。だから、外交交渉というのは、多面的、重層的なアプローチ、すべてを考えてやっていかないとだめですね。そういった意味で私は、ロシアと、あるいはアメリカとの価値観を共有するという観点からも、日本政府は先住民族の権利の確立にもっと積極的になるべきだと思います。

佐藤　アイヌ民族は先住民族だと認めることでは、一円のお金もかからないわけですよね。

鈴木　かからない。それと、アイヌ民族とロシア極東やサハリンに住む先住民族との文化の共有、歴史の共有ということは非常に重いし、相手の心、あるいは懐に入り込むには早道になるわけですよね。

佐藤 ええ。ですから、そういうようなことをアドバイスしているのだけれども、ジレンマを感じます。私たちからアドバイスを出すと、「鈴木宗男や佐藤優から出てきたことだけは絶対に聞かない」となる。これがいまの外務官僚の体質ですから。

鈴木 そうそう。だから、私や佐藤さんが、国民はなるほどと思うメッセージをいかに上手く発しても、外務省はかたくなに、「とにかく、鈴木や佐藤の影がちらつくものは絶対に受け付けない」と来る。しかし、その考えが国益を棄損しているということを考えてもらわないと困りますね。

佐藤 その通りです。それから、知床の世界遺産というものを、ぜひとも北方四島にまで延ばす。千島全体に延ばしてもいいですよ。ウルップあたりまで延ばしてもいい。それで共同管理をしていく。資源もそこで確保していくし、乱獲も防止する。

鈴木 すばらしい考えですね。

佐藤 こうして、日本人が北方四島に実際に入っていく仕組みをつくらなくてはいけません。

鈴木 ユネスコの事務局長は松浦晃一郎さん。私が官房副長官のとき、小渕総理の命で、この人を当選させるべく、選挙運動でアフリカ等を回りました。松浦さんがユネスコの事務局長をやっているということは、世界遺産に指定してもらう場合でも、大きな力になることは事実ですよね。

佐藤　それは、間違いありません。

鈴木　ですから、いま佐藤さんのいわれたように、北方四島も知床も同じ気象、似通った自然条件や生態系なのですから、日本とロシアの共同提案で、その地域を世界遺産にすればいい。ロシアと日本がジョイントでやりましょうと、ユネスコに働きかけただけでも、ロシア国民も、「ああ、日本も懐が深いな。日本はそこまでロシアのことをわかってくれて、理解してくれているのか」となる。そうなれば、「それなら、領土問題の交渉をもっと加速させないといけないな」というふうに、また別の活路が出てくると思います。

佐藤　まったくその通りだと思います。

北方四島の中国・北朝鮮労働者

鈴木　いま北方四島に、韓国人や北朝鮮の労働者、あるいは中国のコックさんなどが入っているといわれています。私も二〇〇六年に色丹島に行きましたが、中国のレストランがあるのですから。

佐藤　そうですか。私の現役時代には考えられなかったことです。そういう動きがあれば、かならずロビー活動をかけてつぶしました。

鈴木　このレストランで、中国人が働いているのですよ。

佐藤　かつて、中国がソ連のことを社会帝国主義だといっていた時代においては、日本の北方領土返還要求を支持していたわけですね。日本の外交力が、中国に対しても、韓国に対しても弱くなっているから、こういうことになるわけです。

鈴木　そういうことですね、残念です。

佐藤　それから、サハリン州当局や現地当局へのロビー活動をきちんとやっていないから。それはそうですよ。かつては、病院やディーゼル発電施設のようなハコモノだってできるし、日本との関係で医薬品も確保でき、それから重油の供給もあった。そうすると、サハリン州当局や北方四島の行政府も日本の機嫌を損ねるようなことをしたらまずいと思うわけですね。

ところが、いまはなんにもやらないということですから、「ああ、勝手にやらせてもらう」という話になるわけですよ。

鈴木　ただ、私がそこで心配するのは、現実的問題として、日本が、これは閣議了解で、北方四島への日本人の立ち入りを事実上禁止しているということです。

佐藤　もっとも閣議了解に法的拘束力はありません。ですから、これを無視して北方四島に渡っている日本人が相当数いることも事実です。

鈴木　閣議了解で、「ロシアによって不法に占拠されている土地なので、日本人の渡航は自粛する」という話ですよ。そんなことといっているあいだに、サハリン経由で、韓国も中国も、あるいは、それこそ世界中から、いろいろな人たちが来るようになると思いますよ。

佐藤　ですから、そこのところで、双方の立場を害さない、要するに、ビザなしの経験があるわけですから、その発想を延長させて、日本人が北方四島に入っていくことができるメカニズムをつくる必要がある。政治的対立によって環境を壊してはいけないということで、知床を延長させた北方四島地域の環境共同管理を提案して、それによって日本人が入っていくメカニズムをつくるのですよ。

とにかく、何でもいいから、現地に日本人を送る。送ってしまえば、あとは、日本人と、そこにいるロシア人なり北朝鮮人なりの人間力の勝負です。

鈴木　確かにそうですね。

佐藤　そこに優れた人材を送るんです。ほんとうに日本の国のために、そして北方四島のロシア人住民のために尽くす人を送れば、領土は日本に近づきますよ。

鈴木　佐藤さん、戦後六〇年以上、まだ島は一つも返ってきませんね。私は、北方四島の日本への帰属が確認されて初めて平和条約を締結する、という旗を降ろしてはならないと思います。

しかし、現実に北方四島をいま実効支配しているのはロシアなのです。これは動かせない厳粛な事実です。このことを考えて、日本はもっと弾力的に交渉すべきです。領土問題解決のためという観点に立って、日本の環境のノウハウ、あるいは教育のノウハウ、また農業や水産資源を守るノウハウなど、貢献できることを具体化すべきと思うのです。

佐藤　それはできるはずです。だって、鈴木さんの働きかけで、かつては、中標津から国後島のメンデレーエフ空港まで飛行機を飛ばしたじゃないですか。

鈴木　そうですよね。

佐藤　それから診療所をつくった。「友好の家」をつくった。発電機供与というけれど、実質は発電所をつくった。そのあと、石油パイプラインをつくることまでコミットメントしたじゃないですか。パイプラインに関しては、恒常的インフラですよ。それを全部やって、日ロ間で何か問題ありましたか。

鈴木　何もなかったです。

佐藤　日本の立場は何か棄損されましたか。
鈴木　逆に喜ばれましたよね。北方領土が日本に返還されたほうがよいという世論が現地で強くなりました。
佐藤　このように、日本の立場を棄損しないで現地に入っていくということは可能なのですよ。
鈴木　要は、やる気があるかないかですよね。
佐藤　知恵はいくらでも出てくると思いますよ。たとえば環境を保全することを前面に押し出す。こうして環境を保全するという名目のもと、エコツアーで人を送り込んでもいい。そうしたら、今度はそこに温泉を確保してもいいわけですね。
鈴木　いい考えです。

一度失ったチャンスは戻らないが

佐藤　鈴木先生、ディーゼルを供与することになった北方四島の電力の状況ですが、この本にも書いた通りですが、当時は相当悪かったですね。さらに、物流が悪い。ですから、冷蔵庫に入れておいた食べ物が、電気が止まると腐ってしまい、何も食べるものがなくなってしまいます。まさに、電気は島民の死活問題でした。

当時、金持ちは、たこ焼き屋や綿菓子屋が使うような発電機を北海道から買ってきてつけていましたが、真ん中より下のクラスの人たちが大変だった。その人たちの生活を保全するために、われわれは発電機を供与したのですね。ところが、いまや、択捉島などでは地熱発電が動いている……。つまり、われわれがあのときディーゼル発電機を送らなければ、ロシアは地熱でやっていたわけです。

鈴木 そういうことですね。国後島もそうです。

佐藤 国後島も……。ディーゼル発電機という仕掛けをつくり、石油を人質にして、北方四島の島民をせっかく日本に引きつけようとしたのに、そのチャンスをみすみすなくしてしまったわけですよね。

鈴木 はい、まったく慚愧の念に堪えません。

佐藤 重要なことは、一回失ったチャンス、あのときのシナリオではもうできない、ということを認識しておくことです。

鈴木 残念ながら、もうできないですね。

佐藤 そのために、いまから重要なのは、やはり環境だと思うのです。プーチンだって、「サハリン2」石油・天然ガス開発で、ロシアの資本を拡大するために、環境カードを使ったわけですから。ということは、裏返すと、ロシアは環境というマターに関してならば動かざるをえない、ということですよね。

鈴木 その通りです。日本では、環境などたいした問題ではないという一部に間違った見方があったけれども、サハリンにおける環境汚染は深刻です。知床半島などでは、油にまみれた鳥や、トド、オットセイの死骸が流れ着いているのですから。プーチン大統領がいう、サハリンに深刻な環境問題がある、というのは当たっているのですよ。

佐藤 それから、オオワシの巣も減っていますよね。

鈴木 知床に来るオオワシも減っているし、油にまみれて死んだオオワシが流れてきているのです。これは写真にも撮られている。

プーチン大統領が、「サハリン2」でも、まず環境が第一だといっていることを正面から受けとめて、日本が損することはない。サハリン開発で環境汚染につながる事故が発生した場合、日本の沿岸でいちばん影響を受けるのは、オホーツク海を背にした北海道なのです。

佐藤 ですから、日ロ環境協議メカニズムみたいなのをつくる必要がありますよね。

鈴木 はい、ありますね。

佐藤 首脳会談の話題にも環境を入れる。外相会議でもそう。環境に関する首脳会談をやってもいいと思うのですよ。

鈴木　そうですね。もっともっと環境の重み、価値というものを考えなければいけませんね。これに対してだけは、誰も文句のつけようがない。人類生存のためには、お互いに知恵を出して協力し合わないといけないわけですから。

佐藤　金をかけずにも北方領土交渉を動かすことはできる、ということですね。

それから、その枠の中で、いまだ冷戦思考から抜け出していないような、「魚か島か」、あるいは「領土か経済か」というのは、だめです。「領土も経済も」「魚も島も」両方取っていくという、そういう貪欲なウィン・ウィンゲームを組み立てないとなりません。

鈴木　どうしても日本の場合は、何事も二つに分けたがりますね。右か左か、あるいはハト派かタカ派か、また善か悪かなど。そういう次元で、「魚か島か」「領土か経済か」という頭で凝り固まっているうちはどうにもならないですね。

北方領土ビジネスを根絶すると

佐藤　それと同時に、こうした冷戦思考と決別するために、北方領土で金儲けをしているような北方領土ビジネス・パーソンに政府は金を流すことをやめるべきでしょう。

それから私は、こういった人たちが論壇誌などで発言をしたら、いままでは、時間のむだだと思って相手にしなかったのですが、一つ一つ丁寧につぶしていくことにしているんですよ。袴田茂樹さん（青山学院大学教授、内閣情報調査室ロシア研究会メンバー）にしても、間違えたことをいっている場合には、「これはおかしい」ということをきちんと指摘することにしました。

鈴木　私は政治家ですから、これははっきりいわせてもらいますが、袴田さんのあの行動を見ていると、領土問題が解決しないほうが逆に仕事になるし、生き延びることができるのですね。

佐藤　そのとおりなんですよ。

鈴木　北方領土が解決されたら、逆に職を失いますよ。本書の中でも書きましたが児玉泰子女史（北方領土返還要求運動連絡協議会［北連協］事務局長）、吹浦忠正安全保障問題研究会（安保研）事務局長もそうでしょうね。

佐藤　私もほんとうに、そのとおりだと思います。袴田氏、吹浦氏など、現在の安保研に関する上坂冬子さんの以下の指摘もポイントを衝いていると思います。

〈末次（一郎）さん（筆者註：故人、元安保研代表、陸軍中野学校出身の政治・社会

活動家）は安保研の活動資金を集めるために自分で企業を足繁く回っていたそうです。今はそんな自助努力はせずに外務省やシンクタンクなどから援助を仰ぐことがあるそうですね。だから、正面切って外務省の体たらくぶりを批判できないのかもしれません。一事が万事で、要するに、末次さんは「私」を捨ててやったが、今の安保研は「私」が前へ出ているという違いがある。「私」を中心にしながら力を合わせて国のためにどうしたらいいかと考えるなら、それでもいいんですが、末次さんのように国家を念頭においたスケールで動いていないですね〉（『北方領土は泣いている』七二頁）

鈴木　上坂さんのいうとおりです。私は、再度はっきりいわせてもらいますけれど、袴田さん、児玉さん、吹浦さんなどの北方領土ビジネス・パーソンは、国民の税金を為にして、無駄にしている。「領土問題は解決しないほうがいい。しないうちは、われわれは食いぶちが残る」という、まさに国益を損ねている人々です。また、こんな人たちを使う外務省もおかしいのですよ。

佐藤　そう。その通りです。いまここで名前を出した吹浦さん、児玉さん、あと袴田さんに関しては、私と鈴木さんが、いつでも公開の席で、ちゃんと議論する用意がある。

鈴木　ありますね。

佐藤　われわれがいっていることに文句あるということなら、いつでもいってくればよい。国民が見ている前できちんと話をしよう。そうしたら、こちらも具体的な事実を挙げて、「あなたたちがやっていることはこれだけおかしい」と指摘できる。それと同時に、これは、私たちの反省なのですよね。ああいう人たちを大切にしすぎてしまったということをきちんと述べます。

鈴木　佐藤さんも知っているとおり、私は日本の国会議員として、初めて北方領土の島に渡ったのです。そのあと、あそこで地震があったものですから、復旧などで再度訪れたときには、児玉さんのいうとおりやったものですよ。あるいは吹浦さんにしても、安保研で、末次さんのところの事務局長だったものですから、末次さんに敬意を表する意味もあって、吹浦さんのいうことは全部聞いてやったといっていいでしょう。

しかし、私が拘置所に入っているときの、週刊誌における吹浦さんの手記というんですか、これなんかは、私は吹浦さんの下劣な品性がそのまま表れていると思いますね。私と何も関係がなければいいです。私と何もつき合いがなければいいですよ……。

佐藤　いや、しかし、逆に考えるなら、鈴木先生に頼って、吹浦さんが深く関与しているサハリン・フォーラムに関連してお金をもらっているとかいうことは、みんな知っているわけですからね。それであるがゆえに、「鈴木宗男とは決別した」という形で、鈴木さんを非難する必要があったわけでしょう。吹浦さんは、私のことも非難していますが、それは私や鈴木さんが檻の中にいて、反論できないような状況にあったときでした。人間として卑怯です。

鈴木　吹浦さんに関しては、地雷の問題にしても、私の政治力を使って便宜を図ったことが何度もありますね。あるいは官房報償費（機密費）の便宜も、私はずいぶん図ったものですよ、安保研には。個人的にも私はやっていますからね。

佐藤　ですから、私はそこで非常に反省しているのは、袴田さんや吹浦さんが使った「右翼カード」に対して臆病になりすぎたことです。率直にいって、いま私は、右翼の理論家の人たちとか、右翼の活動家の人たちと仲よくしていますからね、いろいろな経緯があって。あの頃からもっと仲良くして、本音でたくさん話しておけばよかったと反省しています。

鈴木　それは間違いないですね。

佐藤　肝胆相照らして話せば、お互い通じるところが非常にある。ですから、なぜ不必要に右翼を怖がってしまったのかと、忸怩たるものを感じます。そして、実際に右翼にパイプを持っているというようなことをいう人たち、すなわち、袴田さんや吹浦さんを、なぜ過度に信頼してしまったのかと。

右翼であれ何であれ、レッテルで判断しないで、会ってみて、その人間性できちんと判断すればよかった。その基本を忘れていたがゆえに、こういう変な人につけ込まれてしまったなと、こういうふうに思っているのです。

鈴木　そうですね。また、吹浦さんあたりは、それをうまく利用してきたというか、うまく自分らの活動に使ってきましたからね。

佐藤　ええ。

早期解決のために何をすべきか

鈴木　私は、二〇世紀中に解決しなければならん問題が、二一世紀まで越えてしまったということ、そしてまた、現在、北方領土問題解決については何の展望もないということを、政治家として申しわけなく思います。

佐藤　いまの時点で、ですね。しかし、これは決してあきらめてはいけないし、北方領土問題は解決できる問題ですよ。それから、「孫子《まごこ》の代までもこの問題を」といい続ける人がいますが、これは間違いです。孫子の代にこの問題を残してはいけないのですよ。われわれの世代で解決すべきです。

鈴木　いま生きる者が、最大限努力して解決すべき問題ですよね。

佐藤　その通りです。

さて、二〇〇七年になって福田政権が誕生しましたが、北方領土問題で福田政権に期待すること、あるいは、期待しないまでも、少なくともこれだけはやらないでほしいということは何でしょうか。

鈴木　小渕内閣のとき、小渕さんは高村さんを外務大臣にしました。だから、小渕さんのロシアにかけた思いというのを、高村さんは知っていると思うのです。そういった意味では、いままでの外務大臣とは違います。過去の経緯を知っているという意味では。高村さんは、それなりにバランスのいい人ですから、私は期待したいと思います。

佐藤　それから、たとえば、小渕さんがモスクワに行く前は、高村さんが行って、道備えをちゃんとしてくるのですよね。小渕さんがきちんとした仕事ができるようにと。そういう陰徳を積むことができる政治家としての高いモラルを高村さんは持っています。

鈴木 そう、小渕さんの思いを、高村さんも持っていますね。それを起用した福田さんですから。私は高村さんにはぜひとも、小渕さんが死ぬまでロシアにかけたあの情熱というものを自分の手でこれを蘇らせるんだという思いで、北方領土交渉を進めてほしいと思います。やっぱり、日本からカードを切らないといけませんよ。向こうは既にシグナルを発している。「五六年宣言」は認めるといっているのですから。

佐藤 そこは、事務方の支援体制なのですけれども、「悪のサンタ」（筆者註：二〇〇五〜〇七年まで北方領土交渉を担当した西田恒夫外務審議官、原田親仁欧州局長、松田邦紀ロシア課長の三名で、名字にいずれも「田」がつくことと、モスクワの日本大使館在勤中の蓄財、偽造領収書作成や公務に影響を与えるだらしのない私生活から外務省内で「悪のサンタ」と呼ばれている）のうち、松田さんと西田さんはいなくなりましたけれども、肝心要の欧州局長は、原田さんが残っていますからね。

鈴木 この人はルーブルでひと儲けした。間違いなく、当時のソ連から裏を取られている。外務省の中でも、「鈴木先生のいっているのが正しいですよ」と、私に伝えてくれる人がたくさんいますよ。

佐藤 私は原田さんにいわれて、新聞記者用の偽造領収書（証）をつくりましたよ。有印公文書偽造です。これは刑事犯罪です。

鈴木　その原田さんが、いまなお欧州局長で残っているということは、外務省には人材がいないんだなあと、暗澹たる思いになります。人はいても、人材がいない、という感じを持ちますね。

国益論から、外務大臣は、事務次官も含めて、その能力や過去の行状をそれなりにきちっと公正に判断して、人を適材適所につけないといけないと思いますね。

佐藤　いずれにせよ、国民、それからマスコミ、そして政治家が三位一体になって、外務官僚がおかしな行動をとるのではないかと常に警戒しながら、監視の目を緩めないということが、北方領土問題を前進させるためにも重要だと思いますね。

（二〇〇七年一二月構成）

日ソ国交回復以後の日ソ・日ロ関係主要事項年表

年月日		主要事項
一九五六年	一〇・一九	**日ソ共同宣言及び貿易発展・最恵国待遇相互許与議定書署名（於モスクワ）**
	一二・一二	**前記批准書交換**
	同日	日ソ漁業条約及び海難救助協定発効
一九五七年	二・一四	日ソ漁業委員会第一回会議開催（於東京）
一九五八年	五・九	日ソ通商条約発効
	八・二七	イシコフ漁業部長の訪日
一九五九年	九・二一	訪ソ中の三木武夫衆議院議員、フルシチョフ首相と会談
一九六〇年	一・二七	**グロムイコ外相、門脇大使に日米新安保条約の調印を非難する対日覚書を手交（歯舞、色丹の返還に新条件）**
一九六一年	八・一四〜八・二二	ミコヤン第一副首相の訪日（ソ連商工業見本市出席） 八・一四　小坂外相と会談、八・一六　池田総理と会談（フルシチョフ親書手交）
一九六二年	八・二三	フルシチョフ首相、訪ソ経済使節団（団長：河合良成）とヤルタで会談
一九六三年	六・一〇	貝殻島水域における昆布漁に関する大日本水産会とソ連国民経済会議付属漁業国家委員会との協定署名（於モスクワ）
一九六四年	二・七	池田総理、六三年一二・三一付フルシチョフ書簡に返書

	三・二九	コスイギン首相、佐藤総理に訪ソ招待の書簡
一九六五年	二・一	佐藤総理、コスイギン首相あて返書
	八・二六	日本政府経済使節団（団長：植村経団連副会長）の訪ソ
一九六六年	一・一六〜一・二三	椎名外相の訪ソ
	六・一九〜六・二八	イシコフ漁業相の訪日
	七・二四〜七・三〇	グロムイコ外相の訪日
	一〇・一九	日ソ共同宣言一〇周年、両国首相、外相、祝電交換
一九六七年	七・二〇〜七・二五	三木外相の訪ソ（第一回外相間定期協議） 七・二二　コスイギン首相と会談
一九六八年	一・一六〜二・一	バイバコフ副首相、ゴスプラン議長の訪日
一九六九年	九・四〜九・九	愛知外相の訪ソ 九・四　コスイギン首相と会談、九・八　グロムイコ外相と会談
一九七〇年	七・一四	中川大使、イシコフ漁業相に北洋安全操業に関する日本政府提案を手交
一九七一年	五・一八	拿捕漁船及び逮捕者の引渡し手続取極発効
	六・二	日ソこんぶ協定調印（於モスクワ）
一九七二年	一・二三〜一・二八	グロムイコ外相の訪日（第二回外相間定期協議）、一・二七　文化交流取極署名
	六・七	日ソこんぶ協定署名
	一〇・二一〜一〇・二四	大平外相の訪ソ（第一回平和条約交渉）

一九七三年	一〇・七〜一〇・一〇	**田中総理の訪ソ、田中・ブレジネフ会談（第二回平和条約交渉）**、第三回外相間定期協議（大平・グロムイコ）、共同声明発表
	一〇・一九〜一〇・二七	櫻内農相の訪ソ、日ソ漁業相間協議
一九七四年	四・五	田中・コスイギン両首相会談（於モスクワ）
	九・二五	木村・グロムイコ両外相会談（於ニューヨーク）
一九七五年	一・一五〜一・一七	宮沢外相の訪ソ（第三回平和条約交渉）
	二・一三	ブレジネフ書記長、三木総理あて親書で「日ソ善隣協力条約」締結を提案、三木総理拒否
	六・二〜六・八	イシコフ漁業相の訪日 六・七　日ソ漁業操業協定調印（日本近海の漁業事故防止）
一九七六年	一・九〜一・一三	グロムイコ外相の訪日（第四回外相間定期協議及び第四回平和条約交渉）
	九・三	**ソ連外務省、北方領土墓参団につき日本旅券とソ連査証を必要とする旨最終回答（したがって北方墓参実施されず）**
	九・一〇〜九・一三	宮沢外相、北方領土視察
	九・二八	小坂・グロムイコ両外相会議（於ニューヨーク）
一九七七年	二・二四	ソ連邦大臣会議、北方四島周辺水域を含む二〇〇海里漁業水域において三・一より規制を実施する旨決定
	七・二八〜八・五	イシコフ漁業相の訪日
	九・二九	鳩山・グロムイコ会談（於ニューヨーク）

一九七八年	一・八〜一・一一	園田外相の訪ソ（第五回外相間定期協議）
	四・一一〜四・二一	**中川農水相の訪ソ（鈴木宗男、秘書官として同行）**
	四・二一	ムルマンスクにおける大韓航空機強制着陸事件
	四・二一	**日ソ漁業協力協定及びサケ・マス議定書の署名（於モスクワ）**
	九・二五	園田・グロムイコ外相会談（於ニューヨーク）
一九七九年	二・二六	魚本大使、国後、択捉両島におけるソ側の軍事的措置の撤回及び北方領土の早期解決を求める国会決議をソ連に伝達
	九・八〜九・九	園田外相、北方領土視察
	九・二四	園田・グロムイコ外相会談（於ニューヨーク）
一九八〇年	三・一三	衆議院本会議にて、「北方領土問題の解決促進に関する決議」及び「アフガニスタンからのソ連軍の撤退等を要求する決議」採択
	三・一九	参議院本会議にて、右両決議を採択
	九・二三	伊東外相、第三五回国連総会一般討論演説において北方領土問題に言及
	九・二四	伊東・グロムイコ外相会談（於ニューヨーク）
	一〇・二五〜一〇・二六	伊東外相、北方領土視察
	一一・二八	衆・参両院の本会議において「北方領土問題等の解決促進に関する決議」採択
一九八一年	二・七	第一回北方領土の日
	四・二九	魚本大使、グロムイコ外相に対し「北方領土の日」設定等に関するソ連側口頭声明（二・一六付）及び極東における信頼措置に関するソ連側申し入れに対する日本側反論を伝達

	八・二五	貝殻島コンブ民間協定調印
	九・九〜九・一〇	鈴木総理、北方領土視察
	九・二三	園田外相、第三六回国連総会一般討論演説において北方領土問題に言及
	九・二三	園田・グロムイコ会談（於ニューヨーク）
	一〇・一九	園田・グロムイコ両外相日ソ国交回復二五周年記念メッセージ交換
一九八二年	六・九	櫻内・グロムイコ会談（第二回国連軍縮特別総会：於ニューヨーク）
	八・二〇	「北方領土問題等解決促進特別措置法」成立（八三年四・一施行）
	八・二一〜八・二三	櫻内外相、北方領土視察
	一〇・一	櫻内外相、第三七回国連総会一般討論演説において北方領土問題に言及
	一〇・四	櫻内・グロムイコ会談（於ニューヨーク）
	一一・一四〜一一・一六	鈴木総理、ブレジネフ書記長の葬儀出席（一一・一五）のため訪ソ（同行の櫻内外相、グロムイコ外相と会談：一一・一五）
一九八三年	七・五	「北方領土問題等解決促進特別措置法」実施の基本方針決定
	八・二〇〜八・二三	安倍外相、北方領土視察
	九・一	ソ連軍機、大韓航空〇〇七便を撃墜
	九・二八	安倍外相、第三八回国連総会一般討論演説において北方領土問題に言及
一九八四年	二・一三〜二・一六	安倍外相、アンドロポフ書記長の葬儀（二・一四）出席のため訪ソ（安倍・グロムイコ会談：二・一五）
	六・二六	ソ連、日ソ漁業協力協定の終了通告
	九・一六〜九・二三	山村農水相の訪ソ

	九・二五	安倍・グロムイコ会談（於ニューヨーク）
	九・二六	安倍外相、第三九回国連総会一般討論演説において北方領土問題に言及
	一一・四	中曽根・チーホノフ会談（於ニューデリー、ガンジー葬儀の際）
一九八五年	一・三〇〜二・一	佐藤農水相の訪ソ
	三・一三〜三・一四	中曽根総理、チェルネンコ書記長の葬儀出席のため訪ソ（中曽根・ゴルバチョフ会談三・一四）
	九・二四	安倍外相、第四〇回国連総会一般討論演説において北方領土問題に言及
	九・二四	日ソ外相会談（於ニューヨーク）
	一二・一三〜一二・一九	カーメンツェフ漁業相の訪日
一九八六年	一・一五〜一・一九	シェヴァルナッゼ外相の訪日（第六回外相間定期協議及び第五回平和条約交渉、中曽根総理あてゴルバチョフ書記長親書を携行）
	四・八〜四・一一	羽田農水相の訪ソ
	五・二九〜五・三一	安倍外相の訪ソ（第七回日ソ外相間定期協議及び第六回平和条約交渉、日ソ文化協定に署名）
	九・二三	倉成外相、第四一回国連総会一般討論演説において北方領土問題に言及
	九・二四	日ソ外相会談（於ニューヨーク）
一九八七年	六・一八〜六・二三	加藤農水相の訪ソ
	九・二一	中曽根総理、第四二回国連総会一般討論演説で北方領土問題に言及
	九・二五	日ソ外相会談（於ニューヨーク）

一九八八年	四・一六～四・一八	宇野外相、北方領土視察
	六・一	竹下総理、国連軍縮特別総会一般討論演説において北方領土問題に言及
	七・二〇～七・二五	中曽根前総理の訪ソ（ゴルバチョフ書記長と会談）
	九・二六	国連における日ソ会談（栗山外務審議官・シェヴァルナッゼ外相、於ニューヨーク）
	九・二八	加賀美国連大使、第四三回国連総会一般討論演説において北方領土問題に言及
	一二・一八～一二・二一	シェヴァルナッゼ外相の訪日（第八回日ソ外相間定期協議及び第七回平和条約交渉）（一二・二〇日ソ文化交流実施計画発効、日ソ渡り鳥条約批准書交換発効）
一九八九年	一・八	日ソ外相会談（於パリ、化学兵器禁止に関する国際会議）
	一・一五～一・一九	中曽根前総理の訪ソ（日米欧三極委員会関係）
	二・二三～二・二六	ルキヤーノフ最高会議幹部会第一副議長の訪日（大喪の礼出席）
	五・四～五・六	橋本副幹事長の訪ソ（日ソ協議会会議出席）
	七・二四～七・二九	コトリャール漁業相の訪日
	七・三〇	日ソ外相会議（於パリ、カンボジア問題国際会議）
	九・二六	中山外相、第四四回国連総会一般討論演説において北方領土問題に言及
	九・二七	国連における日ソ外相会談（於ニューヨーク）
一九九〇年	七・二四～七・二七	櫻内衆議院議長の訪ソ（ゴルバチョフ大統領と会談）
	九・四～九・七	第一〇回日ソ外相間定期協議及び第九回平和条約交渉（シェヴァルナッゼ外相の訪日）
	九・二〇～九・二五	自民党代表団の訪ソ（小渕元官房長官団長他約六〇名）
	九・二八	国連における日ソ外相会談（於ニューヨーク、中山・シェヴァルナッゼ外相会談）

	一一・一一〜一一・一五	ルキヤーノフ最高会議議長の訪日（即位の礼出席）
一九九一年	一・二一〜一・二三	中山外相の訪ソ（第一一回外相間定期協議及び第一〇回平和条約交渉）
	三・二五〜三・二六	小沢自民党幹事長の訪ソ
	三・二九〜三・三〇	**ベススメルトヌイフ外相の訪日（第一二回外相間定期協議及び第一一回平和条約交渉、外務政務次官として鈴木宗男が出迎える）**
	四・一六〜四・一九	**ゴルバチョフ大統領の訪日（日ソ首脳会談）**
	六・七	**鈴木宗男外務政務次官がロガチョフ外務次官と会談し、平和条約に向けての事務協議を決定（於モスクワ）**
	七・四〜七・七	プリマコフ安全保障会議メンバーの訪日
	七・一六	中山・ベススメルトヌイフ会談（ロンドン・サミット）
	七・一七	海部・ゴルバチョフ会談（ロンドン・サミット）
	八・一九〜八・二一	**ソ連共産党守旧派非常事態国家委員会によるクーデター未遂**
	九・九〜九・一三	ハズブラートフ・ロシア共和国最高会議議長代行の訪日
	九・二四	中山外相、第四六回国連総会演説において対ソ政策の五原則を発表
	一〇・六〜一〇・一〇	**鈴木宗男外務政務次官が政府特使としてバルト三国を訪問し、五一年ぶりに日本との外交関係を樹立**
	一〇・一三〜一〇・一七	中山外相の訪ソ（第一三回外相間定期協議及び第一二回平和条約交渉）
	一一・一七〜一一・二〇	ルキーン・エリツィン大統領特使の訪日
	一二・六〜一二・一三	アクショーノフ・サハリン州議会議長の訪日
	一二・二一	独立国家共同体（グルジアを除く旧ソ連一一ヵ国）成立

一九九二年	一・二五～一・二九	渡辺外相の訪ロ（中東和平会議出席）
	一・三一	宮沢・エリツィン会談（安保理首脳会合、於ニューヨーク）
	三・一九～三・二三	コズィレフ外相の訪日（第一回日ロ外相間定期協議）
	四・二三～四・二七	四島交流（四島側初の訪問）
	五・二～五・六	渡辺外相の訪ロ（第二回日ロ外相間定期協議）
	五・一一～五・一七	四島交流（日本側初の訪問）
	七・八	宮沢・エリツィン会談（ミュンヘン・サミット）
	八・二九～九・四	渡辺外相の訪ロ（第三回日ロ外相間定期協議）
	九・二三	渡辺・コズィレフ会談（於ニューヨーク）
	一〇・二九～一〇・三〇	対ＮＩＳ支援東京会議（ショーヒン副首相来日）
一九九三年	一・一五～一・一八	櫻内衆議院議長の訪ロ（ハズブラートフ最高会議議長との会談）
	一・一九～一・二〇	第一回日ロ政府間貿易経済協議
	四・一四～四・一五	コズィレフ外相の訪日（日ロ外相会談）
	七・七～七・九	東京サミット
	七・九	Ｇ７＋１会合（エリツィン大統領、コズィレフ外相来日）
	九・二五	日ロ外相会談（国連総会、於ニューヨーク）
	一〇・一一～一〇・一三	**エリツィン大統領の訪日（日ロ首脳会談）**
	一〇・二六～一一・一〇	国後島（古釜布）に仮設プレハブ倉庫設置
	一一・一一	ウラジオストク及びハバロフスクに総領事館開設（ナホトカ総領事館閉館）
	一一・一六	第六八由貴丸船長、北方四島周辺水域において国境警備隊により銃撃され負傷

一九九四年	二・一～二・二	日米ロ三極会議（於東京）
	三・一九～三・二二	羽田副総理兼外相の訪ロ（第四回日ロ外相間定期協議）
	五・二一～六・八	色丹島（穴澗）、択捉島（内岡）に仮設プレハブ倉庫設置
	七・二五	河野副総理兼外相とコズィレフ外相の懇談（ARF会合、於バンコク）
	八・一五	第三八貴栄丸甲板員、北方四島周辺水域において国境警備隊により銃撃され負傷
	九・二九	日ロ外相会談（国連総会、於ニューヨーク）
	一〇・四	第六八宝来丸、北方四島周辺水域において国境警備隊により銃撃され沈没
	一〇・一五	北海道東方沖地震災害に係る北方四島住民に対する緊急人道支援物資の供与
	一一・一六	日本センターの開設（於ハバロフスク）
	一一・一九～一一・二〇	日米ロ三極会議（於モスクワ）
一九九五年	三・二～三・四	コズィレフ外相の訪日（第五回日ロ外相間定期協議）
	五・一三～五・一五	**衆議院沖縄北方特別委員長として鈴木宗男が国会議員初のビザなし北方領土訪問**
	六・八	**北方領土問題の解決促進に関する戦後五〇年決議（衆議院本会議、鈴木宗男沖縄北方特別委員長）**
	八・一	河野副総理兼外相とコズィレフ外相の会談（於ブルネイ）
	八・一九～八・二三	**衆議院戦後五〇年問題国会決議（北方領土）事情調査議員団の訪ロ（団長・鈴木宗男）**
	九・一〇～一〇・二	色丹島（斜古丹）におけるプレハブ仮設診療所の設置
	九・二七	第一一幸政丸乗組員、宗谷海峡において国境警備隊より銃撃され負傷
一九九六年	三・一九～三・二〇	池田外相の訪ロ（第六回日ロ外相間定期協議）

四・一八〜四・二〇　橋本総理の原子力安全サミット参加及び日ロ首脳会談（於モスクワ）
六・二九　リヨン・サミットにおける日ロ外相会談
七・八　橋本総理とエリツィン大統領の電話会談
七・三一〜八・三　色丹島（穴澗）におけるプレハブ仮設教室の設置
八・三〜八・一九　択捉島（紗那）におけるプレハブ仮設レントゲン室の設置
八・二八　第二八昭久丸船長、第五二多喜丸船長、北方四島周辺水域においてロシア国境警備隊により銃撃され負傷
九・二四　日ロ外相会談（国連総会、於ニューヨーク）
一一・一四〜一一・一七　プリマコフ外相の訪日（一一・一五第七回日ロ外相間定期協議）
一一・二六　日ロ国交回復四〇周年記念集会・レセプション開催（三塚日ロ協会会長等実行委員会主催）

一九九七年
三・二六〜三・二七　日米ロ三極フォーラム（於モスクワ）
五・二三〜五・二四　池田外相の訪ロ（第八回日ロ外相間定期協議、於モスクワ）
六・三〇　日ロ外相会談（香港返還式典）
七・二四　**橋本総理の経済同友会演説**
七・二九　日ロ外相会談（ＡＲＦ会合、於クアラルンプール）
九・一〜九・二六　択捉島（紗那）におけるプレハブ仮設診療所の設置
九・二三　日ロ外相会談（国連総会、於ニューヨーク）
一一・一〜一一・二　**橋本総理の訪ロ及び日ロ首脳会談（於クラスノヤルスク）**
一一・一三　プリマコフ外相の訪日（第九回日ロ外相間定期協議、於東京）
一二・二七　**サハリン出張駐在官事務所開所式。鈴木北海道・沖縄開発庁長官による初の我**

年	月日	事項
		が国閣僚のサハリン訪問
一九九八年	一・一	**サハリン出張駐在官事務所の開設**
	二・二一～二・二三	小渕外相の訪ロ（平和条約締結問題日ロ合同委員会共同議長間会合、第一〇回日ロ外相間定期協議、貿易経済政府間委員会共同議長間会合、「日本国政府とロシア連邦政府との間の海洋生物資源についての操業の分野における協力の若干の事項に関する協定」署名《北方四島周辺水域における日本漁船の操業に関する枠組み》、於モスクワ）
	三・一～三・四	キリエンコ燃料エネルギー相の訪日
	四・一八～四・一九	**エリツィン大統領の訪日及び日ロ首脳会談（於川奈）**
	五・八	日ロ外相会談（G8外相会合、於ロンドン）
	五・一五	**バーミンガム・サミットにおける日ロ首脳会談（於バーミンガム）**
	六・一二	日ロ外相会談（G8外相会合、於ロンドン）
	六・二三～六・二六	**鈴木宗男北海道・沖縄開発庁長官による我が国初の閣僚の四島訪問**
	七・一三～七・一四	キリエンコ首相の訪日
	七・二六	日ロ外相会談（ARF会合、於マニラ）
	八・一六～九・三〇	国後島（古釜布）における桟橋改修
	九・一七	橋本内閣総理大臣外交最高顧問の訪ロ（モスクワ、サンクトペテルブルク）
	九・二一	日ロ外相会談（国連総会、於ニューヨーク）
	一〇・一六～一〇・一七	高村外相の訪ロ
	一一・一一～一一・一三	**小渕総理の公式訪ロ（官房副長官として鈴木宗男同行、於モスクワ）**

	一一・一三	投資の促進及び保護に関する日本国政府とロシア連邦政府との間の協定（日ロ投資保護協定）署名
一九九九年	二・二〇〜二・二三	イワノフ外相の訪日（平和条約締結問題日ロ合同委員会議長間会合、第一二回日ロ外相間定期協議）
	四・二〇〜四・二三	橋本内閣総理大臣外交最高顧問の訪ロ
	五・二一	日ロ青年交流センター開設（於東京、鈴木宗男内閣官房副長官出席）
	五・二八〜五・三〇	高村外相の訪ロ（第一三回日ロ外相間定期協議、平和条約締結問題日ロ合同委員会共同議長間会合）
	六・三〜一〇・一六	色丹島ディーゼル発電施設の設置
	六・九	日ロ外相会談（G8外相会合、於ケルン）
	六・二〇	**日ロ首脳会談（G8首脳会合、於ケルン）**
	七・一四〜九・一八	択捉島ディーゼル発電施設の設置
	七・三〜七・一四	**鈴木宗男内閣官房副長官の国後島訪問**
	七・二八	日ロ外相会談（ARF会合、於シンガポール）
	八・一九〜一〇・二九	国後島緊急避難所兼宿泊施設（「日本人とロシア人の友好の家」いわゆる「ムネオハウス」）の設置
	九・一三	**小渕総理とプーチン首相による日ロ首脳会談（APEC、於オークランド、鈴木宗男内閣官房副長官同席）**
	一〇・一四	**国後島緊急避難所兼宿泊施設（「日本人とロシア人の友好の家」）完成式典（鈴木宗男参加）**

	一一・二五～一一・一七	橋本内閣総理大臣外交最高顧問の訪ロ（エリツィン大統領との電話会談実施）
	一二・三一	**エリツィン大統領辞任、プーチン首相の大統領代行就任**
二〇〇〇年	二・一〇～二・一三	イワノフ外相の訪日（平和条約締結問題日ロ合同委員会共同議長間会合、第一四回日ロ外相間定期協議）
	四・ 三～ 四・ 六	**鈴木宗男総理特使の訪ロ**
	四・二九	**日ロ非公式首脳会談（於サンクトペテルブルク）**
	五・ 七	プーチン大統領の就任
	五・一三～五・二九	国後島、択捉島、色丹島からの第一回医療関係者研修受け入れ
	六・ 四～一〇・二五	国後島ディーゼル発電施設の設置
	六・ 七	フリステンコ副首相の訪日（小渕前総理葬儀への参列）
	七・一二	日ロ外相会談（G8外相会合、於宮崎）
	七・二二	日ロ外相会談（G8首脳会合、於沖縄）
	七・二三	**日ロ首脳会談（G8首脳会合、於沖縄）**
	七・二七	日ロ外相会談（ARF会合、於バンコク）
	九・ 三～九・ 五	**プーチン大統領の公式訪日**
	九・一四	日ロ外相会談（国連総会、於ニューヨーク）
	一〇・一七～一〇・二〇	チェルノムイルジン国家院議員の訪日（外務省招聘）
	一〇・二九	**国後島ディーゼル発電施設完成式典（初の航空機による訪問、団長：鈴木宗男）**
	一一・ 一～一一・ 四	河野外相の訪ロ
	一一・一五	日ロ首脳会談（APEC、於ブルネイ）

	三・二五	**鈴木宗男衆議院議員とセルゲイ・イワノフ安全保障会議事務局長の会談（於モスクワ）**
二〇〇一年	一・一六	河野外相の訪ロ（第一六回日ロ外相間定期協議、於モスクワ）
	一・二九	**在ユジノサハリンスク総領事館開設**
	三・二五	**森・プーチン日ロ首脳会談（鈴木宗男同行、於イルクーツク）**
	四・七～四・八	森総理、北方領土視察（鈴木宗男同行）
	五・三〇～六・八	政府派遣経済使節団（団長：今井経団連会長）の訪ロ
	七・一八	日ロ外相会談（G8外相会合、於ローマ）
	七・二二	日ロ首脳会談（G8首脳会合、於ジェノバ）
	一〇・二一	日ロ首脳会談（APEC、於上海）
	一一・三〇～一二・二	フリステンコ副首相の訪日（貿易経済政府間委員会第五回会合）
二〇〇二年	二・一～二・三	イワノフ外相の訪日
	六・一二	日ロ外相会談（G8外相会合、於ウィスラー）
	六・二七	日ロ首脳会談（G8首脳会合、於カナナスキス）
	八・一	日ロ外相会談（ARF会合、於ブルネイ）
	九・一五	日ロ外相会談（国連総会、於ニューヨーク）
	一〇・一一～一〇・一四	川口外相の訪ロ（第一八回外相間定期協議、貿易経済政府間委員会第六回会合）
	一〇・二六	小泉総理・カシヤノフ首相会談（APEC、於ロス・カボス）
	一二・一七～一二・一九	イワノフ外相の訪日（第一九回日ロ外相間定期協議）
二〇〇三年	一・九～一・一二	**小泉総理の訪ロ（於モスクワ、ハバロフスク）**

	一・一三〜一・一五	石破防衛庁長官の訪ロ
	四・二一〜四・二三	イワノフ国防相の訪日
	五・二三	日ロ外相会談（G８外相会合、於パリ）
	五・三〇〜六・一	小泉首相の訪ロ（サンクトペテルブルク建都三〇〇周年記念行事、於サンクトペテルブルク）
	六・二六〜六・二九	川口外相の訪ロ（貿易経済政府間委員会共同議長間会合、於ウラジオストク）
	九・二三	日ロ外相会談（国連総会、於ニューヨーク）
	一〇・二〇	日ロ首脳会談（ＡＰＥＣ、於バンコク）
	一二・一五〜一二・一七	カシヤノフ首相の訪日
二〇〇四年	五・一四	日ロ外相会談（G８外相会合、於ワシントン）
	六・九	日ロ首脳会談（G８首脳会合、於シーアイランド）
	六・二三〜六・二五	川口外相の訪ロ（第二〇回日ロ外相間定期協議）
	九・二	小泉総理、北方領土視察（歴代総理初の海上視察）
	九・二〇	日ロ外相会談（国連総会、於ニューヨーク）
	一一・一七	日ロ外相会談（ＡＰＥＣ、於サンティアゴ）
	一一・二一	日ロ首脳会談（ＡＰＥＣ、於サンティアゴ）
二〇〇五年	一・一三〜一・一五	町村外相の訪ロ（日ロ外相会談、貿易経済政府間委員会共同議長間会合）
	五・八〜五・九	小泉総理の訪ロ（第二次世界大戦終了六〇周年記念式典、於モスクワ）
	五・三一〜六・一	ラブロフ外相の訪日（日ロ外相会談）
	六・三	日ロ外相会談（イラク支援国際会議、於ブリュッセル）

	七・七	日ロ首脳会談（G8首脳会合、於グレンイーグルズ）
	九・一四	日ロ外相会談（国連総会、於ニューヨーク）
	一一・一六	日ロ外相会談（APEC、於釜山）
	一一・二〇〜一一・二二	**プーチン大統領の公式訪日**
二〇〇六年	七・一五	日ロ首脳会談
	八・一六	**「第31吉進丸」銃撃・拿捕事件**
	一〇・一九	**日ソ共同宣言五〇周年**
二〇〇七年	二・二七〜二・二八	フラトコフ首相の来日
	五・三	麻生外相の訪ロ
	八・一六	「第88豊進丸」拿捕事件
	九・八	安倍・プーチン日ロ首脳会談（APEC、於シドニー）
	一〇・二三	ラブロフ外相の来日

本文写真提供　共同通信社、サン・テレフォト、鈴木宗男、講談社資料センター

本作品は二〇〇六年九月、本社から刊行されたものを
文庫収録にあたり加筆・再編集しました。

鈴木宗男―1948年、北海道に生まれる。拓殖大学卒業。衆議院議員・中川一郎の秘書としてスタートし、1983年、衆議院議員選挙に初当選。その後、防衛政務次官、外務政務次官、衆議院議院運営委員長、北海道・沖縄開発庁長官、内閣官房副長官、自由民主党副幹事長、同総務局長などを歴任。2002年、外務省をめぐる疑惑事件に巻き込まれて自由民主党を離党。同年、斡旋収賄の容疑で逮捕される。2003年に保釈。2005年9月の衆議院議員選挙に際し、新党「大地」を旗揚げし、復活を果たす。著書にはベストセラーになった『闇権力の執行人』(講談社+α文庫)などがある。

佐藤 優―1960年、東京都に生まれる。1985年、同志社大学大学院神学研究科修了の後、外務省入省。在イギリス日本国大使館、在ロシア連邦日本国大使館に勤務した後、1995年より外務省国際情報局分析第1課に勤務。2002年5月に背任容疑で、7月に偽計業務妨害容疑で逮捕され、現在、起訴休職中(元主任分析官)。外交官として勤務するかたわら、モスクワ国立大学哲学部客員講師(神学・宗教哲学)、東京大学教養学部非常勤講師(ユーラシア地域変動論)を務めた。著書には『国家の罠』『自壊する帝国』(以上、新潮社)、共著に『国家情報戦略』(講談社+α新書)などがある。

講談社+α文庫 北方領《ほっぽうりょう》土《ど》 特命交渉《とくめいこうしょう》

鈴木宗男《すずきむねお》+佐藤《さとう》 優《まさる》

2007年12月20日第1刷発行
2008年1月21日第2刷発行

発行者――野間佐和子
発行所――株式会社 講談社
東京都文京区音羽2-12-21 〒112-8001
電話 出版部(03)5395-3529
販売部(03)5395-5817
業務部(03)5395-3615

カバー写真――Getty Images
デザイン――鈴木成一デザイン室
カバー印刷――凸版印刷株式会社
印刷――慶昌堂印刷株式会社
製本――有限会社中澤製本所

落丁本・乱丁本は購入書店名を明記のうえ、小社業務部あてにお送りください。
送料は小社負担にてお取り替えします。
なお、この本の内容についてのお問い合わせは
生活文化第二出版部あてにお願いいたします。
Printed in Japan ISBN978-4-06-281166-8
定価はカバーに表示してあります。

講談社+α文庫 Ⓖビジネス・ノンフィクション

直伝 藤巻流「私の個人資産」運用法
藤巻健史
〝伝説のトレーダー〟が、自らリスクを取り実践する、投資の手法とその論拠とは!?
648円 G 105-2

＊最強の早稲田ラグビー 世界を狙う「荒ぶる」魂
清宮克幸
外国チームをことごとく撃破するシステムを完成!! 日本ラグビーの可能性と伝統の力!!
743円 G 107-1

究極の勝利 ULTIMATE CRUSH 最強の組織とリーダーシップ論
清宮克幸
早稲田ラグビー、5年間の大改革の集大成!!「組織論」「コーチング論」はビジネスマン必読
743円 G 107-2

戦後最大の宰相 田中角栄㊤ ロッキード裁判は無罪だった
田原総一朗
ロッキード事件の真相に迫る! 著者二十八年間にわたる田中角栄追求の総決算、上巻!!
743円 G 109-1

戦後最大の宰相 田中角栄㊦ 日本の政治をつくった
田原総一朗
田中角栄の呪縛《じゅばく》から逃れなければ日本の政治に未来はない。三十年政争史、迫力の下巻!!
686円 G 109-2

＊ハリウッドの懲りない面々 セレブたちの仰天私生活
マックス桐島
登場する超有名セレブ二百人超!! 撮影現場や超豪邸で目撃した桁外《けたはず》れの金《かね》とセックス!!
838円 G 112-1

裏支配 いま明かされる田中角栄の真実
田中良紹
ロッキード事件後の自民党裏面史を、田中角栄の〝最後の遺言〟をもとに赤裸々に暴く!!
838円 G 113-1

だれも書かなかった「部落」
寺園敦史
タブーにメス!! 京都市をめぐる同和利権の〝闇と病《や》み〟を情報公開で追う深層レポート
743円 G 114-1

「同和」中毒都市
寺園敦史
追及!! 京都に続発する同和事件!! 部落解放運動の暴走と京都行政の迷走を徹底検証!
743円 G 114-2

＊世界最強 名古屋経済の衝撃
水谷研治
愛・地球博や中部新空港を実現する凄《すご》い底力。貿易黒字の9割を生む名古屋経済の秘密を!!
648円 G 115-1

＊印は書き下ろし・オリジナル作品

表示価格はすべて本体価格(税別)です。本体価格は変更することがあります